Currency Board (caisse d'émission) à Djibouti

Collection « L'esprit économique »

fondée par Sophie Boutillier et Dimitri Uzunidis en 1996
dirigée par Sophie Boutillier, Blandine Laperche, Dimitri Uzunidis

Si l'apparence des choses se confondait avec leur réalité, toute réflexion, toute Science, toute recherche serait superflue. La collection « L'esprit économique » soulève le débat, textes et images à l'appui, sur la face cachée économique des faits sociaux : rapports de pouvoir, de production et d'échange, innovations organisationnelles, technologiques et financières, espaces globaux et microéconomiques de valorisation et de profit, pensées critiques et novatrices sur le monde en mouvement...
Ces ouvrages s'adressent aux étudiants, aux enseignants, aux chercheurs en sciences économiques, politiques, sociales, juridiques et de gestion, ainsi qu'aux experts d'entreprise et d'administration des institutions.

La collection est divisée en six séries :

Dans la série *Economie et Innovation* sont publiés des ouvrages d'économie industrielle, financière et du travail et de sociologie économique qui mettent l'accent sur les transformations économiques et sociales suite à l'introduction de nouvelles techniques et méthodes de production. L'innovation se confond avec la nouveauté marchande et touche le cœur même des rapports sociaux et de leurs représentations institutionnelles.

La série *Economie formelle* a pour objectif de promouvoir l'analyse des faits économiques contemporains en s'appuyant sur les approches critiques de l'économie telle qu'elle est enseignée et normalisée mondialement. Elle comprend des livres qui s'interrogent sur les choix des acteurs économiques dans une perspective macroéconomique, historique et prospective.

Dans la série *Le Monde en Question* sont publiés des ouvrages d'économie politique traitant des problèmes internationaux. Les économies nationales, le développement, les espaces élargis, ainsi que l'étude des ressorts fondamentaux de l'économie mondiale sont les sujets de prédilection dans le choix des publications.

La série *Krisis* a été créée pour faciliter la lecture historique des problèmes économiques et sociaux d'aujourd'hui liés aux métamorphoses de l'organisation industrielle et du travail. Elle comprend la réédition d'ouvrages anciens, de compilations de textes autour des mêmes questions et des ouvrages d'histoire de la pensée et des faits économiques.

La série *Clichés* a été créée pour fixer les impressions du monde économique. Les ouvrages contiennent photos et texte pour faire ressortir les caractéristiques d'une situation donnée. Le premier thème directeur est : mémoire et actualité du travail et de l'industrie ; le second : histoire et impacts économiques et sociaux des innovations.

La série *Cours Principaux* comprend des ouvrages simples, fondamentaux et/ou spécialisés qui s'adressent aux étudiants en licence et en master en économie, sociologie, droit, et gestion. Son principe de base est l'application du vieil adage chinois : « le plus long voyage commence par le premier pas ».

Moustapha Aman

Currency Board (caisse d'émission) à Djibouti

Quelles implications économiques ?

L'Harmattan

5-7, rue de l'École-Polytechnique ; 75005 Paris

http://www.editions-harmattan.fr/

ISBN : 978-2-343-14879-3
EAN : 9782343148793

Au commencement, Dieu créa la livre sterling et le franc.

Le deuxième jour, il créa le *Currency Board* et (...) la monnaie a été bien gérée.

Le troisième jour, Dieu décida que l'homme devait avoir le libre arbitre et il créa ainsi le déficit budgétaire.

Le quatrième jour, cependant, Dieu observa son œuvre et fut insatisfait. Ce n'était pas suffisant.

Ainsi, le cinquième jour, Dieu créa la Banque Centrale pour valider les péchés de l'homme.

Le sixième jour, Dieu termina son œuvre en créant l'homme et en lui donnant la domination sur toutes ses créatures.

Puis, alors que Dieu se reposait le septième jour, l'homme a créé l'inflation et le problème de la balance des paiements.

Peter B. Kenen (1978)[1]

[1] Cité par Hanke and Schuler (1994)

À tous les Djiboutiens pour qui la stabilité monétaire représente à la fois un objet de fierté nationale et un sujet « méconnu ».

Sommaire

Préface

En instaurant le *Currency Board* en 1997, sous la pression du Fonds monétaire international, la Bulgarie a pratiquement aboli sa politique monétaire indépendante et sa Banque centrale. La création monétaire a été liée à la dynamique de la balance des paiements, et aux flux des capitaux en particulier. Ainsi la Bulgarie a suivi l'exemple des pays baltes (notamment l'Estonie et la Lituanie) qui ont introduit ce régime en fixant leurs monnaies sur le deutsche mark. Les *Currency Boards* ont été adoptés au début de la transformation postcommuniste et ont attesté des résultats macroéconomiques plutôt positifs.

Lors des discussions sur l'établissement du *Currency Board*, les chercheurs de la Banque nationale bulgare, dont je faisais partie à cette époque, ont entamé un inventaire des expériences historiques et contemporaines et des performances des *Currency Boards*. Ainsi, j'ai connu l'existence du *Currency Board* de Djibouti, qui m'a intrigué par sa longévité. En effet, le taux de change de la monnaie djiboutienne, ancrée sur le dollar US, n'a pas été réaligné depuis 1977. Cela paraissait une expérience hors du commun.

Quinze ans après, lors de mon arrivée en France, j'ai rencontré Moustapha Aman qui venait d'entamer une thèse sur le *Currency Board* djiboutien et qui était tout aussi intrigué par ce régime monétaire. Depuis, nous avons toujours une collaboration étroite et fructueuse. Le travail de Moustapha Aman a produit une thèse très originale, qui a donné naissance au présent ouvrage.

J'aimerais souligner deux mérites de cet ouvrage. Tout d'abord, ce travail fournit une présentation complète de l'organisation et du fonctionnement du *Currency Board* de Djibouti et de l'économie djiboutienne en général. Le cas de Djibouti cristallise l'existence de différentes dimensions du régime monétaire. C'est un fort apprentissage de la géopolitique du régime monétaire notamment lors de la prise en compte de la présence des bases militaires étrangères. Ensuite, au niveau de la méthodologie, l'auteur mobilise d'une façon harmonieuse différentes approches, apparemment inconciliables, comme la macroéconomie monétaire, l'économie politique et l'économétrie. Prises ensemble, ces différentes méthodologies nous mènent vers des résultats analytiques similaires et dévoilent les mécanismes qui font perdurer le *Currency Board*.

À mon avis, l'ouvrage de Moustapha Aman, présenté à ce jour, est le meilleur livre en économie monétaire et économie politique de Djibouti. Mais il possède une portée plus vaste et pourrait intéresser tous ceux qui veulent comprendre les liens entre la monnaie, la politique et la géopolitique dans les pays en développement.

Nikolay Nenovsky
Professeur de l'Université de Picardie Jules-Verne
Ancien membre du Conseil des gouverneurs de la banque nationale de Bulgarie

Liste des abréviations et acronymes

AFD	Agence Française de Développement
APD	Aide Publique au Développement
APU	Administration Publique
BAD	Banque Africaine de Développement
BCD	Banque Centrale de Djibouti
BCI-MR	Banque pour le Commerce et l'Industrie - Mer Rouge
BOA-MR	Bank of Africa - Mer Rouge
BIS-MR	Banque Indosuez - Mer Rouge
BM	Banque Mondiale
CAD	Comité d'Aide au Développement
CB	Currency Board
CFA	Colonies Françaises d'Afrique
CFS	Côte Française des Somalis de la zone franc
CNEP	Comptoir National d'Escompte de Paris
CNSS	Caisse Nationale de Sécurité Sociale
DISED	Direction de la Statistique et des Études Démographiques
DP World	Dubaï Port World
EDAM	Enquête Djiboutienne Auprès des Ménages
EGC	Équilibre Général Calculable
FABC	French American Banking Corporation
FDJ	Franc de Djibouti
FMA	Fonds Monétaire Arabe
FMI	Fonds Monétaire International
GFI	Global Financial Integrity
IDE	Investissements Directs Étrangers
IFI	Institutions Financières Internationales
MCS	Matrice de Comptabilité Sociale
MEGC	Modèle d'Équilibre Général Calculable
MEFI	Ministère de l'Économie des Finances, chargé de l'Industrie
OCDE	Organisation de Coopération et de Développement Économiques
PNUD	Programme des Nations Unies pour le Développement
SCN	Système de Comptabilité Nationale
TEI	Tableau des Échanges Interactivités

TES	Tableau Entrées-Sorties
TOFE	Tableau des Opérations Financières de l'État
WDI	World Development Indicators

Introduction générale

Contexte historique

Pendant de longues décennies, dans la région de la Corne de l'Afrique (Éthiopie, Érythrée, Djibouti et Somalie, etc.) la population a fait principalement usage du Thaler de Marie-Thérèse (une pièce d'argent dont le début de la frappe remonte à 1744), et ce jusqu'aux années 1950 (Pankhurst, 1963 ; Flandrin, 2003 [1997]). L'utilisation du Thaler de Marie-Thérèse comme unité de compte et moyen d'échange par les populations de la région, bien après l'arrêt de la frappe de ladite monnaie, témoigne de la forte réticence des traditions et des coutumes à la création de nouvelles monnaies.

L'inertie va au-delà d'une simple dépendance coloniale. Les pouvoirs coloniaux mais aussi locaux (en particulier celui de l'Éthiopie, seul pays africain qui a su rester indépendant) n'ont jamais réussi à se débarrasser entièrement du Thaler bien qu'ils aient établi des régimes monétaires leur permettant de tirer profit et de contrôler les flux économiques.

Depuis l'ouverture du canal de Suez en 1869, la corne de l'Afrique se trouve, en effet, dans une position stratégique de l'Afrique de l'Est bordant à la fois la côte sud de la mer Rouge et le golfe d'Aden. Le contrôle de ce passage vers l'océan Indien est devenu un enjeu stratégique pour les grandes puissances européennes. La Grande-Bretagne, la France et l'Italie divisèrent cette région en sphères d'influence et, par là même, ont bâti des zones monétaires, dans le cadre desquelles elles ont mené des mini « guerres monétaires » (Wasserman, 1946 ; Bloch-Lainé, 1956 ; Pankhurst, 1963a ; Schaefer, 1992 ; Tuccimei, 1999 ; Mauri, 1997, 1998, 2009 ; Dubois 1999). L'esprit de conquête impériale encourageait fortement le marquage monétaire des territoires pour affirmer leur autorité auprès des populations colonisées, et signifier clairement aux puissances rivales quelles étaient leurs zones d'influence. Mais la monnaie de référence dans la région — le Thaler de Marie-Thérèse — était émise par une puissance autrichienne qui n'avait pas de colonies, ni même de relations économiques directes avec les peuples chez lesquels circulait son thaler.

À la sortie de la seconde guerre mondiale, le gouvernement de la France libre procéda à une réforme monétaire pour ses colonies avec pour objectif la mise en place d'une monnaie unique pour l'ensemble des colonies, une monnaie indexée sur le Franc français. La réforme monétaire de 1945 créant le franc C.F.A (Colonies Françaises d'Afrique) fut appliquée à la Côte française des Somalis (CFS)[2], qui avait cependant une position géographique

[2] La CFS est l'ancienne appellation de l'actuelle République de Djibouti.

particulière, car elle se trouvait à l'écart de l'Empire colonial français qui était plus ancré en Afrique de l'Ouest. Le régime douanier draconien qui était en vigueur dans l'Union française, et surtout le contrôle des changes, ne pouvait alors qu'entraver l'essor économique du territoire de la CFS, dont les possibilités de développement étaient presque exclusivement commerciales. C'est pour cette raison que le Conseil privé de la Côte Française des Somalis demanda, par une délibération du 27 décembre 1948, la constitution du territoire en zone franche. Un décret du 16 avril 1949 approuve cette délibération. Le 20 mars 1949, une nouvelle monnaie coloniale a été spécialement créée pour la Côte Française des Somalis : le franc de Djibouti (FDJ), dont la fixité au dollar américain fut préservée dans un cadre de *Currency Board.*

Le régime monétaire de la République de Djibouti est ainsi directement passé du Thaler de Marie-Thérèse au système de *Currency Board* (ou caisse d'émission) après une brève appartenance à la zone CFA (1946 -1949). Son histoire monétaire est jalonnée soit par une monnaie métallique émise hors du pays (Thaler de Marie-Thérèse), soit par une monnaie nationale qui, *de facto,* est uniquement à l'effigie du dollar américain.

Contexte de la recherche

Djibouti désigne à la fois le pays et sa capitale. Devenu stratégique dès l'ouverture du Canal de Suez en 1869, le pays doit son existence à son port qui est devenu, en moins d'un siècle, un État souverain qui s'est construit selon des facteurs géopolitiques et géostratégiques extérieurs (Gascon, 2005, 2012). La construction de la ligne ferroviaire entre Djibouti et Addis-Abeba, prévue dès l'origine (1887), lui procure un avantage concurrentiel dans la région (Petit, 1965). En 1949, il est transformé en port franc, c'est-à-dire que les marchandises, qui ne font qu'y transiter, en direction ou en provenance de l'Éthiopie, sont exemptées de taxes. Cette mesure vise à accroître le trafic du port djiboutien, menacé par le développement annoncé de celui d'Assab (Imbert-Vier, 2011). Pour accompagner cette réforme douanière, le 20 mars 1949, la France décide de détacher la Côte française des Somalis (CFS) de la zone franc CFA (Colonies françaises d'Afrique) et de créer une nouvelle monnaie fixée au dollar américain et définie en or. Ainsi a été créée une nouvelle monnaie coloniale : le franc de Djibouti (FDJ), dont la fixité fut préservée dans un cadre de *Currency Board.*

Le système de *Currency Board* était établi pour l'essentiel dans des possessions coloniales britanniques (Schuler, 1992 ; Uche, 1995 ; Ponsot, 2002). Il représentait un moyen pour l'Angleterre de renforcer le contrôle « indirect » et la régulation monétaire dans ses colonies, et de faciliter les transactions commerciales dans tout son empire (Cooper, 2012 [2002]).

Lors de la création du régime monétaire djiboutien, qui duplique dans une certaine mesure le modèle britannique, une large majorité d'experts français était contre la création du franc de Djibouti et contestait le choix de la monnaie d'ancrage (le dollar) et le régime en soi (Gérigny, 1949 ; Chauleur, 1955).

Sur le plan économique, la principale justification du choix du dollar était liée à l'émergence du nouveau système monétaire éthiopien, principal client du port, qui relevait désormais de la zone dollar (Wasserman, 1946)[3]. Sur le plan politique, la France voulait associer à son projet les États-Unis, renforcés par la Seconde Guerre mondiale, et éviter par là même l'ancrage sur la livre sterling qui dominait la région.

L'émission du franc de Djibouti fut, de ce fait, intégralement garantie par un dépôt en dollars US effectué à la French American Banking Corporation (FABC)[4]. Toute modification apportée à son émission est automatiquement compensée par une variation des fonds de couverture en dollars à la FABC, de façon à maintenir en permanence la couverture intégrale du montant de l'émission. Les chocs sont ainsi amortis grâce à cette règle de couverture qui permet d'adapter automatiquement l'offre de la monnaie nationale au solde de la balance des paiements sans intervention discrétionnaire de la Banque centrale ou d'une autre institution macroéconomique. Ceci permet, de manière forte, d'empêcher la monétisation des déficits publics et d'imposer une discipline budgétaire dans un contexte de baisse de recette fiscale due à la réforme douanière de 1949.

La convertibilité *totale* et *illimitée* entre les pièces et billets en franc de Djibouti et le dollar est alors maintenue autour de deux principes fondamentaux : la libre entrée et sortie des capitaux – ce qui implique la garantie de la libre convertibilité du franc de Djibouti par le Trésor colonial – et la fixité du rapport de change au taux de 214,392 FDJ pour un dollar. Ainsi, lors de la débâcle du système de *Bretton Woods,* en 1971 et 1973, les dévaluations du dollar par rapport à l'or ont provoqué la réévaluation du franc de Djibouti dès lors que le franc français avait conservé son contenu en or. De la sorte, depuis 1949, la monnaie djiboutienne garde sa parité par rapport au dollar et ce malgré le contexte politico-économique.

---

[3] Le 23 de juillet 1945, le nouveau système monétaire éthiopien exige que tous les paiements soient effectués en dollars éthiopiens ayant une parité fixe avec le dollar américain 1 Eth. $ = 0, 4025 $ US.

[4] L'article 3 du décret n° 49-376 du 20 mars 1949 portant modification du régime monétaire de la CFS promulgué par l'arrêté n° 325 du 21 mars 1949 publié au Journal officiel dispose que « le franc de Djibouti ainsi défini est convertible à un taux fixé, sans limitations, ni justifications en dollars des États-Unis ». L'avis 382 de l'office de changes, imprimé dans le même Journal officiel annonçait que le franc de Djibouti était convertible à vue, selon la parité suivante : un dollar des États-Unis valait 214, 392 FDJ. Afin de garantir à 100 % l'émission de cette atypique monnaie coloniale, le Trésor public versa 2 500 000 dollars US à la *French American Banking Corporation* (Dubois, 1999).

Avec les déclarations d'indépendance issues de la décolonisation, le *Currency Board* a progressivement disparu, car les nouveaux pays souhaitaient légitimement disposer d'une Banque centrale capable d'exécuter ses propres politiques monétaires (Masson et Pattillo, 2005). Pour les critiques du *Currency Board*, celui-ci favorisait non seulement la détention de réserves étrangères aux dépens des colonies, mais aussi les crises financières qui y étaient plus fréquentes en raison de la règle de couverture intégrale limitant la capacité du *Currency Board* à fournir des liquidités en cas de pression.

La République de Djibouti, indépendante depuis 1977, choisit en raison de sa dotation factorielle (emplacement stratégique) de reconduire le *Currency Board* utilisé dans la période coloniale. Les politiques économiques mises en place par les autorités coloniales tiraient parti de la combinaison entre la stratégie de change et la stratégie de développement axées sur les activités de transport. L'absence de souveraineté monétaire accompagne ainsi la République de Djibouti depuis ses débuts.

De plus, comme l'ancrage du change et l'inexistence de la politique monétaire imposent l'absence de restrictions sur les mouvements internationaux de capitaux (Mundell, 1961 ; Mac Kinnon, 1963 ; Kenen, 1969 ; Ingram, 1969), l'absence d'une garantie « non implicite » du franc Djibouti par l'ancien Trésor colonial contraint la jeune République a accepté les dispositions de l'article VIII des statuts du FMI en 1978. C'est-à-dire que le pays ne maintient aucune restriction aux paiements et transferts liés aux transactions courantes et en capital. En cas de retrait massif de capitaux étrangers, l'absence de restrictions sur les flux de capitaux (absence du rôle du prêteur en dernier ressort) ne peut pas servir l'intérêt des banques commerciales et de l'économie réelle, qui seules supportent l'ajustement dans son intégralité. Cependant, l'aide internationale est souvent maintenue pour des raisons qui sont liées tant à l'emplacement géostratégique qu'aux caractéristiques propres à l'économie de Djibouti.

Au cours des deux dernières décennies, quatre facteurs exogènes ont renforcé l'intérêt géostratégique et géopolitique de Djibouti : la guerre éthiopio-érythréenne (1998-2000) qui va redéfinir les intérêts géoéconomiques dans la région en faveur de Djibouti qui redevient « Port-Éthiopie » ; l'utilisation accrue des services portuaires pour le commerce en plein essor de l'Éthiopie ; les changements dans la stratégie militaire américaine depuis le 11 septembre 2001 ; et la recrudescence des actes de piraterie au large des côtes somaliennes. La République de Djibouti est devenue de ce fait une base essentielle pour la lutte contre le terrorisme et la piraterie, compte tenu de sa proximité avec la Somalie, le Yémen et le golfe d'Aden. À côté des forces françaises déjà présentes lors de l'accession du territoire à l'indépendance, le pays abrite depuis 2002 la seule base américaine en Afrique, la première base militaire du Japon à l'étranger, et la première base militaire internationale chinoise.

Ces bases militaires assurent des recettes importantes au pays sous forme de loyers. Autant de ressources qui viennent s'ajouter à celles que génère l'utilisation des ports djiboutiens par l'Éthiopie enclavée et par lesquels transitent désormais près de 90 % des importations et exportations éthiopiennes. En conséquence, l'économie de Djibouti se caractérise principalement par une spécialisation dans l'exportation de « services » géostratégiques, diplomatiques, militaires, ou géopolitiques vers des « grands pays » contre une rente extérieure et une aide publique.

La croissance économique de la dernière décennie est réalisée avec peu de diversification (5 % en moyenne entre 2000 et 2012) et a notamment dépendu d'événements comme les rentes tirées de la présence de bases militaires étrangères, le soutien régulier d'institutions financières internationales (IFI) et l'afflux d'investissements étrangers qui ont financé la construction du nouveau port et d'infrastructures hôtelières.

L'accroissement de la rente a généré une hypertrophie du secteur tertiaire et, en particulier, un surdimensionnement du poids relatif du secteur public dans l'économie. La croissance du secteur privé[5] reste embryonnaire et est freinée par le coût élevé de facteurs, tels que la main-d'œuvre, l'électricité et les télécommunications où il existe un monopole de l'État. Le caractère urbain de l'économie djiboutienne met en évidence la prééminence du secteur tertiaire — 76 % du PIB en 2013, axés sur les activités de transport et de services connexes favorisées par la position géostratégique. L'agriculture est presque inexistante et l'industrie très limitée. Entre 1999 et 2013, elles représentaient respectivement 3,8 % et 17,6 % du PIB (MEFI, 2014). La subsistance du pays repose presque entièrement sur des produits alimentaires et de consommation importés et environ 80 % des exportations de biens sont en réalité des réexportations qui passent par le port de Djibouti.

Le solde des échanges de biens est donc structurellement déficitaire, mais la balance des services est toujours excédentaire et constitue de loin la plus importante source de devises étrangères. Le surplus résulte, en effet, de la spécialisation dans l'exportation non marchande de services géostratégiques, diplomatiques ou militaires sur lesquels repose l'économie de Djibouti au prix, d'ailleurs, d'une limitation possible de sa souveraineté. Jusqu'en 2006, ces ressources liées à la localisation particulière permettaient de financer un fort déficit commercial sans dommage pour l'équilibre de la balance courante.

---

[5] Le secteur privé du pays comprend environ 3 000 entreprises, dont environ les deux tiers ont un propriétaire privé et un seul salarié. Ces microentreprises opèrent en particulier dans les secteurs du commerce et des services et n'ont généralement pas de structure formelle (Banque mondiale, 2014).

Pour dégager un excédent structurel de la balance des paiements, deux options sont possibles. La première consiste à aboutir à un excédent du compte courant, ce qui n'est plus le cas de Djibouti depuis 2006 en dépit de l'augmentation de la rente géostratégique. La seconde option vise à obtenir un excédent du compte de capital supérieur au déficit courant, notamment grâce à d'importantes entrées d'investissements directs étrangers, l'essentiel étant de maintenir, dans la durée, des flux d'entrées nets de devises. Pour cette seconde option, la République de Djibouti n'y parvient que depuis 2006 ; le ratio des investissements directs étrangers (en provenance pour l'essentiel des pays du Golfe) rapporté au PIB a considérablement progressé de 3 % en 2005 à 23 % en 2007 et 2008. Mais, en même temps, ces flux massifs d'IDE sont devenus, à partir de 2006, les principales causes du déséquilibre du solde du compte courant (déficit courant de 20 % du PIB en 2007 et 23 % en 2008 contre un excédent de 3 % en 2005). Ce déficit est financé par des emprunts extérieurs, ce qui entraîne une accumulation importante du stock de la dette extérieure (97 % du PIB en 2007).

Eu égard à sa localisation particulière, Djibouti a des relations privilégiées avec ses créanciers et a su bénéficier du soutien régulier des IFI et de l'appui des puissances internationales pour mobiliser un volume plus important d'aides bilatérales et multilatérales (environ 110 $ US/habitant) que la moyenne en Afrique sub-saharienne (20 $ US/habitant). Néanmoins, la capacité à obtenir des fonds à l'extérieur peut être limitée par le caractère soutenable de l'endettement anticipé par les créanciers. Un endettement prolongé pourrait à terme remettre en question la capacité de l'État à assurer le service de la dette et porterait atteinte à la crédibilité du *Currency Board* en créant un risque de dévaluation.

Cette dévaluation serait, par ailleurs, particulièrement avantageuse pour l'État et le système bancaire djiboutien intégralement détenus par l'étranger. Elle pourrait générer, en effet, des économies budgétaires à court terme du fait de la structure fiscale ; puisque la plupart des dépenses du gouvernement sont libellées en monnaie nationale alors que les recettes sont principalement en devises (Casero et Seshan, 2006). Aussi, la Banque centrale verrait augmenter la couverture excédentaire de la caisse d'émission, étant donné que ses avoirs extérieurs nets seraient réévalués tandis que la monnaie centrale resterait inchangée. Ce gain se traduirait par des bénéfices plus élevés qui pourraient être transférés au budget progressivement.

Les banques commerciales conserveraient également une position nette en devises positive, les réévaluations des actifs faisant plus que compenser celles des passifs. Concrètement, le secteur bancaire est stable avec un risque minimum de crise de liquidité essentiellement pour deux raisons. Premièrement, à la différence des autres *Currency Boards* où les banques commerciales ont tendance à asseoir une partie de leur activité sur des emprunts liquides à l'étranger (ce qui ne manque pas de faire sentir des tensions bancaires lorsque les sorties de capitaux remplacent les entrées), les banques opérant à Djibouti collectent principalement les devises à travers la rente géostratégique. Cette dernière pourrait être considérée comme plus stable que la rente provenant d'une ressource naturelle épuisable ou un emprunt liquide à l'étranger. En 2015, la moitié des dépôts dans les banques commerciales était libellée en monnaies étrangères (BCD, 2015). Deuxièmement, les banques couvrent largement leurs passifs par des actifs liquides en devises car leur position en devises est assujettie à des normes prudentielles inhabituelles qui exigent d'elles qu'elles (i) couvrent leurs dépôts en devises avec un montant équivalent d'actif étranger liquide et (ii) maintiennent un certain niveau d'avoir en devises (plus les lignes de crédit étrangères) par rapport aux dépôts libellés en francs djiboutiens ; (iii) mais aussi qu'elles couvrent leurs actifs de maturité de plus de deux années avec des ressources de même maturité (le ratio de transformation).

Ainsi, en cas de vente massive des francs Djibouti, le secteur bancaire ne serait pas à court de réserves ; les banques sont capables d'obtenir rapidement et facilement des devises qu'elles peuvent présenter à la caisse d'émission pour assouplir leur position de liquidité en monnaie domestique. De ce fait, la caisse d'émission de Djibouti n'a pas vraiment une position hiérarchique pour être l'unique institution responsable des réserves de change, c'est pourquoi elle demeure la seule caisse d'émission moderne à n'utiliser, *de facto*, aucun instrument opérationnel pour la gestion de la liquidité, pas même le plus élémentaire, bien que la loi l'autorise. L'accumulation illimitée de réserves en devises étrangères par les banques commerciales permet de faire face à une ruée bancaire et a fait disparaître la principale préoccupation souvent exprimée en régime de *Currency Board* qui est que la garantie de la convertibilité de la base monétaire ne semble pas suffisante dans le cas d'une vente massive des dépôts bancaires en monnaie nationale pour acquérir des devises étrangères. Le système bancaire djiboutien dispose donc de suffisamment de réserves de change pour assurer la conversion de la monnaie au taux de change fixe défini.

Cependant, la réalité djiboutienne est encore un peu plus complexe. En principe, l'ensemble des transferts de fonds officiels du secteur financier réglementé (banques, établissements de crédit et agences de transfert de fonds inscrits dans la balance des paiements) relève de la finance formelle. Mais certaines agences de transfert de fonds classées comme « formelles » peuvent réaliser des transferts de fonds non officiels (non enregistrés) ; inversement, les opérations informelles des agences de transfert de fonds non autorisées peuvent parfois être liées aux systèmes bancaires formels. Il est donc pertinent d'analyser l'interdépendance entre les systèmes bancaires formels et les systèmes informels de transfert de fonds via les individus (*hawalas*) dans la région de l'Afrique de l'Est (Éthiopie, Djibouti et Somalie, etc.). Djibouti joue le rôle d'une plaque tournante, au carrefour de corridors maritimes commerciaux stratégiques pour l'acheminement de biens et du pétrole, qui fait vraisemblablement circuler de l'argent blanchi à travers les circuits bancaires officiellement enregistrés. Les systèmes de financement informels ont recours au système bancaire classique, notamment lorsqu'il s'agit de traiter d'importants volumes d'espèces. Ces transferts ne sont pas comptabilisés dans les transferts des remittances, publiés régulièrement par la Banque mondiale et sont par conséquent difficiles à appréhender par les statistiques nationales. Les enquêtes existantes sur le sujet (cf. Mahamoud, 2008) ont pu montrer leur volume important et leur rôle dans la région, comme système financier dans des pays où l'infrastructure bancaire est défaillante, voire détruite par les guerres à l'instar de la Somalie. Ainsi, l'économie djiboutienne est fortement informelle et dollarisée — la moitié de la masse monétaire est sous forme de dépôts en devises et de cash en dollars.

Cette dollarisation partielle présente l'avantage de faire apparaître les déséquilibres potentiels du taux de change nominal. S'il y a des fuites de capitaux significatives par le canal informel, il y aura inévitablement une cotation informelle du franc djiboutien qui apparaîtrait et le taux de change fixe ne pourrait pas être maintenu. En définitive, en présence de transferts internationaux informels, le montant des devises entrant ou sortant dans le pays pourrait être supérieur à ce qui est capturé dans la balance des paiements. Et par là même, le montant des réserves de change, sur la base desquelles est fixée la quantité de monnaie locale émise par la caisse d'émission, échapperait en partie au moins à la mesure. Ces fonds non enregistrés pourraient être utilisés soit pour financer des importations (enregistrées ou non, et finalement grossir les erreurs et omissions de la balance des paiements) ou alimenter la fuite des capitaux. Selon les estimations des flux financiers illicites de Global Financial Integrity (PNUD, GFI 2011) sur la période 1980-2009, les sorties illicites de capitaux rapportées au PIB classent Djibouti au premier rang en Afrique.

Hypothèses de recherche et méthodologie

Problématique et hypothèses de recherche

Dans ce contexte, notre recherche vise à répondre à la question suivante : Comment expliquer la longévité d'une caisse d'émission dans un système de compte de capital ouvert ?

L'idée défendue dans le présent ouvrage est que la longévité exceptionnelle du *Currency Board* de Djibouti ne peut être expliquée sans une prise en compte explicite de la question (i) du fonctionnement du *Currency Board* en présence de transferts internationaux informels, (ii) de la rigidité du

secteur bancaire intégralement détenu par l'étranger, (iii) et la question reliant la rente géostratégique et du fait colonial à celle du compromis monétaire. Le *Currency Board*, dans le cas de Djibouti, est entièrement déterminé par les mouvements internationaux de capitaux (licites et illicites), à la différence des autres *Currency Boards* où les flux commerciaux jouent un rôle non négligeable. Cela nous conduit à formuler les trois hypothèses suivantes :
Hypothèse 1 : la solidité et la pérennité de la caisse d'émission peuvent être expliquées par la rigidité du système bancaire.
Hypothèse 2 : les transferts internationaux informels de fonds accroissent l'efficacité de la caisse d'émission.
Hypothèse 3 : une rente géostratégique soutient le régime monétaire.

Méthodologie et vérifications empiriques

Par la fixation irrévocable du taux de change, les pays (ayant adopté des *Currency Board*) renoncent à employer le taux de change comme instrument de politique économique car moins efficace dans une petite économie caractérisée par une forte présence des banques étrangères.
Le positionnement de nos travaux est de vérifier l'argument développé par la théorie orthodoxe (Williamson, 1997 ; Corden 1997 ; Frankel, 1999), qui suppose qu'il n'existe pas de meilleur régime de change, fonctionnant en toutes circonstances, mais que le régime d'ancrage dur est souhaitable pour les petites économies ouvertes. Dans le cas de Djibouti, l'exportation des ressources non tangibles (c'est-à-dire l'exportation d'un espace géostratégique) cristallise cette ouverture économique.

Pour répondre à la problématique de recherche, l'approche proposée dans cet ouvrage peut être qualifiée de monographique, puisque nous mobilisons des techniques variées relevant de l'économétrie et de la simulation en équilibre général.

Premièrement, nous définissons le concept du *Currency Board* et ses spécificités. Nous étudions d'abord les théories des *Currency Boards* et contextualisons le fonctionnement de celui *Board* de Djibouti qui est *de facto* un cas pur et pérenne bien que, *de jure*, le statut ne le prive pas de l'usage des instruments de gestion de la liquidité. La loi qui fixe les missions de la Banque centrale de Djibouti — la loi n°118/AN/11/6ème L de janvier 2011 — indique les références pour les détails de l'arrangement institutionnel en vigueur à Djibouti. Pour comparer cet arrangement institutionnel à ce qui constitue théoriquement une caisse d'émission (une référence théorique tirée de la littérature), nous utilisons l'indicateur synthétique du degré d'engagement institutionnel qui est proposé par Camilleri (2004). Cet indicateur couvre les engagements statutaires (associés à la crédibilité monétaire et le taux de change) tels que (1) le principe de clarté de la loi, (2) la qualité de la couverture des réserves, (3) la couverture des agrégats monétaires, (4) les créances sur les réserves, (5) l'autonomie opérationnelle et la transparence, (6) les clauses de sorties. Ensuite, nous présentons les spécificités de l'organisation du système monétaire de Djibouti avec d'un côté tout ce qui est du ressort institutionnel (Banque centrale et État) et de l'autre le système bancaire et le canal de transmission monétaire.

Deuxièmement, l'ouvrage participe à la clarification de la question théorique et pratique qui se pose au sujet du fonctionnement du *Currency Board* en présence des flux financiers non enregistrés. L'objectif est d'observer si ces flux sont des facteurs facilitant le mécanisme d'ajustement du *Currency Board* ou, au contraire, s'ils peuvent se révéler selon leur nature comme un obstacle majeur. Les recherches empiriques sur la relation entre le *Currency Board* et les flux financiers non enregistrés sont rares, notamment du fait de sa complexité et de la pénurie de données.

Nous mesurons les transferts de fonds des *Hawalas,* via les individus, qui sont difficilement mesurables (El.Qorchi *et al.* 2003) par deux proxys. La première repose sur l'idée que la demande de monnaie pour motif de transaction dépend exclusivement de l'activité portuaire (le système financier est peu développé) ; la différence entre la masse monétaire effective et la monnaie de transaction ainsi calculée représente la monnaie servant pour les transferts *Hawalas.* Le second proxy proposé pour l'activité des *Hawalas* est l'inverse du ratio cash/dépôts qui est habituellement utilisé pour détecter l'économie informelle en se basant sur la recherche d'une évasion fiscale. D'une manière ou d'une autre, ces variables sont directement liées à la dynamique des billets et le changement dans la composition de la masse monétaire.

Nous construisons un modèle VAR (Vecteur autorégressif) restreint du mécanisme d'ajustement du *Currency Board* de Djibouti pour vérifier la présence d'une relation de cointégration entre les réserves de change et la base monétaire(ou la masse monétaire) et observer si l'automatisme du mécanisme d'ajustement est affecté par les transferts de *Hawalas.*

Ensuite, comme les fonds non enregistrés pourraient participer à la fuite des capitaux, nous estimons, dans un premier temps, cette fuite, notamment pour la période 1993-2013, en utilisant la méthode résiduelle élaborée par la Banque mondiale (1985) et Erbe (1985). Guaranty (1986) se réfère à cette méthode en prenant en compte un point supplémentaire, soit la variation des avoirs détenus à l'étranger par les banques domestiques. Étant donné l'importance de l'actif en devises des banques commerciales à Djibouti, nous utilisons dans notre étude les deux versions de la méthode résiduelle. De plus, suivant la démarche de Boyce et Ndikumana (2001, 2003, 2007, 2010), nous ajustons les deux versions de la méthode résiduelle successivement aux fluctuations du taux de change, aux falsifications de transactions commerciales, à l'inflation et aux revenus d'intérêts.

Nous construisons un indicateur d'instabilité du *Currency Board* et un indicateur de stabilité des institutions du pays. Le cadre institutionnel et les pratiques de corruption sont en effet déterminants pour comprendre l'équilibre monétaire djiboutien et la perpétuation du régime du *Currency Board* dans un contexte où existent des pratiques néo-patrimoniales et non officielles. Ceux-ci nous permettent dans un second temps de tester statistiquement et économétriquement l'impact des fuites de capitaux sur le *Currency Board.*

Troisièmement et finalement, nous empruntons une posture différente, plutôt hétérodoxe, pour mieux expliquer la pérennité du *Currency Board* par des facteurs institutionnels et politiques plutôt que par les facteurs macro monétaires traditionnellement mis en avant. La théorie monétaire traditionnelle, bien que très utile, ne possède pas les instruments d'analyse convenables pour comprendre l'inertie du *Currency Board.* Nous nous intéressons donc à la géographie de la monnaie et de l'économie politique internationale (par exemple Cohen, 1998), ainsi que les approches institutionnelles (North, 1990), rarement mobilisées par les économistes monétaristes, qui s'avèrent pertinentes. Par exemple Nenovsky et Rizopoulos (2003, 2004) considèrent l'introduction du *Currency Board* en Bulgarie comme un changement institutionnel radical reflétant les conflits et la coopération des différents acteurs, créanciers et débiteurs.

Dans le même ordre d'idées, Blanc (2007) offre une lecture sociologique et politique de l'introduction du *Currency Board* en Lituanie. Dans notre exemple, nous soutenons l'idée que l'inertie du *Currency Board* de Djibouti pourrait être liée à l'exploitation d'une ressource particulière, à savoir la position géostratégique du pays, par un réseau d'acteurs économiques et politiques. Depuis la décolonisation, Djibouti a été très peu étudié sous l'angle qui le caractérise : celui de la stabilité d'un système politique semi-autoritaire dans une économie de rente (Brass, 2008 ; Mesfin, 2011).

L'étude des soixante-dix années de système de *Currency Board,* qui permet de garantir l'extraction, la reproduction et la distribution de la rente géostratégique dans un réseau composé de différents acteurs étrangers élargie ensuite au nouvel État et l'élite locale, fournit des clefs pertinentes pour comprendre la stabilité politique semi-autoritaire. En préservant, en effet, l'extraction, la reproduction et la distribution de la rente inhérente à la position géostratégique, la caisse d'émission perpétue les flux du pouvoir, les rapports de forces politiques et géopolitiques. La rente de Djibouti, aussi stratégique soit-elle, nécessite autant un régime politique stable qu'un régime monétaire stable. Ceci nous amène donc à entreprendre une analyse de l'économie politique du système monétaire djiboutien.

Le second objectif de l'ouvrage est d'obtenir des résultats chiffrés par rapport à un objectif de stabilisation monétaire. Nous nous orientons vers la modélisation en équilibre général calculable (EGC) avec la possibilité d'évaluer les effets macroéconomiques des différents flux de capitaux dans un régime de *Currency Board* où « les dépôts font les crédits ». Étant donné que les modèles EGC mettent au premier plan les mécanismes de marché, la modélisation en EGC est ainsi d'autant plus justifiée pour le cas d'une économie régie par un *Currency Board ;* puisque celui-ci réduit considérablement les capacités de régulation de la Banque centrale et laisse ce rôle aux seuls mécanismes de marché. Pour la première fois, une version statique d'un modèle d'équilibre général calculable (MEGC) de l'économie de Djibouti est donc construite. Ce modèle permet d'approfondir la nature des interactions entre les différentes variables macroéconomiques encore peu examinée à Djibouti. Cependant, le modèle doit s'appuyer sur des données robustes et cohérentes rassemblées dans un tableau à deux dimensions appelé « matrice de comptabilité sociale » (MCS).

« La MCS est un outil présentant les comptes du système de comptabilité nationale (SCN) sous une forme matricielle qui développe les interrelations entre le tableau des ressources et des emplois et les comptes des secteurs institutionnels. Une des orientations caractéristiques d'une MCS est de mettre en évidence le rôle des individus dans l'économie et peut se traduire par des ventilations supplémentaires du secteur des ménages et une représentation détaillée du marché du travail distinguant, par exemple, les diverses catégories de personnes occupées » (SCN, 1993). À Djibouti, le système statistique national n'est pas en mesure de produire de telles statistiques. Au regard de « l'indicateur de capacité statistique » (*Statistical Capacity Index*) mesuré par la Banque Mondiale (2010), Djibouti obtient une note de 40 sur 100, contre une moyenne de 65 dans les pays en développement.

L'Institut national de statistiques ne ressent pas la nécessité de construire une MCS qui est souvent simplement perçue comme une base de données sous-jacente au modèle EGC. Pourtant, une MCS est un outil d'aide à la décision dont les décideurs doivent suivre périodiquement l'évolution pour définir leurs politiques économiques d'autant plus que le gouvernement est en train de développer une stratégie sur le long terme intitulée *Vision 2035*. Le suivi de l'évolution d'une MCS peut permettre une meilleure compréhension des impacts socio-économiques des politiques gouvernementales qui sont menées ou évaluer celles qui sont proposées.

La construction de la toute première matrice de comptabilité sociale (MCS) pour une année de référence (2009) est donc une véritable valeur ajoutée. La contribution majeure de la MCS est de schématiser dans un cadre macroéconomique cohérent la structure de l'économie de Djibouti (y compris le secteur informel) et les principaux flux économiques entre agents économiques. De plus, la MCS ne se limite pas à une schématisation de la sphère réelle de l'économie, elle incorpore le secteur financier djiboutien pour mettre en exergue les opérations financières qui constituent la contrepartie de l'activité réelle.

Cependant, l'exercice de construction de la MCS financière a été laborieux. En utilisant une variété de méthodes de réconciliation de données, des difficultés sont apparues, à savoir le manque d'informations statistiques et beaucoup d'incohérences entre les sources de données qui ne pouvaient pas facilement être éliminées. Nous avons donc été contraints de formuler des hypothèses et des estimations. Ce manque d'informations émane essentiellement de l'absence de mises à jour régulières des données statistiques et de l'absence de système de comptabilité nationale jusqu'alors. Aucun travail préliminaire sur les comptes nationaux, en dehors du tableau des échanges interactivités (TEI) datant de 1996, n'a été réalisé. L'enquête emploi nationale n'existe pas et l'enquête-budget ménages (EDAM, 2012) ne saisit ni les revenus ni les activités secondaires, alors que ces derniers sont des éléments essentiels pour déterminer l'épargne de chaque catégorie de ménage.

Architecture de la recherche

Dans le **chapitre 1**, nous mettons en exergue dans une première section les enjeux majeurs et les motivations qui sous-tendent l'adoption d'un *Currency Board* en soulignant les implications de l'abandon des avantages liés à la politique discrétionnaire de la Banque centrale. Pour comprendre dans quelle mesure le *Currency Board* est viable sans prêteur en dernier ressort, nous étudions les théories des *Currency Boards* et les caractéristiques de fonctionnement de celui de Djibouti. Nous présentons les spécificités de l'organisation du système monétaire de Djibouti avec d'un côté tout ce qui est du ressort institutionnel (Banque centrale et État) et de l'autre le système bancaire et le canal de transmission monétaire. Une façon d'échapper à la contrainte de liquidité du *Currency Board* est la facilité d'accès à des sources de liquidités internationales. Les banques commerciales sont, en effet, autorisées à déposer directement leurs réserves à l'étranger via leurs sociétés-mères. Elles sont ainsi dotées d'une large responsabilité pour l'utilisation et la gestion de leurs réserves. Nous montrons que la caisse d'émission de Djibouti maintient, en conséquence, une version peu sophistiquée, car elle dispose *de facto* d'une capacité limitée pour gérer son régime monétaire et pour prévenir toute crise systémique de liquidité.

Le **chapitre 2** a pour objectif d'expliquer la longévité du *Currency Board* de Djibouti. Cet objectif principal se décline en trois sous-objectifs :

(i) comprendre la dynamique des transferts internationaux informels « *Hawalas* » et le rôle qu'elles jouent dans le fonctionnement du *Currency Board ;*

(ii) mesurer les fuites de capitaux et analyser leurs effets potentiels sur l'instabilité du *Currency Board* en mobilisant également différentes variables institutionnelles;

(iii) et enfin, la troisième section relie la question de la rente géostratégique et du fait colonial à celle du compromis monétairepour expliquer l'inertie du *Currency Board* érigé en zone franche en 1949.

Le **chapitre 3** présente la construction de la matrice de comptabilité sociale et financière (MCSF) de Djibouti pour l'année 2009 en décrivant la structure générale, les étapes de construction ainsi que les différentes sources de données utilisées. La MCS de base permet d'élargir la structure des comptes nationaux en intégrant dans un cadre unique les flux de production par secteur d'activité, les rémunérations des facteurs et les comptes de revenus et de dépenses des différents agents économiques. Compte tenu des informations disponibles, la MCS que nous élaborons fournit la représentation la moins déformée possible de l'économie de Djibouti.

Dans le **chapitre 4**, pour la première fois dans l'étude économique du pays, un MEGC est développé pour permettre de simuler les réactions de l'économie djiboutienne et de son secteur informel face à des chocs d'ordre macroéconomique. L'activité économique représentée par le modèle EGC est décrite avant tout dans la MCSF. La modélisation de la sphère financière dans le modèle se justifie par le fait que la stabilisation monétaire représente le principal objectif d'un *Currency Board.* Une version statique d'un modèle d'équilibre général calculable qui comprend un secteur financier et incorpore la problématique du secteur informel et destinée à apprécier les effets potentiels des différents flux de capitaux est ainsi développée. Pour rendre compte des conditions particulières de l'économie djiboutienne au cours de la dernière décennie, nous procédons aux simulations numériques de trois scénarii envisagés (i) augmentation de la rente militaire (les militaires paient leurs bases plus cher ou installation d'une nouvelle base), (ii) un afflux des IDE, (iii) et une hausse des *Hawalas*.

Chapitre 1. *Currency Board* : théories et spécificités

Après la Seconde Guerre mondiale, le débat des économistes se focalise sur le fait de savoir s'il est approprié ou non que les pays s'acheminant vers l'indépendance remplacent leurs *Currency Boards* utilisés dans la période coloniale par des Banques centrales. Les partisans des Banques centrales gagnent le débat théorique et, au lendemain de l'indépendance nationale, pratiquement tous les pays créent leurs propres Banques centrales à l'exception de la République de Djibouti, qui est l'une des dernières parcelles de l'« Empire français » à accéder à la souveraineté nationale.

Dans la littérature actuelle, deux vagues de *Currency Boards* sont distinguées (annexe 1). La première vague est liée à des considérations de domination et était établie pour l'essentiel dans des possessions coloniales britanniques (Schuler, 1992 ; Uche, 1995 ; Ponsot, 2002). La deuxième vague des *Currency Boards* est apparue dans les années 1990, avec l'Argentine, la Bulgarie, l'Estonie et la Lituanie et a été instauré non plus pour des raisons liées à des considérations de domination mais pour des questions de crédibilité monétaire et de stabilité financière. Si le *Currency Board* permet de rétablir la confiance, celle-ci est cependant obtenue aux dépens de l'impossibilité de mener toute action de politique monétaire bénéfique au maintien de la solidité bancaire.

Dans ce chapitre, nous mettons en exergue dans une première section les enjeux majeurs et les motivations qui sous-tendent l'adoption d'un *Currency Board* en soulignant les implications de l'abandon des avantages liés à la politique discrétionnaire de la Banque centrale. Dans une deuxième section, nous présentons les spécificités de l'organisation du système monétaire de Djibouti avec d'un côté tout ce qui est du ressort institutionnel – Banque centrale, caisse d'émission et État – et de l'autre le système bancaire et le canal de transmission monétaire.

1.1. *Currency Board* : enjeux, mécanismes et limites

Le *Currency Board* (ou caisse d'émission) appartient à l'ensemble des stratégies monétaires consistant à « se lier les mains », dans un contexte de globalisation et d'instabilité financière, par des règles préétablies : la création monétaire est admise uniquement en contrepartie d'une devise internationale forte et le taux de change est fixé de façon légale. Il représente une manière forte d'empêcher la monétisation des déficits publics et d'imposer la discipline budgétaire. La caisse d'émission ne peut créer de la monnaie que si les exportations des biens et services dépassent les importations, ou si les entrées de capitaux sont plus importantes que les sorties.

Pour qu'un *Currency Board* soit durable, il faut aussi un niveau élevé de flexibilité de l'économie réelle (Corden, 1997 ; Ponsot, 2002). Sans ces conditions en place, les autorités monétaires dans la plupart des pays qui exploitent un *Currency Board* reconnaissent la nécessité de certaines actions discrétionnaires. Ce type d'intervention discrétionnaire semble en contradiction avec le caractère automatique du mécanisme du *Currency Board*, où, selon la théorie, l'évolution de la balance des paiements devrait être étroitement liée à la dynamique de la masse monétaire.

Dans une première partie, nous présentons les caractéristiques d'un *Currency Board* et son mécanisme de création monétaire. Ensuite, la partie 2 identifie les fondements théoriques et les arguments en faveur de son adoption. La partie 3 illustre le mécanisme d'ajustement automatique du *Currency Board*. La partie 4 analyse ses avantages et ses inconvénients. Enfin, la partie 5 analyse les implications des contraintes d'ajustement et de financement induits par le *Currency Board*.

1.1.1. Caractéristiques et mécanisme de création monétaire

1.1.1.1. Définition

Le *Currency Board* est un système monétaire basé sur une règle simple et automatique de création et de destruction de la monnaie selon la dynamique de la balance des paiements. L'institution émettrice (la caisse d'émission) émet uniquement des billets et pièces en monnaie nationale convertibles en une monnaie étrangère à un taux de change strictement fixe. Les deux décisions les plus importantes d'une caisse d'émission sont de ce fait le choix de la monnaie étrangère de référence (ou monnaie de réserve) et son niveau de parité fixe avec la monnaie nationale.

La monnaie de réserve est choisie pour sa stabilité et son acceptabilité internationale à l'instar de la livre sterling, du dollar et de l'euro, et sa valeur ne doit pas varier, inversement à celles des monnaies des principaux partenaires commerciaux du pays en régime de *Currency Board.* Ceci minimise l'impact des fluctuations des taux de change (entre la monnaie de référence et les monnaies des principaux partenaires commerciaux) sur l'inflation.

1.1.1.2. Caisse d'émission et réglementation prudentielle

L'hypothèse généralement avancée par les défenseurs des *Currency Boards* lorsque la crédibilité n'est pas accessible est le manque de conformité du *Currency Board* avec le modèle théorique. Ce modèle est contraint de respecter cinq règles prudentielles, qui sont généralement retenues pour caractériser un modèle « pur » de *Currency Board* :(i) les règles sont inscrites dans une loi et, pour sortir du *Currency Board,* il faut une autre loi ; cette clause vise à garantir l'engagement des autorités et donc la crédibilité du système ; (ii) la loi désigne la monnaie de référence et son niveau de parité fixe avec la monnaie nationale ; (iii) le principe de convertibilité automatique ; la loi garantit à tout instant la conversion entre les deux monnaies sans délai ni limites, il n'y a aucun contrôle de change et la mobilité des capitaux est parfaite ; (iv) le principe de couverture absolue pour garantir la convertibilité de la totalité de la monnaie de base, la règle de couverture contraint la caisse d'émission à conserver à l'actif du bilan un volume de réserves en devises équivalent à au moins 100 % de la base monétaire, mais il lui est interdit de dégager un surplus de réserves notable sur lequel elle serait susceptible de jouer le rôle de stabilisateur par la suite ; (v) la règle de non-stérilisation monétaire; la discipline très stricte des autorités monétaires implique le renoncement au refinancement des banques privées et de l'État (Hanke et Schuler, 1994 ; Holger *et al.,* 2008).

En l'absence de prêteur en dernier ressort et en raison de la portée limitée des opérations monétaires, les *Currency Boards* de la plupart des pays ont imposé une réglementation et une supervision plus stricte que les normes internationales. Les banques commerciales sont obligées de couvrir une plus grande partie de leurs risques par des ressources propres (plus que les 8 % recommandé par le comité de Bâle).

1.1.1.3. Le mécanisme de création monétaire

Traditionnellement, on distingue trois sources potentielles de création ou de destruction monétaire: les créances sur l'économie, les créances sur l'extérieur et les créances sur le Trésor.

La différence entre une caisse d'émission et une Banque centrale traditionnelle est perçue essentiellement à travers ses contreparties de la masse monétaire: « La principale différence avec une Banque Centrale réside dans l'absence d'actifs de l'économie domestique à l'actif du bilan. L'émission de monnaie centrale est subordonnée au seul volume des réserves en devises de référence détenues à l'actif de la caisse d'émission. Le *Currency Board* ne peut donc plus constituer la contrepartie de créances sur le Trésor ou sur l'économie domestique : on parle alors de *Currency Board* "pur"» (Ponsot 2002, p. 14).

On peut apprécier la place et le rôle de la Banque Centrale et du *Currency Board* dans la création monétaire en faisant référence à leurs bilans respectifs figurant au tableau 1.

Tableau 1. Bilan simplifié d'une Banque centrale et d'un *Currency Board.*

Banque centrale	*Currency Board* « pur »
Actif • Avoirs en devises, créances externes (or et devises) • Concours au Trésor • Effets et titres	Actif • Avoirs en devises, créances externes (or et devises)
Passif • Monnaie en circulation : billets et pièces • Compte courant du Trésor • Réserves obligatoires	Passif • Monnaie en circulation • : billets et pièces • Actifs de réserve des banques de second rang

Source : Moustapha Aman

Ainsi, pour une économie régie par un régime de CB, l'unique possibilité pour une banque commerciale de se procurer de la monnaie « Banque centrale » est de céder des devises à la caisse d'émission. L'offre de monnaie devient entièrement exogène et le multiplicateur monétaire est équivalent au niveau du ratio de réserves en devises sur les dépôts des banques commerciales.

À l'inverse, un bilan de Banque centrale traditionnelle fait apparaître à l'actif la présence éventuelle d'avances au Trésor et de titres de créances pouvant être publics ou même privés. Ceci se traduit par une capacité d'altérer le ratio de réserves en devises sur les engagements domestiques, donnant ainsi à la Banque centrale une certaine capacité de procéder à des stérilisations discrétionnaires des réserves des banques commerciales (Schuler, 1991). Il s'agit d'une contradiction absolue avec les principes de fonctionnement du *Currency Board*, conformément à l'offre de monnaie sous le régime de l'étalon-or, qui n'autorisent pas la Banque centrale à stériliser les réserves de change.

Enfin, dans le cadre d'un *Currency Board* « pur », les banques commerciales ne déposent pas de réserves obligatoires auprès de la Banque centrale. Cette dernière peut seulement offrir aux banques un compte de dépôts de réserves libres. Les réserves obligatoires pourraient en effet servir à stériliser les effets des flux de capitaux.

1.1.2. Les fondements théoriques

Historiquement, les principes fondateurs de la théorie bancaire moderne s'inscrivent dans les débats monétaires qui eurent lieu en Angleterre dans la première moitié du 19ème siècle et qui sont constitués, d'une part par les « controverses bullionistes » (1810-1821) et d'autre part par l'opposition, au cours de 1840-1844, entre partisans de l'École de la circulation (*Currency Principle*) et ceux de l'École du principe de la banque (*Banking Principle*).

Les fondements théoriques du *Currency Board* s'inscrivent dans les propositions énoncées par Ricardo (1810) et argumentées par l'École de la circulation (1844, Torrens, Overstone). Aujourd'hui, le régime de *Currency Board* est défendu par l'École de la banque libre (*Free Banking School*).

Dans les années 1960, la théorie des zones monétaires optimales définit les circonstances qui justifient l'adoption d'un *Currency Board* par un pays spécifique. La décennie suivante, la nouvelle macroéconomie classique remet au goût du jour les règles d'émission contenues dans le *Currency Board*, en l'enrichissant profondément par la prise en considération de la cohérence temporelle et de la théorie de la crédibilité.

1.1.2.1. La banque d'émission de Ricardo à l'origine du *Currency Board*

En 1810, la « controverse bullioniste » opposait deux interprétations de la dépréciation de la livre sterling, qui se manifestait par un prix élevé de l'or et un taux de change défavorable : selon les bullionistes, partisans du retour à une monnaie convertible en or, la dépréciation avait pour origine une émission excessive de billets par la Banque d'Angleterre. Selon les anti-bullionistes, partisans du maintien du papier-monnaie, cette dépréciation s'expliquait surtout par le déficit extérieur provoqué par la participation de l'Angleterre aux guerres napoléoniennes.

Ricardo et, dans une moindre mesure, Thornton adoptent la position bullioniste. Ricardo propose de stabiliser la valeur de la monnaie par rapport au prix du marché du lingot plutôt que le niveau général des prix des marchandises. Le système monétaire qu'il propose est un régime où tous les billets en circulation doivent être convertibles en lingots d'or et soutient que désormais le montant des billets en circulation dans le public doit être réglé d'après celui de l'encaisse métallique de la banque émettrice ; tandis que

Thornton se prononce pour la liberté d'émission monétaire en fonction des besoins de l'économie sous contrainte de convertibilité.

Ricardo inverse en effet la causalité entre le haut prix du lingot et le taux de change que Thornton avait établie, et affirme que c'est la variation du prix du marché de l'or qui entraîne la variation du taux de change : le haut prix du lingot ayant pour origine une émission excessive de billets entraîne une baisse du taux de change. Mais les explications de Ricardo ne sont pas satisfaisantes pour justifier cette inversion de causalité (de Boyer, 2008).

La banque de Ricardo n'est pas une Banque centrale puisqu'elle ne prête à aucun agent mais dispose en revanche du monopole de l'émission des billets afin d'assurer la stabilité interne de la monnaie (son pouvoir d'achat sur l'or) et la stabilité externe de la monnaie (le taux de change).

Ainsi, la banque d'émission que préconise Ricardo de 1816 à 1823 sera quelque peu différente de celle qui sera mise en œuvre après la réforme de la Banque d'Angleterre en 1844 à la suite des propositions de l'École de la circulation (Diatkine, 2008).

L'Acte de Peel de 1844 divise la Banque d'Angleterre en deux départements : le département d'émission et le département bancaire qui peut prêter aux banques s'il dispose de suffisamment de réserves. La Banque d'Angleterre est soumise à des règles strictes fixées désormais a priori selon les propositions de Ricardo : la variation de la quantité de billets émis suit exactement et automatiquement la variation de l'encaisse-or de la banque, c'est-à-dire le mouvement d'entrée et de sortie d'or du pays.

Ceci représente, par ailleurs, une solution satisfaisante pour l'École de la banque libre qui compte aujourd'hui parmi les principaux défenseurs du *Currency Board.*

1.1.2.2. École de la banque libre

Selon les partisans de cette école, la banque libre est un système financier qui n'implique pas une Banque centrale car cette dernière existe du fait de la contrainte étatique et non d'une évolution naturelle des systèmes bancaires, et a été historiquement imposée par la puissance publique pour financer son déficit budgétaire.

Ces théoriciens défendent l'idée d'un système concurrentiel de création de la monnaie bancaire afin que les institutions financières puissent agir librement selon les forces du marché. Ils ne contestent pas l'existence d'une base monétaire servant aux règlements interbancaires, mais s'opposent au monopole de son émission par une seule institution. En effet, une vulnérabilité pourrait naître de la centralisation complète de la convertibilité au sein d'une seule institution (la caisse d'émission) car les phénomènes spéculatifs peuvent alors facilement se concentrer sur cette institution unique (Le Maux, 2006).

Le recours au *Currency Board* représente néanmoins une solution satisfaisante pour l'École de la banque libre dès lors que la base monétaire est conservée pour réaliser les règlements interbancaires et ne fait pas l'objet d'une manipulation de la part des autorités publiques qui ne contrôlent plus son émission.

1.1.2.3. Les critères d'optimalité de la fixité du change

Par la fixation irrévocable du taux de change, les pays renoncent à employer le taux de change comme instrument de politique économique.

Mundell (1961) fut le premier à rechercher dans quelles conditions le bénéfice réel d'une renonciation à l'instrument de taux de change outrepasse le coût réel de cet abandon. Il met brièvement en avant le principal critère d'optimalité de la fixité du change : la mobilité factorielle permettant l'ajustement aux chocs asymétriques sans modification de change.

Ensuite, la théorie de la zone monétaire optimale s'est progressivement enrichie de nouveaux critères : Mac Kinnon (1963) ajoute le degré d'ouverture, Kenen (1969), le degré de diversification, et Ingram (1969), la dimension financière.

L'une des difficultés majeures dans le triangle d'incompatibilité de Mundell (1961) est que le pays qui fixe son taux de change, tout en autorisant les mouvements internationaux de capitaux, perd le contrôle de sa politique monétaire. On peut avoir deux configurations, mais on n'aura jamais la troisième. On ne peut pas avoir le contrôle de la position externe par exemple, dès lors qu'on est dans une logique de caisse d'émission, et on ne peut pas lutter dans un régime de Banque centrale à la fois contre l'inflation et pour maintenir un taux de change constant.

Ainsi, d'après le triangle de Mundell, à l'instar des pays sous régime étalon-or, les pays en régime de *Currency Board* doivent abandonner l'indépendance de leur politique monétaire au profit du taux de change fixe et de la libre circulation absolue des capitaux.

Dans les années 1970, la nouvelle macroéconomie classique prône l'abandon de tout activisme monétaire et budgétaire pour introduire le concept de crédibilité.

Le renoncement à toute politique monétaire souveraine signifie une dépendance accrue vis-à-vis de la politique monétaire conduite par le pays émetteur de la monnaie d'ancrage. Or il peut s'avérer que les modifications apportées aux conditions monétaires dans le pays de la monnaie d'ancrage soient inopportunes pour le pays du *Currency Board*.

1.1.2.4. L'influence de la nouvelle macroéconomie classique

Dans les années 1970, les modèles économiques dominants d'inspiration keynésienne sont largement remis en cause. Les politiques monétaires et budgétaires actives sont rejetées, car créatrices d'instabilité macroéconomique via la création d'inflation.

À travers des travaux sur les théories de la politique monétaire, les auteurs néoclassiques issus du courant des anticipations rationnelles, Lucas (1972), Barro et Gordon (1974) prônent l'abandon de toute possibilité de mener une politique monétaire capable de réduire le niveau de chômage et de toute éventualité d'efficacité d'une politique budgétaire stimulant la demande agrégée.

S'affranchissant du monétarisme[6] à la Friedman (1968) qui laisse une marge à la politique monétaire, ces auteurs recommandent de renoncer à toute manipulation active de la masse monétaire par les pouvoirs publics : même si la politique monétaire suit une règle, son effet à long terme sur la variation des prix est connu et anticipé par les agents. Selon eux, il est plus utile de suivre une règle a priori plutôt que de modifier l'offre de monnaie faute d'efficacité de la politique de stabilisation.

En référence à ces travaux, Kydland et Prescott (1977), à travers leurs modèles d'incohérence temporelle de la politique économique discrétionnaire, et Sargent et Wallace (1981) à travers leur contribution sur la nécessaire coordination intertemporelle des politiques budgétaires et monétaires, prônent des règles strictes et prédéfinies pour créer de la crédibilité. Ainsi, le concept de crédibilité procédant de la théorie des anticipations rationnelles est introduit dans la mise en œuvre de la règle monétaire.

Les autorités monétaires doivent donc déterminer la masse monétaire suivant une règle établie, mais cette règle doit être crédible pour les agents économiques. Si le marché est transparent et que toute l'information pertinente est connue, la solution préconisée est que la règle monétaire fixée par les autorités et anticipée par les agents permette d'accroître l'offre de monnaie en fonction de la dynamique de la balance des paiements[7].

Ces modèles de la nouvelle macroéconomie classique privilégient ainsi le rôle central du marché sans aucune intervention discrétionnaire. On les retrouve, notamment dans les années 1990, dans les recommandations qui récapitulent les mesures préconisées par les institutions internationales dans

---

[6] Ponsot (2000) analyse les divergences entre les conditions de fonctionnement du *Currency Board* et les préceptes de l'analyse monétariste.

[7] Selon Le Maux (2006), cette idée suppose de manière implicite que le risque moral lié à la fonction de prêteur en dernier ressort serait plus anodin qu'en ce qui concerne les transferts de réserves.

le cadre des programmes d'ajustement structurel : le « consensus de Washington » (Williamson, 2000).

C'est sous l'influence du « consensus de Washington » dans un contexte de globalisation financière que le triangle d'incompatibilité de Mundell conduit de nombreux pays vers des régimes de change extrêmes : le flottement libre et l'ancrage dur par rapport à une seule monnaie.

Ainsi, les *Currency Boards* ont été remis au goût du jour, dans les années 1990, pour restaurer la crédibilité et la stabilité monétaire en Estonie, Lituanie, Argentine, Bulgarie et Bosnie.

La recherche de la crédibilité monétaire conduit le *Currency Board* à établir non seulement un taux de change absolument fixe, mais impose également que la régulation monétaire repose sur un mécanisme automatique d'ajustement de l'offre de la monnaie nationale au solde de la balance des paiements. La masse monétairedoit s'ajuster automatiquement lorsqu'il y a des déséquilibres de la balance des paiements à l'instar du régime de l'étalon-or.

1.1.3. Le mécanisme d'ajustement automatique : modèle théorique

Le mécanisme d'ajustement automatique du *Currency Board* est semblable à celui de l'étalon-or, les sorties et les rentrées de l'or déterminent les mouvements de la masse monétaire et le niveau général des prix.

Pour schématiser simplement le lien existant entre la balance des paiements et l'offre de monnaie, nous effectuons une représentation macroéconomique et comptable du mécanisme de retour à l'équilibre suite à un choc.

1.1.3.1. Représentation comptable du processus d'ajustement simplifié

1.1.3.1.1. Le cas d'un excédent

Le régime de *Currency Board* accorde un rôle primordial à la dynamique de la balance des paiements, parce que le solde de celle-ci, CA (excédent ou déficit du compte courant) $+\Delta K$ (afflux ou sorties des capitaux), détermine le montant de l'offre de monnaie (M). La relation entre cette dernière (M) et l'évolution des réserves de change ($\Delta F = CA + \Delta K$) est strictement proportionnelle, à deux conditions : du côté de l'offre, les banques doivent maintenir constant un ratio de réserves sur les dépôts, appelé aussi ratio de liquidité bancaire (r), et du côté de la demande de monnaie, le public doit maintenir stable le ratio de billets (monnaie) en circulation sur l'ensemble des dépôts détenus, dit aussi taux de préférence pour les billets (c).

c : ratio liquidités-dépôts détenus par le secteur privé.

R : ratio réserves-dépôts détenus par les banques commerciales

L'offre de monnaie totale, correspondant aux billets détenus par le secteur privé (ménages et entreprises) et les dépôts des banques commerciales, est définie par la formule du multiplicateur monétaire ci-dessous, qui souligne la limite théorique de la création monétaire des banques commerciales, compte tenu de la détention de la monnaie Banque centrale (*H*). Cette dernière correspond à la somme des billets et pièces détenues par les banques commerciales (*C*) et le secteur privé (*R*).

$$M = \frac{1+c}{r+c}\,(H = C + R)_t$$

$$= \frac{1+c}{r+c}\,(CA + \Delta K = \Delta F)_t$$

$$= \frac{1+c}{r+c}\sum_{t=0}^{T} (\,CAt \;+ \Delta Kt\,)$$

Dès lors, on peut énoncer que la masse monétaire d'une économie régie par le *Currency Board* est à tout moment (*t*) une fonction de la base monétaire, qui reflète les avoirs en devises de la caisse, et qui sont à leur tour générés par la dynamique de la balance des paiements.

S'inspirant en partie de la présentation du modèle de Hanke et Schuler (1994), on va illustrer de manière comptable le mécanisme de transmission sous réserve que *c*, *r* soient constants et sous certaines conditions : les dépôts bancaires sont convertibles en billets du *Currency Board* à un taux de change fixe ; les avoirs en revenu et en liquide évoluent de façon similaire ; la valeur nette au bilan de la caisse d'émission et les capitaux propres dans les bilans des banques commerciales sont nuls.

Dans un souci de simplification, on suppose que les agents ne détiennent pas de stock de la monnaie de réserve et ne l'utilisent pas dans leurs transactions. Enfin, le taux de change entre la monnaie nationale et la devise de rattachement est fixé par la loi au niveau de 1/1.

Les bilans qui suivent utilisent des chiffres fictifs et la situation initiale (tableau 2) des bilans est une situation où la balance courante est équilibrée.

Tableau 2. Situation initiale

Currency Board	
Actif	Passif
Avoirs en devises 600	Base monétaire Monnaie en circulation : pièces et billets 500 Actifs de réserve des banques de second rang en monnaie centrale 100
Banque commerciale	
Actif	Passif
Actifs de réserve des banques de second rang en monnaie centrale 100 Crédits et investissements 4 900	Dépôts des clients 5 000
Ménages et entreprises	
Actif	Passif
Dépôts en banques 5 000 Billets et pièces émis par le *Currency Board* (liquidités) 500	Emprunts 4 900 Valeur (richesse) nette 600
Masse monétaire globale = 5 500	
Ratio de réserves des banques/dépôts = 100/5 000= 1/50=2 % Ratio de liquidités du public (monnaie en circulation)/dépôts = 500/5 000 = 1/10 = 10 %	

Source : Hanke et Schuler (1994).

On fait maintenant l'hypothèse que la balance des paiements est excédentaire de 12 unités monétaires (la balance des capitaux est équilibrée) sous la forme de devises que les agents déposent dans les banques locales. Les banques échangent les devises contre de la monnaie nationale auprès de la caisse d'émission, qui accroît l'actif de son bilan de 12 unités monétaires. Les réserves des banques et les dépôts clients augmentent de 12 unités monétaires. La masse monétaire augmente finalement de 12 unités monétaires de plus que dans la phase initiale. C'est l'étape intermédiaire (tableau 3).

Tableau 3. Situation intermédiaire

Currency Board	
Actif	Passif
Avoirs en devises 612	Base monétaire Monnaie en circulation : pièces et billets 500 Actifs de réserve des banques de second rang en monnaie centrale 112
Banque commerciale	
Actif	Passif
Actifs de réserve des banques de second rang en monnaie centrale 112 Crédits et investissements 4 900	Dépôts des clients 5 012
Ménages et entreprises	
Actif	Passif
Dépôts en banques 5 012 Billets et pièces émis par le *Currency Board* (liquidités) 500	Emprunts 4 900 Valeur (richesse) nette 612
Masse monétaire globale = 5 512	
Ratio de réserves des banques/dépôts = 112/5 012= 2,23 % Ratio de liquidités du public (monnaie en circulation)/dépôts = 500/5 012 = 9,98 %	

Source : Hanke et Schuler (1994).

Dans cette phase intermédiaire, les banques commerciales ont un taux de réserve d'environ 2,23 %, qui est plus élevé que leur ratio désiré (le ratio initial de 2 %) et le public dispose d'un ratio de liquidité/dépôts d'environ 9,98 %, qui est inférieur au ratio désiré (le ratio initial de 10 %). Ainsi le système monétaire est en déséquilibre. L'excédent des transactions courantes (importations < exportations) a entraîné une offre accrue de devises contre de la monnaie nationale.

Les banques commerciales doivent, par conséquent, augmenter leurs prêts et le public doit augmenter ses avoirs en espèces, afin de retrouver les ratios de la phase initiale. Ils font cette opération dans la phase finale et le *Currency Board* est déplacé vers un nouvel équilibre avec une masse monétaire accrue de 110 unités de plus que dans la phase initiale (tableau 4). Pour rééquilibrer les ratios, les banques augmentent leurs crédits (+98) et diminuent leurs réserves (-10) et les ménages et les entreprises diminuent les dépôts et augmentent les avoirs liquides.

Tableau 4. Situation finale

Currency Board			
Actif		Passif	
Avoirs en devises	612	Base monétaire Monnaie en circulation : pièces et billets Actifs de réserve des banques de second rang en monnaie centrale	 500 112
Banque commerciale			
Actif		Passif	
Actifs de réserve des banques de second rang en monnaie centrale Crédits et investissements	102 4 998	Dépôts des clients	5 100
Ménages et entreprises			
Actif		Passif	
Dépôts en banques Billets et pièces émis par le *Currency Board* (liquidités)	5 100 510	Emprunts Valeur (richesse) nette	4 998 612
Masse monétaire globale = 5 610			
Ratio de réserves des banques/dépôts = 1/50 = 2 % Ratio de liquidités du public (monnaie en circulation)/dépôts = 1/10 = 10 %			

Source : Hanke et Schuler (1994).

Les ratios sont à nouveau équilibrés et la masse monétaire a augmenté. Ainsi, à travers les contraintes imposées par son coefficient de 100 % de réserves, son obligation de fixité du taux de change avec la monnaie de réserve et son incapacité de modifier le ratio de réserves des banques commerciales en leur imposant des réserves obligatoires, le *Currency Board* répond passivement ou automatiquement aux actions des banques, des ménages et des entreprises, ramenant le système à l'équilibre.

Les bilans ont illustré les efforts déployés par les banques commerciales et par le public pour rééquilibrer respectivement leur ratio de réserves/dépôts désiré et le ratio de liquidité/dépôts désiré. Leurs efforts entraînent des changements dans les taux d'intérêt, les prix et les revenus, et déplacent le *Currency Board* vers un nouvel équilibre lors d'un excédent du compte courant.

1.1.3.1.2. Le cas d'un déficit

Supposons maintenant que la balance des paiements est déficitaire sous la forme d'un solde de - 12 unités monétaires (la balance des capitaux est équilibrée). Comme dans le cas précédent (excédent du compte courant), la situation initiale est à l'équilibre. Les partenaires commerciaux du pays n'acceptant le paiement qu'en devises, les agents domestiques convertissent 12 unités de leurs dépôts bancaires en devises.

Pour convertir un dépôt bancaire dans la monnaie étrangère de référence, le titulaire doit d'abord le convertir en monnaie Banque centrale, puis se présenter à la caisse d'émission, pour enfin le transformer dans la monnaie étrangère de référence. En conséquence, les réserves des banques diminuent de 12 unités monétaires et les agents échangent des billets nationaux contre des devises réduisant les avoirs du *Currency Board.*

L'actif et le passif de la caisse d'émission se réduisent de 12 unités par rapport à la phase initiale, au même titre que les réserves des banques commerciales, et les dépôts du public auprès des banques commerciales (-12). En outre, l'offre de monnaie compte 12 unités de moins que dans la phase initiale. C'est l'étape intermédiaire (tableau 5).

Tableau 5. Situation intermédiaire

Currency Board	
Actif	Passif
Avoirs en devises 588	Base monétaire Monnaie en circulation : pièces et billets 500 Actifs de réserve des banques de second rang en monnaie centrale 88
Banque commerciale	
Actif	Passif
Actifs de réserve des banques de second rang en monnaie centrale 88 Crédits et investissements 4 900	Dépôts des clients 4 988
Ménages et entreprises	
Actif	Passif
Dépôts en banques 4 988 Billets et pièces émis par le *Currency Board* (liquidités) 500	Emprunts 4 900 Valeur (richesse) nette 588
Masse monétaire globale = 5 488	
Ratio de réserves des banques/dépôts = 88/4 988= 1,76 % Ratio de liquidités du public (monnaie en circulation)/dépôts = 500/4 988 = 10,02 %	

Source : Hanke et Schuler (1994).

Les ratios sont en déséquilibre. Pour retrouver la situation initiale, les banques diminuent leurs crédits et augmentent leurs réserves et les agents privés réduisent leurs avoirs liquides. C'est l'étape finale (tableau 6).

Tableau 6. Situation finale

Currency Board	
Actif	Passif
Avoirs en devises 588	Base monétaire Monnaie en circulation : pièces et billets 500 Actifs de réserve des banques de second rang en monnaie centrale 98
Banque commerciale	
Actif	Passif
Actifs de réserve des banques de second rang en monnaie centrale 98 Crédits et investissements 4 802	Dépôts des clients 4 900
Ménages et entreprises	
Actif	Passif
Dépôts en banques 4 900 Billets et pièces émis par le *Currency Board* (liquidités) 490	Emprunts 4 802 Valeur (richesse) nette 588
Base monétaire = 588 (contraction de 12 unités par rapport à la situation initiale) Masse monétaire globale = 5 390 (contraction de 110 unités par rapport à la situation initiale)	
Ratio de réserves des banques/dépôts = 98/4 900= 2 % Ratio de liquidités du public (monnaie en circulation)/dépôts = 490/4 900 = 10 %	

Source : Hanke et Schuler (1994).

À l'instar de l'exemple précédent, le système est de nouveau à l'équilibre, mais la masse monétaire ainsi que la base monétaire ont diminué.

1.1.3.2. Représentation macroéconomique du processus d'ajustement simplifié

Figure 1. Mécanisme de retour à l'équilibre

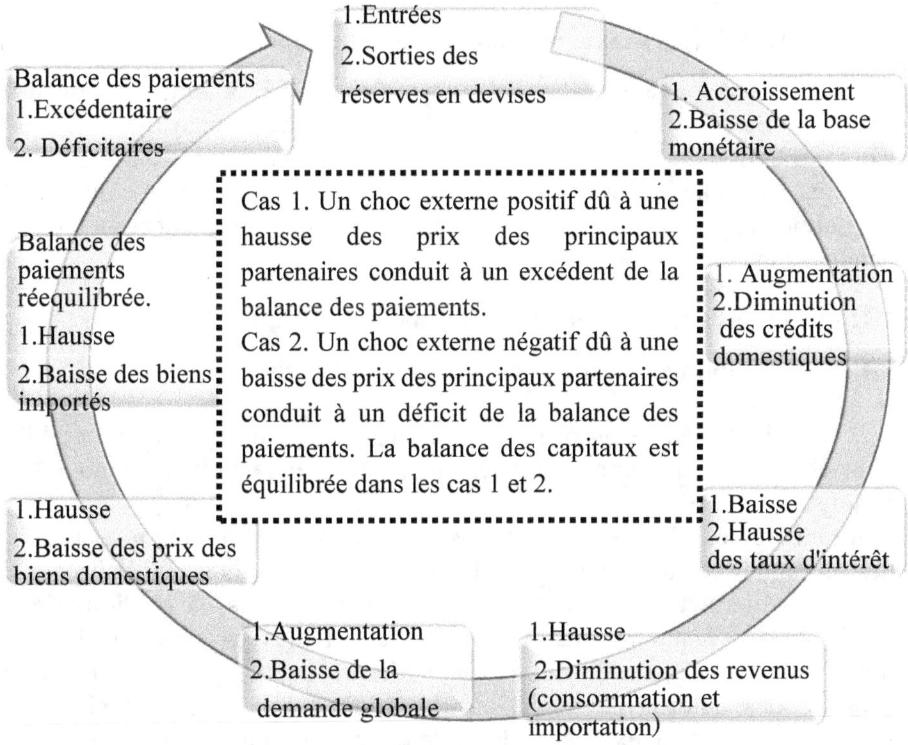

Source : Hanke et Schuler (1994).

Le mécanisme de retour à l'équilibre ne fonctionne conformément aux séquences d'événements illustrés ci-dessus que si et seulement si les taux d'intérêt et les réserves de change sont déterminés par l'action des banques et du secteur privé.

Cependant, par souci de clarté, ce mécanisme automatique permettant d'adapter l'offre de monnaie à la dynamique de la balance des paiements a fait l'objet de quelques hypothèses simplificatrices.

De plus, les conditions réelles ne sont pas si simples. Tout d'abord, lors d'un excédent du compte courant, les banques commerciales peuvent vouloir conserver les réserves de change en excès de la base monétaire ou les utiliser pour augmenter leurs placements à l'étranger.

Ensuite, la plupart des caisses d'émission modernes détiennent des réserves en devises d'une valeur supérieure à 100 % de la base monétaire, afin de dégager un surplus sur lequel la caisse d'émission serait capable de jouer le rôle de stabilisateur. Williamson (1995) affirme d'ailleurs que ces réserves en devises sont contracycliques et permettent de stériliser un déficit de la balance des paiements en écoulant les excès de réserve pour maintenir l'offre de monnaie constante, au lieu de laisser faire le mécanisme d'ajustement.

1.1.4. Les avantages et inconvénients de l'adoption d'un *Currency Board*

Plusieurs des avantages et des inconvénients liés à l'instauration d'un *Currency Board* se posent dans tous les régimes de change fixe. Mais une caisse d'émission est considérée comme plus simple à utiliser, et ses prérogatives telle qu'une crédibilité accrue, une plus grande baisse de l'inflation et le mécanisme d'ajustement automatique imposent aussi bien des bénéfices que des coûts.

1.1.4.1. Les avantages liés à l'adoption d'un *Currency Board*

1.1.4.1.1. Le gain en crédibilité

Une caisse d'émission offre en effet en principe des gains en crédibilité plus élevés que les autres régimes monétaires, essentiellement pour trois raisons.

Premièrement, l'ancrage étant plus strict, la capacité des autorités à mener des politiques économiques discrétionnaires est très limitée. En l'absence de prêteur en dernier ressort et des opérations monétaires, la crédibilité et la confiance dans la monnaie nationale sont d'autant plus restaurées que la caisse d'émission est censée discipliner la politique budgétaire en éliminant la capacité des autorités à monétiser le déficit public. Par extension, ceci implique que la dette extérieure doit être maintenue stable.

Deuxièmement, l'abandon de la caisse d'émission est politiquement plus coûteux en raison de son caractère institutionnalisé. De cette manière, les autorités des pays concernés ne peuvent pas remettre facilement en cause le régime de change ainsi choisi. D'ailleurs, aucune des caisses d'émission existantes ne comprend dans son statut une clause de sortie claire (Camilleri, 2004).

Troisièmement, la règle de couverture à 100 % de la base monétaire par un volume de réserves en devises offre au marché des changes un signal fort et permet une crédibilité accrue.

Les gains en crédibilité qui résultent de l'instauration d'un *Currency Board* doivent se traduire par une diminution des taux d'intérêt qui exerce à son tour une influence favorable sur l'investissement et donc la croissance économique. (Williamson, 1995 ; Balino *et al.,* 1997). Selon Ghosh, Gulde et Wolf (2000), les pays à caisse d'émission sont ainsi accrédités d'une meilleure performance économique que dans les pays à change fixe et dans les pays à change flottant.

1.1.4.1.2. Une faible inflation et un faible taux d'intérêt

Le deuxième argument principal en faveur de la mise en place d'une caisse d'émission, c'est qu'elle a tendance à conduire à une faible inflation.

Cette performance est attribuée principalement à la baisse des anticipations inflationnistes reflétant un degré de confiance plus élevé dans le régime du *Currency Board* que dans les autres régimes. Sans doute, les limites imposées aux politiques discrétionnaires, à travers la règle d'émission de la monnaie centrale, conduisent à ce biais inflationniste très faible.

La faible inflation va permettre, à son tour, conduire à un taux de change stable, et de favoriser la convergence des taux d'intérêt du pays réserve[8] de ce qui va encourager à la fois le commerce et l'investissement : « L'alignement du taux d'intérêt au niveau international doit permettre de réduire le risque de change et les coûts de transaction afin de favoriser l'investissement interne et faciliter l'intégration au commerce international » (Balino *et al.,* 1997, p. 9). Le *Currency Board* est ainsi un facteur facilitant et encourageant l'ouverture.

1.1.4.1.3. Le mécanisme d'ajustement automatique des paiements

Le troisième avantage essentiel d'une caisse d'émission est le mécanisme d'ajustement automatique des paiements qui, selon Hanke et Schuler (1994), empêche toute sortie importante de devises.

Comme nous l'avons précédemment schématisé, il fonctionne grâce à des mouvements de la masse monétaire à travers des changements de taux d'intérêt. La discrétion de la Banque centrale est ainsi remplacée par l'automatisme du *Currency Board.* Si par exemple le compte des opérations courantes du pays avec le *Currency Board* est en déficit, la masse monétaire va se contracter et provoquer en conséquence une hausse des taux d'intérêt. Cela permettra d'attirer un afflux de capitaux.

En même temps, comme l'offre de monnaie s'est contractée et que les taux d'intérêt sont plus élevés, cela va conduire à une diminution des revenus entraînant un affaiblissement de la demande globale qui, à son tour, fera baisser les prix des biens domestiques. Cette déflation réduira la demande des biens importés et permettra d'améliorer le compte courant de la balance des

---

[8]Toutefois, Mautte (2002) montre que le taux d'intérêt reste généralement supérieur à celui du pays d'ancrage et leur différentiel révèle le risque monétaire (risques de décrochage du taux de change) et le risque pays (risques politiques et économiques) dans le pays ancré (voir section 2 pour le cas de Djibouti).

paiements, comme le précise Williamson (1995 p. 17) : « la faible demande globale finit par réduire les prix, rendant les exportations plus compétitives sur les marchés mondiaux et permettant à la production réelle d'accroître le retour au plein emploi ».

Cependant, malgré les avantages qu'une caisse d'émission peut offrir à l'économie, de nombreux inconvénients y sont liés.

1.1.4.2. Les inconvénients d'une caisse d'émission

À la différence d'un système de taux de change fixe classique doté d'une Banque centrale, le *Currency Board* ne permet pas de lisser les chocs conjoncturels et de neutraliser l'effet des mouvements de capitaux.

La vulnérabilité des *Currency Boards* aux bouleversements exogènes s'explique principalement par la perte d'outils de politique de change et de politique monétaire. En cas de choc asymétrique ou de retrait massif de capitaux étrangers, ce sont les banques et l'économie réelle qui supportent l'ajustement dans son intégralité.

Lorsque le pays est sujet à des secousses économiques persistantes, la caisse d'émission est généralement considérée comme étant moins efficace en comparaison avec la Banque centrale, en raison du coût de l'ajustement, du maintien du risque de change en dépit même de la perte d'outils de politique monétaire et des coûts élevés des réserves.

1.1.4.2.1. La perte d'outils de politique monétaire

L'ajustement automatique à travers les changements des taux d'intérêt régule l'offre de monnaie, ce qui ôte à la caisse d'émission la possibilité d'intervenir en tant que prêteur en dernier ressort au profit des banques illiquides, même solvables.

Les banques commerciales opérant sous un système de *Currency Board* ont ainsi tendance à faire face à un plus grand choc de liquidité et une volatilité des taux d'intérêt. En cas de retrait massif de capitaux étrangers, les taux d'intérêt augmentent conformément au mécanisme d'ajustement pour défendre la fixité du taux de change. Mais si cette hausse persiste sur une longue période (exposition répétée aux chocs), les banques sous-capitalisées de petite taille risquent d'être confrontées à des problèmes de liquidité et de solvabilité. Rappelons que le prêteur en dernier ressort prête uniquement pour éviter la faillite des banques solvables, mais illiquides, et leur contagion à d'autres banques solvables et liquides.

La question du préteur en dernier ressort se pose ici parce que la règle de convertibilité et de couverture intégrale qu'impose le *Currency Board* ne s'applique pas à la monnaie émise par les banques commerciales (monnaie scripturale). Seule la base monétaire (pièces et billets) est couverte. Pourtant, en cas de panique financière, pour convertir un dépôt bancaire dans la monnaie de réserve, le titulaire doit d'abord le convertir en monnaie Banque centrale, puis se présenter à la caisse d'émission pour enfin le transformer dans la monnaie de réserve. Ce qui revient à dire que la caisse d'émission accepte la monnaie créée par les banques commerciales et la transforme en sa propre monnaie.

Mais comme l'intégralité de la masse monétaire n'est pas couverte par les réserves de change (même si le système bancaire est peu développé), le montant des réserves de change étant généralement beaucoup plus petit que celui des dépôts, ceci ajoute à la panique financière au cours d'une crise. Dans ce contexte, la vulnérabilité des banques connaissant des problèmes d'illiquidité s'aggrave et n'évite pas la contagion à d'autres banques solvables et liquides, notamment lorsque ces dernières ne sont pas étrangères.

En outre, la fragilité du système bancaire pourrait être accentuée par les gouvernements qui ne peuvent maintenir la discipline budgétaire qu'impose le *Currency Board*. En effet, en l'absence de refinancement du déficit budgétaire par la Banque centrale, ces gouvernements dépendent principalement du système bancaire pour le financement domestique. Dans certains cas, les banques privées sont forcées d'accorder un prêt au gouvernement et/ou de détenir des titres d'État à un taux d'intérêt plus faible que celui du marché. Ceci impose une charge additionnelle aux banques commerciales qui supportent déjà le poids de l'ajustement et limite dans le même temps la diversification de leur portefeuille. En Estonie, durant la crise bancaire de 1992, le défaut des paiements d'une grande entreprise publique a entraîné la faillite d'une grande banque privée[9].

Ainsi, en cas de tensions sur la liquidité du système financier, l'abandon des avantages liés à la politique discrétionnaire de la Banque centrale soumet les banques commerciales à rudes épreuves.

1.1.4.2.2.. La persistance du risque de change et les coûts des réserves

Selon Hanke et Schuler (1994), les réserves du *Currency Board* sont composées essentiellement d'obligations libellées en devise de référence de grande qualité et à rendement élevé et doivent être suffisamment importantes pour garantir la conversion de tous les billets et pièces de monnaie détenus par

[9] Dans les pays où les banques sont sous contrôle de l'État, ces dernières sont principalement requises pour financer les entreprises et les projets publics pour des raisons plus ou moins politiques. En Lituanie, la plus grande banque publique a dû étendre une partie de la gestion de ses crédits au gouvernement (Blanc et Ponsot, 2004).

les agents. Mais selon les adversaires des *Currency Boards*, les réserves de change peuvent être inutilement coûteuses, notamment lorsque les actifs libellés dans la monnaie de réserve peuvent expérimenter une perte de valeur. En 1998, en l'espace de quatre mois, le *Currency Board* de Lituanie a perdu 18 % de ses avoirs étrangers nets et le système bancaire 25 % (Blanc et Ponsot, 2004). Lorsque cette perte de valeur est concomitante à une relance budgétaire[10], ceci risque d'accroître le déficit public (8,5 % du PIB en 1999 contre 5,9 % en 1998 en Lituanie).

En principe, les réserves de change doivent être détenues dans la caisse d'émission, mais si cette dernière devait les placer, il serait plus utile de les placer également dans des actifs domestiques, notamment lorsqu'ils sont plus rentables. Elles peuvent servir à financer des investissements publics sans pour autant affaiblir le *Currency Board.* L'Argentine investissait un tiers de ses réserves dans des actifs nationaux.

Toutefois, pour garantir la convertibilité en cas de perte de la valeur des actifs libellés en devise de référence, Hanke et Schuler (1994) préconisent la conservation d'une marge de sécurité en détenant un volume de réserve légèrement supérieur à 100 % du passif. Mais, selon Le Maux (2006), cette analyse tend à ignorer que l'instrument de la règle de couverture crée toujours des tensions sur le change. En effet, en situation de panique bancaire suite à une perte de confiance dans la qualité du système, la conversion des dépôts bancaires en monnaie de base risque de créer une crise de liquidité lors de la demande de conversion dans la monnaie étrangère de référence. Dans un tel cas, la partie excédentaire de réserves se situant au-delà des 100 % requis par la règle orthodoxe peut être utilisée, mais sa diminution peut alerter les spéculateurs qui cherchent à tester davantage la détermination et l'engagement des autorités monétaires concernant la fixité du change (cas du *Currency Board* de Hong Kong lors de la crise de 1998). Il apparaît donc qu'un *Currency Board* n'est pas à l'abri des attaques spéculatives, contrairement aux arguments développés par les défenseurs de ce système, et l'existence d'un risque de change y est également dominante.

1.1.4.2.3. Les coûts de l'ajustement

Tout désalignement du taux de change réel (déviation vis-à-vis de sa position d'équilibre) produisant un déficit commercial est supposé avoir un effet négatif sur la conjoncture. Ce désalignement nécessite automatiquement

---

[10] La rémunération du placement d'une partie de ces réserves dans des actifs libellés dans la monnaie d'ancrage peut constituer une source de revenus qui pourrait se substituer aux ressources fiscales et permettre d'alléger la pression fiscale dans l'économie nationale.

des ajustements de compétitivité s'appuyant sur une large flexibilité des prix et des salaires.

Lorsque les prix ne sont pas flexibles, l'ajustement automatique donne lieu à des pressions déflationnistes qui se traduisent par la baisse du prix des biens non échangeables et/ou par la récession et le sous-emploi des facteurs de production (Balino *et al.,* 1997 ; Edwards, 1998 ; Veyrune, 2005). Or, les caisses d'émission n'ont pas d'instrument monétaire pour lutter contre la déflation. Ceci va constituer une contrainte d'ajustement pouvant se révéler lourde en termes d'activités et de chômage.

L'absence d'outils de politique de change et de politique monétaire impose à l'État de recourir au dernier levier de la politique économique – la politique budgétaire – afin de lisser les effets des chocs exogènes et résoudre la question de l'ajustement.

Tant que les gouvernements peuvent financer les déficits publics par l'emprunt extérieur lorsque le secteur privé ne dégage pas d'excédent commercial, il n'y a pas d'ajustement douloureux. Mais cette capacité à obtenir des fonds à l'extérieur est limitée par le caractère soutenable de l'endettement anticipé par les créanciers. Pour les critiques des politiques budgétaires inutilement expansionnistes, un montant trop élevé de la dépense publique peut entraîner un déficit insoutenable qui peut creuser la dette externe et provoquer l'effondrement du système.

1.1.5. Les implications des contraintes d'ajustement : un point de vue critique

L'interdiction de refinancement de l'État et des banques commerciales, face à un choc externe en présence de problème de rigidité nominale, peut se traduire par une contrainte d'ajustement qui produirait un enchaînement procyclique déstabilisant pour l'économie. Ceci peut nécessiter en conséquence des marges discrétionnaires.

1.1.5.1. La procyclicité économique et son mécanisme

Selon Chauvin et Villa (2003), la règle monétaire du *Currency Board* implique un enchaînement procyclique qui pourrait reposer sur trois mécanismes principaux : le financement extérieur à un taux d'intérêt plus élevé, la procyclicité de la politique budgétaire et de la politique monétaire.

1.1.5.1.1. Le coût élevé du financement extérieur

En principe, la règle monétaire du *Currency Board* interdit aux autorités de stériliser l'offre de monnaie domestique consécutive à des sorties de devises. Cela signifie que les autorités ne peuvent pas refinancer les banques commerciales pour annuler les effets de contraction de la masse monétaire liée à la perte des réserves de change. La seule possibilité qui s'offre donc aux autorités monétaires pour contourner la contrainte, c'est de chercher un financement extérieur, sans doute à un taux d'intérêt plus élevé si elle ne dispose pas d'emprunts extraordinaires. Les emprunts extraordinaires sont des moyens permettant de contourner à court terme les contraintes sans coût ; ils correspondent à des emprunts auprès d'organismes internationaux (Chauvin et Villa, 2003).

De leur côté, les banques commerciales peuvent aussi disposer d'emprunts privilégiés auprès de leurs maisons mères (le système encourage l'internationalisation du capital).

De ce fait, l'absence de ces financements privilégiés implique des tensions sur l'ensemble des taux d'intérêt domestiques. Les taux deviennent plus élevés que ceux correspondant à la monnaie de référence parce qu'ils sont augmentés d'une prime de risque pays, fonction croissante du niveau de la dette initiale, et d'une prime de risque de change, fonction de l'espérance de dépréciation anticipée de la monnaie. Allegret (2007, p. 403) illustre cette idée à travers l'exemple de l'Argentine : « la conjugaison de l'accroissement du coût des financements extérieurs et la perte de réserves de change entraîne des tensions sur les taux d'intérêt pratiqués par les banques envers les emprunteurs domestiques ». Ce qui a un effet procyclique ou déstabilisant.

1.1.5.1.2. La procyclicité de la politique budgétaire

Dans les mêmes circonstances, avec un contexte de hausse du taux d'intérêt et de ralentissement de l'activité, le respect de la contrainte budgétaire et de la non monétisation du déficit budgétaire imposent à l'État soit d'augmenter les impôts, soit de réduire ses dépenses (Chauvin et Villa, 2003). La position financière du gouvernement représente une contrainte majeure sur la politique économique. Par exemple, une diminution des dépenses publiques a un effet récessif sur l'économie dès lors qu'elle est traduite par une baisse de la demande publique sur le marché de biens et services et un ralentissement de l'activité et donc une hausse du chômage.

Les dépenses gouvernementales sont essentiellement procycliques dans les pays fortement dépendants de l'aide étrangère (Thornton, 2008)[11] et sont davantage accentuées dans les pays soumis au respect du critère d'excédent budgétaire (Guillaumont-Jeanneney et Tapsoba, 2009). Ainsi, les dépenses gouvernementales sont d'autant fortement procycliques que l'économie régie par un *Currency Board* est tributaire de l'aide étrangère. Durant les années

---

[11] Travaux portant sur 37 pays africains à bas revenus, dont tous les pays de la Zone CFA, sur la période 1960-2004.

1990, en l'absence de financement extérieur (baisse substantielle de l'aide étrangère), le gouvernement de Djibouti qui n'a pu maintenir la discipline budgétaire qu'impose le *Currency Board* n'a pas eu d'autre choix que d'augmenter les impôts sur les services et recourir aux arriérés de paiements[12]. En 1995, les arriérés de paiement du gouvernement correspondent à 10 % du PIB et, fin 1999, le stock total des arriérés budgétaires intérieurs s'élevait à 23 % du PIB (Unicef, 2001 ; Banque mondiale, 2004). Or, logiquement dans un régime de caisse d'émission, les paiements (comptant ou différés) doivent être assurés de la même façon que les liquidités devraient être assurées.

1.1.5.1.3. La procyclicité de la politique monétaire

Comme l'abandon des avantages liés à la fonction de prêteur en dernier ressort soumet les banques à rude épreuve en cas de tensions sur la liquidité du système financier, toutes les économies disposant d'un *Currency Board*, à l'exception de la Bulgarie, ont dû affronter de sévères crises bancaires dans les années 1990 (Lituanie et Argentine en 1994-95, Estonie en 1997-98).

Dans l'étude du cas de la Bulgarie, Nenovsky (2003), en s'appuyant sur les analyses traditionnelles en termes de rationnement du crédit en information imparfaite, affirme que les banques commerciales ont été plus prudentes. Le rationnement du crédit a d'abord résulté des conditions d'octroi et ensuite d'une sélection par les taux d'intérêt, ce qui exclut une partie des emprunteurs du circuit financier formel[13].

Ce régime confère certes à l'évolution du montant des réserves en devises un rôle primordial dans la dynamique de financement de la production, pourtant en cas d'entrée de devises, l'évolution des réserves n'entraîne pas automatiquement une augmentation proportionnelle de la masse monétaire qui, à son tour, diminue les taux d'intérêt. En revanche, en cas de sortie de devises, l'accroissement des risques de défaut — hausse de la proportion des créances douteuses consécutive à l'accroissement des taux d'intérêt — qui en résulte pourrait accroître la probabilité de survenance d'une crise financière notamment lorsque les ressources propres des banques sont faibles ou si le marché interbancaire est peu développé.

---

[12] Ces arriérés sont principalement internes et sont répartis entre les arriérés de salaires, arriérés auprès des fournisseurs privés, d'entreprises publiques, et notamment vis à vis des caisses de retraite.

[13] Tardieu (2007) pour le cas de la Bulgarie, Mahamoud (2008) pour Djibouti montrent respectivement que les sources de crédit pour les PME et les microentreprises sont largement dominées par des formes informelles de crédits essentiellement du fait de l'absence d'informations et de gages nécessaires pour l'obtention d'un prêt bancaire. Ainsi, ce sont les informations requises par des banques commerciales plus prudentes qui influent sur les sources de crédit utilisées.

Les banques commerciales savent que la caisse d'émission ne viendra pas à leur secours dans le cas de tensions sur la liquidité. Elles adoptent en conséquence une attitude plus prudente dans l'octroi de crédit, d'autant qu'elles doivent prendre en compte le niveau généralement élevé du seuil de réserves. La contrainte de non refinancement des banques conduit ainsi ces dernières à détenir des liquidités en abondance largement supérieures à ce qui est nécessaire à leur mission d'assurance de liquidité, alors que, paradoxalement, les crédits octroyés à l'économie (ou du moins à certaines firmes) sont rationnés notamment lorsque l'activité est ralentie.

Si le niveau des taux d'intérêt n'explique pas en lui-même la faiblesse de l'offre de crédit bancaire dans un régime de *Currency Board*, il peut constituer en fin de compte un frein au recyclage de l'excès de liquidité du système bancaire à des fins de financement des activités domestiques productives. À nouveau, cette réaction est procyclique.

Face aux lourdes conséquences que les contraintes de financement et d'ajustement pourront entraîner, la soutenabilité de ces contraintes va susciter le besoin de marges discrétionnaires par les autorités.

1.1.5.2. La nécessité de réintroduction de marges discrétionnaires

En cas de tensions sur la liquidité, la soutenabilité de la contrainte d'ajustement suscite le besoin de marges discrétionnaires jouant un rôle contracyclique conformément aux idées de Thornton (1811). Ce dernier ne considère pas qu'il soit possible de faire confiance à un mécanisme automatique et naturel de régulation des escomptes. Il affirme que la Banque centrale doit jouer le rôle de prêteur en dernier ressort pour empêcher le déclenchement d'un choc de liquidité. La Banque centrale doit éviter les difficultés liées à une trop forte émission ou, au contraire, à une restriction excessive. De ce fait, pour amortir les effets des contraintes de financement et d'ajustement induites par le *Currency Board*, une certaine souplesse est réintroduite, comme l'énonce Ponsot (2002, p. 220) : « l'évolution des différents *Currency Boards* laisse apparaître une dénaturation progressive des *Currency Boards* destinée à amortir l'impact des contraintes imposées par l'apostasie du *Central Banking* ».

La solution la plus couramment utilisée dans la plupart des *Currency Boards* modernes a consisté à détenir des réserves en devises d'une valeur supérieure à 100 % de la base monétaire, afin de dégager un surplus sur lequel la caisse d'émission serait capable d'assurer les prérogatives de la fonction de la Banque centrale.

Les expériences des caisses d'émission existantes (Lituanie et Argentine en 1994-95, Estonie en 1997-98) suggèrent en effet que le *Currency Board* améliore substantiellement la stabilité et la crédibilité monétaires, mais aussi que les crises financières y sont plus fréquentes en raison de la règle de couverture intégrale qui limite la capacité du *Currency Board* à fournir des liquidités en cas de pression.

Les autorités monétaires dans les pays ayant adopté un *Currency Board* font donc face à un dilemme : d'un côté, elles sont désireuses d'injecter des liquidités pour stabiliser le système bancaire. De l'autre côté, la défense de l'ancrage exige au contraire le renoncement à la politique monétaire discrétionnaire (la Banque centrale ne doit pas alimenter la spéculation par une création de monnaie utilisée pour être vendue contre des devises, accélérant alors l'épuisement des réserves de change). Pour échapper à ce dilemme, les autorités de la plupart des pays en régime de *Currency Board* ont établi des marges discrétionnaires, à l'exception de Djibouti et, dans une moindre mesure, Brunei.

Selon les partisans de la nouvelle orthodoxie, les mesures palliatives de l'absence du prêteur en dernier ressort et les contournements et les aménagements du *Currency Board* peuvent dénaturer progressivement les principes de ce dernier et risquent de remettre en cause sa crédibilité. Si la caisse d'émission refinançait les banques commerciales connaissant des problèmes d'illiquidité, elle signifierait aux investisseurs que la stabilité du système bancaire domestique n'est plus subordonnée à l'objectif de fixité du taux de change, et provoquerait alors un risque de fuite de capitaux.

De plus, la réintroduction de marge discrétionnaires empêche le mécanisme d'ajustement de fonctionner dans sa version la plus pure et risque de faire apparaître une sorte de conflit entre l'automatisme de l'ajustement et la crédibilité du régime comme le précisent Desquilbet et Nenovsky (2005, p.87) : « une couverture de la monnaie plus importante implique une crédibilité plus grande, à cause de la garantie de convertibilité, mais permet également de perturber l'automatisme supposé de l'ajustement ».

Nenovsky *et al.* (2001) testent la cointégration des séries de la balance des paiements et de la base monétaire pour la Bulgarie, l'Estonie et la Lituanie et concluent à l'absence ou du moins à la faiblesse opérationnelle du mécanisme automatique. Pour assurer le public que la règle de couverture sera maintenue malgré la mise en place des dispositifs de prêteur en dernier ressort, les *Currency Boards* des pays cités sont composés de deux départements : un département d'émission et un département bancaire.

1.2. Les spécificités de l'organisation du système monétaire djiboutien

Le *Currency Board* de Djibouti a existé pour des raisons qui sont liées au fait colonial entre 1949 et 1977 et il continue d'exister pour des raisons liées à l'emplacement géostratégique du pays. Dès lors que Djibouti joue le rôle d'une plaque tournante, au carrefour de corridors maritimes commerciaux stratégiques pour l'acheminement de biens et du pétrole, il bénéficie d'une monnaie forte et stable faisant face aux cours élevés des monnaies étrangères.

Les capacités de la Banque centrale sont néanmoins limitées bien que le statut ne la prive pas de l'usage d'instruments de gestion de la liquidité. Sa contribution à la stabilité monétaire et financière s'exprime principalement à travers la réglementation du capital des banques commerciales et les exigences de liquidité qu'elle leur impose.

Dans une première partie, nous proposons une revue détaillée de la conception et du fonctionnement de la caisse d'émission de Djibouti qui maintient une version peu sophistiquée car elle dispose *de facto* d'une capacité limitée pour gérer son régime monétaire et de change. Dans une seconde partie, nous présentons les spécificités de l'organisation du système monétaire de Djibouti avec, d'un côté, tout ce qui est du ressort institutionnel (Banque Centrale et État) et, de l'autre, le système bancaire et le canal de transmission monétaire.

1.2.1. Le cadre juridique et institutionnel du *Currency Board* de Djibouti

Tout d'abord, nous examinons les conformités et les non conformités de la caisse d'émission de Djibouti vis-à-vis de la définition classique d'une caisse d'émission, qui proscrit toute forme de marges d'action discrétionnaire en vue d'améliorer la crédibilité. Ensuite, nous montrons que la structure du bilan de la Banque centrale de Djibouti (BCD) est loin de s'apparenter à la version classique d'une caisse d'émission et qu'il existe un canal de transmission quasi monétaire de l'État.

1.2.1.1. Statut de la Banque Centrale de Djibouti

1.2.1.1.1. La Banque Centrale comme caisse d'émission

Le statut de la Banque centrale de Djibouti n'est pas séparé de la loi portant sur la convertibilité de la caisse d'émission en vigueur à Djibouti. Une lecture préliminaire de la loi qui fixe les missions de la Banque Centrale de Djibouti— la loi n°118/AN/11/6ème L de janvier 2011 indique ainsi les références pour les détails de l'arrangement institutionnel en vigueur à Djibouti.

Pour comparer cet arrangement institutionnel à ce qui constitue théoriquement une caisse d'émission (une référence théorique tirée de la littérature, voir section 1), on utilise l'indicateur synthétique du degré d'engagement institutionnel qui est proposé par Camilleri (2004). Cet indicateur purement subjectif est dérivé d'une analyse du cadre réglementaire et des opérations de politique monétaire. Il couvre les engagements statutaires (associés à la crédibilité monétaire et au taux de change) tels que (1) le principe de clarté de la loi (2) la qualité de la couverture des réserves, (3) la couverture des agrégats monétaires, (4) les créances sur les réserves, (5) l'autonomie opérationnelle et la transparence, (6) les clauses de sorties.

1.2.1.1.1.1. Principe de clarté de la loi

Bien que le *Currency Board* ne soit pas explicitement cité dans le statut mais supposé dans la description de la politique monétaire et de change, les objectifs et les indications définis dans la loi sont clairs. Les articles 19 et 20 permettent à la Banque centrale de Djibouti d'échanger, sans limitation et sans coût de transaction, les billets des francs Djibouti émis en quantité de dollars américains ou autres devises étrangères convertibles. Les opérations de convertibilité sont garanties dans les deux sens et leur accès direct est limité aux banques résidentes. Il est peu probable que le prix de vente/achat de francs Djibouti soit identique au taux de change fixe officiel avec le dollar américain (1 US = 177,721 FDJ) dès lors que les banques veulent profiter de leurs activités de change.

Mais plusieurs éléments font que les banques ne s'impliquent pas dans les opérations de change sur le marché de détail (transactions entre les banques et leurs clients), qu'elles délaissent principalement au profit des bureaux de change et des transferts, et par extension au marché parallèle de change[14]. En effet, contrairement à l'article 19, la Banque centrale de Djibouti ne s'implique pas dans les transactions en espèces. Les banques commerciales doivent alors transporter elles-mêmes physiquement les billets de banque à l'étranger lorsque leurs actifs liquides deviennent trop grands. Cela implique des coûts et des risques liés au transport de change. Les actifs liquides obligent aussi les banques à maintenir d'importantes réserves de liquidités dans leurs coffres, qui sont également coûteuses et risquées, et encouragent par ailleurs la dollarisation de l'économie.

1.2.1.1.1.2. Qualité de la couverture des réserves

En principe, les actifs éligibles d'une caisse d'émission doivent être libellés uniquement en devises. Cela constitue la principale différence entre un *Currency Board* et une Banque centrale qui peut avoir des titres domestiques dans son portefeuille d'actifs.

[14]Une bonne partie de la transaction monétaire s'effectue de manière informelle par des commerçantes, assises le long des trottoirs au centre-ville, qui détiennent tant de la monnaie nationale que des devises étrangères.

D'un point de vue théorique, ces actifs doivent précisément être libellés seulement dans la monnaie de réserve, pour limiter l'instabilité des taux de change par rapport à une troisième monnaie. Plus le pays a des échanges avec le pays émetteur de la monnaie de réserve, plus la crédibilité est grande.

Mais étant donné que Djibouti a des relations commerciales limitées avec le pays émetteur de sa monnaie de réserve, à savoir les États-Unis, et négocie principalement avec la zone euro, l'Éthiopie et le Yémen, le rattachement du franc djiboutien au dollar US n'empêche pas de fortes fluctuations de ses taux de change effectifs nominal et réel. C'est pourquoi la loi autorise la gestion d'un portefeuille mixte d'actifs de réserve, reflétant les monnaies des principaux partenaires. En d'autres termes, la loi de convertibilité de Djibouti permet de couvrir les passifs monétaires par des actifs libellés dans une monnaie autre que la monnaie de réserve.

Cependant, en raison de l'expérience limitée en matière de gestion monétaire, les autorités monétaires djiboutiennes adoptent, de fait, conformément aux principes du modèle théorique du *Currency Board*, un cadre réglementaire strict conçu en principe pour limiter la mauvaise gestion de portefeuilles d'actifs. Ce cadre peut demeurer pertinent, notamment en cas de crise puisque la caisse d'émission a un accès immédiat à ses actifs liquides et aux réserves librement convertibles. Ainsi, les actifs de la BCD représentent des avoirs à très court terme immédiatement convertibles en moyens de paiement. Ces réserves officielles sont essentiellement détenues dans le système financier américain (89 % des actifs en devises en 2011).

En imposant un tel cadre réglementaire strict, on peut penser que le *Currency Board* a tendance à détruire les compétences. En effet, bien que le franc Djibouti soit en parité fixe avec le dollar des États-Unis, une grande partie de la dette extérieure de Djibouti est libellée en monnaies autres que le dollar seulement environ 31 % de la dette extérieure en 2009 ont été directement liés au dollar, la dette en euro est plus importante. L'outil d'évaluation de la performance en matière de la gestion de la dette (Banque mondiale, 2011) a d'ailleurs souligné qu'une contrainte à la gestion de la dette et à la gestion budgétaire à Djibouti tient à la composition du portefeuille de la dette extérieure en devises. Pour limiter le risque de change supporté par la caisse d'émission, il est important de limiter par exemple l'écart entre les actifs et les dettes libellés en devises autres que le dollar.

1.2.1.1.1.3. Couverture des agrégats monétaires

Les dépôts bancaires constituent généralement la majeure partie de la masse monétaire. Une préoccupation souvent exprimée est que la garantie de la convertibilité de la base monétaire ne semble pas suffisante dans le cas d'une vente massive de dépôts en monnaie nationale pour acquérir des devises étrangères.

Les banques commerciales (qui sont essentiellement étrangères) étant dispensées des réserves obligatoires à la BCD, couvrent largement leurs passifs par des actifs liquides en devises. En cas de vente massive des francs Djibouti, le secteur bancaire ne serait pas à court de réserves : les banques sont capables d'obtenir rapidement et facilement des devises qu'elles peuvent présenter à la caisse d'émission pour assouplir leur position de liquidité en monnaie domestique. Par conséquent, une unité de la base monétaire convertible vaut certes la quantité prescrite de monnaie de réserve mais aussi, compte tenu de la qualité de la couverture qu'offrent les grandes banques, une unité de dépôt bancaire est aussi bonne qualité qu'une unité de la base monétaire.

Eu égard à cette situation, il est regrettable que la BCD ne puisse pas s'autoriser à détenir à l'actif du bilan des avoirs moins liquides pour consacrer une part plus importante de ses réserves de change au placement qui rapporte plus de revenus d'intérêt et accroître les profits (seigneuriage).

1.2.1.1.1.4. Créances sur les réserves et fonction de prêteur en dernier ressort

La plupart des caisses d'émission actuelles cumulent des réserves de change au-delà de 100 % de la couverture de la base monétaire, de manière à pouvoir augmenter en cas de nécessité leurs émissions sans pour autant atteindre le plancher autorisé par le ratio de couverture.

Hanke (2002) rappelle que la présence de ces réserves excédentaires, au-delà d'un faible pourcentage autorisé, peut réduire la sensibilité de la base monétaire aux variations des réserves. Les caisses d'émission en vigueur à Djibouti et à Brunei sont les seules à avoir un rôle de supervision séparé de l'autorité monétaire ayant des responsabilités de prêteur en dernier ressort.

À Djibouti, le système financier est placé sous la supervision de la Banque Centrale de Djibouti (BCD). Cependant, bien qu'il n'y ait pas d'opérations de refinancement, ou encore de réserves obligatoires (lesquelles sont toutefois envisagées), le statut ne prive pas pleinement la BCD de l'usage des instruments de gestion de liquidité similaires à ceux utilisés dans d'autres *Currency Boards.*

(i) L'article 27 autorise la BCD à émettre des obligations libellées en francs contre des dollars US ou une monnaie étrangère convertible en dollars US, dans la limite de 30 % du capital de la BCD. Ceci apparaît donc comme une opération d'*open market.*

(ii) L'article 30 autorise la BCD à racheter une large gamme d'effets de commerce. Cela donne aux banques la possibilité de bénéficier des facilités permanentes (de prêts, de dépôts) et ainsi de se refournir en liquidité auprès de la Banque centrale. Pour que cette alternative demeure cohérente avec les principes du CB, il est important que cette opération de réescompte puisse porter seulement sur les obligations émises par la BCD.

(iii) Les articles 24 et 25 autorisent la BCD à réaliser les achats et ventes de la monnaie locale en vue de maintenir la parité fixe. Comme le fonds de stabilisation a un objectif de détention de 20 % du montant des billets en circulation, les réserves déposées dans ce fonds peuvent ainsi être utilisées pour fournir des liquidités d'urgence.

(iv) L'article 20 permet au conseil des ministres de diminuer de 15 % la couverture des réserves. La BCD, avec l'approbation préalable du Conseil, peut ainsi accorder des prêts aux banques contre des garanties nationales, dans la limite de 15 % du montant des billets en circulation et pour une période n'excédant pas un mois.

Cependant, ces instruments de gestion de liquidité n'ont jamais été utilisés. Lorsqu'une banque rencontre des difficultés financières et des problèmes de liquidités et qu'elle ne parvient pas à s'en sortir, la BCD fait le choix de ne pas renflouer la banque.

1.2.1.1.1.5. Autonomie opérationnelle et transparence

Le statut de la BCD affirme l'autonomie des autorités monétaires vis-à-vis de l'État dans son article 2. Cette autonomie est renforcée avec des dispositions claires et détaillées des nominations du gouverneur et membre du Conseil d'administration, bien que les procédures concernant la rupture de contrat comme motif de licenciement soient peu référencées (articles 37, 42 et 43). L'autonomie est également renforcée via les dispositions relatives à l'élaboration des politiques en matière de taux d'intérêt et le fait que le résultat financier de la BCD soit essentiellement affecté au Fonds de Stabilisation de Change (5 % sont retenus dans le compte de réserves et seulement une partie peut constituer un dividende versé à l'État [articles 24 et 49].

Toutefois, la possibilité de modifier le taux de change fixe par décisions prises en Conseil des ministres et la sélection des actifs éligibles pour garantir l'émission de la monnaie locale aussi sous réserve de l'approbation du gouvernement (articles 11 et 20) affaiblissent cette autonomie.

Quant à la transparence du régime, bien qu'aucune irrégularité n'ait été enregistrée jusqu'à présent, elle semble être compromise par le fait que le taux de change fixe (177, 721 FDJ pour 1 $) ne soit pas publié dans la documentation officielle et que les investissements des actifs en devises ne soient pas soumis à un processus de prise de décision claire. Il n'y a pas de lignes directrices et de procédures pour superviser la gestion des réserves officielles.

1.2.1.1.1.6. Clauses de sortie

L'absence de clause de sortie est évidemment inhérente à l'objectif qui sous-tend la mise en place d'un *Currency Board*, à savoir la réalisation de gain de crédibilité et la résolution de problèmes d'incohérence : « une loi régissant un *Currency Board* qui lie les mains des autorités monétaires tout en leur offrant une échappatoire est peu probable pour donner de la crédibilité » (Camilleri, 2004).

Cependant, bien que le *Currency Board* de Djibouti perdure depuis 1949, la crédibilité est quelque peu compromise par le fait que le taux de change soit modifiable par décision prise en Conseil des ministres. L'engagement des autorités est plus faible, dans tel cas, qu'en régime de *Currency Board* « pur », où le changement doit se réaliser le plus difficilement possible, parce qu'il nécessite une décision parlementaire pour toute modification du taux de change.

Cette possibilité de modification du taux par le gouvernement, bien qu'elle soit non conforme au modèle théorique, est définie à l'article 11 (du statut de la BCD) comme une stratégie du changement de l'ancrage qui s'inscrit néanmoins dans un cadre des dispositions légales de la modification de la valeur du franc et de sa parité.

Selon Balino *et al.* (1997), cette modification peut se réaliser lorsque l'objectif recherché est d'atteindre une appréciation (dépréciation) réelle effective à travers une appréciation nominale (dépréciation) graduelle de la nouvelle monnaie de réserve par rapport au panier de monnaies des partenaires commerciaux[15].

En effet, la décision sur le choix du niveau du taux de change est importante, parce que l'ajustement par le taux de change nominal est rendu caduc ultérieurement. Lorsqu'il est difficile de calculer ce taux de change pour un pays dont les indicateurs économiques ne sont pas stables, la littérature (Balino *et al.*, 1997 ; Camilleri, 2004) suggère qu'il est préférable de choisir un taux délibérément sous-évalué. Cela donne à la monnaie la possibilité de s'apprécier sans entraver la compétitivité du pays. Ainsi, la possibilité d'une appréciation du taux de change ne peut pas être légalement prohibitive.

Lors de la débâcle du système de *Bretton Woods*, les autorités en charge ont été confrontées à soit conserver littéralement la loi et accepter la dévaluation du dollar américain comme cause de la dévaluation concomitante du franc Djibouti, soit réévaluer le franc Djibouti et garder à l'esprit la stabilité

---

[15]En supposant que le changement se produirait au cours du change du marché, au jour de sa mise en œuvre, cela ne devrait pas conduire à des flux de capitaux déstabilisateurs, bien que les changements qui en résultent dans la structure des taux d'intérêt nationaux puissent bien avoir un impact.

des prix. La deuxième option a été choisie le franc a été réévalué deux fois (en 1971 et 1973 contre le dollar US).

1.2.1.1.2. Classement de la caisse d'émission de Djibouti

On peut apprécier la rigidité du *Currency Board* de Djibouti par rapport aux *Currency Boards* les plus connus : Argentine (jusqu'en 2001), Europe orientale et Asie, selon l'indicateur synthétique du degré d'engagement institutionnel (tableau 7). Bien que ces *Currency Boards* puissent être incorporés dans deux groupes séparés selon leurs conditions macroéconomiques initiales, ils ont tous été établis dans l'objectif de maintenir la stabilité de leur monnaie.

Tableau 7. Classement de l'arrangement institutionnel des *Currency Boards.*

Critères	Bosnie-Herzégovine (1997)	Estonie (1992)	Bulgarie (1997)	**Djibouti (1949)**	Argentine (1991)	Lituanie (1994)	Hong Kong (1983)
Clarté de la base juridique	1	1/2	3/4	**3/4**	1/2	3/4	1/4
Qualité de la couverture des réserves	1	1	1	**1/2**	0	0	0
Couverture des agrégats monétaires	1	1	0	**0**	0	0	0
Créances sur les réserves	1	1	1/3	**1**	1	0	0
Autonomie, responsabilisation et transparence	0,875	1	0,875	**0,625**	0,875	1	1/2
Clauses de sortie	1/2	1/2	1/2	**0**		0	0
Indicateur	0,896	0,833	0,576	**0,479**	0,479	0,291	0,125
Les caisses d'émission doivent être vues dans un contexte de politique économique englobant la soutenabilité de la politique budgétaire et la flexibilité dans l'économie réelle. Sous chaque critère, la référence théorique se voit attribuer une valeur maximale de $1/n$, où n est le nombre de sous-critères dans chacun des six critères qui sont généralement retenus pour caractériser un modèle « théorique » de *Currency Board*. L'exigence minimale, qui demeure encore plus stricte que les autres régimes de change fixe, se voit attribuer une valeur de zéro. Le problème de la pondération est simplifié en attribuant un poids égal à chacun des critères composant l'indicateur.							

Source : adaptée de Camilleri (2004).

La lecture de la loi n°118/AN/11/6ème L indique que de nombreuses références pour les détails d'une caisse d'émission ne sont pas faites dans le statut.

Ainsi, le cadre réglementaire applicable à Djibouti est considéré comme moins restrictif, car la valeur de l'indicateur obtenue (0,479) est dans une position intermédiaire entre les caisses d'émission les plus strictes (Estonie, Bosnie) et les moins strictes (Lituanie, Hong Kong).

Il est à noter néanmoins qu'un cadre moins strict n'est pas systématiquement associé à moins d'engagement (Ho, 2001). En effet, comme nous l'avons déjà souligné bien que la loi l'autorise, la BCD n'utilise aucun instrument opérationnel pour la gestion de la liquidité, pas même le plus élémentaire. Le principal obstacle à une gestion active des liquidités émane de la capacité limitée de la BCD plutôt que la nécessité d'un cadre réglementaire moins strict.

1.2.1.2. . Organisation du *Currency Board* de Djibouti

Le cadre institutionnel diffère substantiellement selon les pays, dans une large mesure dépendant des institutions existantes lors de l'adoption du *Currency Board* (Ho, 2001 ; Camilleri, 2004).

En Bulgarie, Estonie et Lituanie, le bilan de la Banque centrale existante est modifié pour séparer les opérations de la caisse d'émission du reste de la Banque centrale. Celle-ci est ainsi composée de deux départements principaux : le département démission et le département de Banque centrale.

À Djibouti, la caisse d'émission existante a intégré la Banque Centrale, une fois cette dernière établie[16]. Ainsi, conformément aux principes du *Currency Board*, les réserves de change et la monnaie en circulation (pièces et billets) constituent la majeure partie du bilan, mais en plus de ces éléments classiques, on trouve des éléments qui ne sont pas explicitement inclus dans la représentation classique d'un *Currency Board* ou sont supposés être interdits. On peut trouver, par exemple, les soldes des comptes du gouvernement et les éléments liés au FMI.

[16]Au lendemain de l'indépendance nationale, l'ordonnance du 3 décembre 1977, complétée par le décret 79.030 du 18 avril 1979 relatif à ses statuts, a créé la Banque nationale de Djibouti. En 2000, la Banque a changé de nom pour devenir la Banque centrale de Djibouti (BCD).

Tableau 8. Bilan simplifié de la caisse d'émission de Djibouti

Actifs	Passifs
Réserves de change : 76 % Éléments liés au FMI : 14 % Créances sur l'État : 6% (dont 94 % de concours au FMI) Créances sur les banques : 3% Autres créances : 1 % Immobilisations : 1 %	Émissions (billets et pièces) : 46 % Engagements extérieurs liés au FMI et le Fonds monétaire arabe (FMA) : 22 % Comptes créditeurs de l'État : 4 % Comptes créditeurs des banques : 20 % Comptes organismes internationaux : 0 % Autres passifs : 2 % Capital, Fonds de stabilisation des changes (FSC), réserves et résultat en instance d'approbation : 6 %

Source : Banque centrale de Djibouti (2011). Les chiffres entre parenthèses sont les parts de chaque poste dans le total du bilan.

À l'actif du bilan, les réserves de change, essentiellement en dépôt de dollars US à la Réserve fédérale de New York, représentent 76 % des actifs bancaires. Les créances sur le système bancaire sont absentes[17] et les créances sur le gouvernement reflètent principalement les décaissements du FMI.

Une des particularités de la caisse d'émission de Djibouti tient au droit conféré par la loi de la BCD d'étendre des crédits directs au gouvernement en contrepartie de l'achat de droits de tirage spéciaux (DTS) auprès du FMI. Dans tel cas, pour plus de clarté, il faut intégrer le compte du FMI dans le compte de l'État.

Au passif du bilan sont principalement comptabilisées les émissions de la monnaie en circulation, les réserves des banques commerciales (dont la part augmente relativement vite, passant de 7 % en 2008 à 20 % en 2011) et les dépôts du gouvernement.

La présence de dépôts du gouvernement dans le bilan de la caisse d'émission est quelque chose d'atypique dans une caisse d'émission. Le Trésor possède plusieurs comptes à la BCD. Les deux plus importants sont le compte courant du Trésor et le compte de fonds de garantie, dans lequel le Trésor dépose en avance le salaire des fonctionnaires pour leur paiement. Le gouvernement reçoit sur ce compte les revenus en devises étrangères, principalement l'aide publique et d'autres flux officiels qui font partie des actifs étrangers de la BCD, et d'autres recettes fiscales.

Aussi, la caisse d'émission de Djibouti exige que les banques commerciales détiennent des comptes courants créditeurs dans ses livres pour maintenir des soldes de règlement (ou compensation) avec la BCD. Cependant, il faut noter que la BCD n'est pas obligée de garantir ces réserves

[17]Les créances sur les banques commerciales (3%) correspondent ici aux dépôts en devises effectués par la BCD à la banque BCI-MR (Banque pour le commerce et l'industrie-Mer rouge).

par des actifs étrangers (article 19). Ce sont des réserves qui sont dans les passifs monétaires à court terme et qui ne sont pas des réserves obligatoires sur lesquelles la BCD peut jouer pour permettre au *Currency Board* une certaine souplesse dans la gestion de la liquidité bancaire. Ce sont des réserves qui sont uniquement utilisées pour le règlement dans le système de compensation.

L'activité principale des banques commerciales est de collecter des dépôts nationaux, à la fois en dollars US et en francs Djibouti, et de les investir à l'étranger. Elles financent leurs besoins en francs Djibouti par des opérations de change avec la BCD. Si le besoin en Franc Djibouti augmente, les banques transfèrent directement de leurs comptes correspondants (à l'étranger) une partie de leurs réserves de change vers des comptes étrangers de la BCD (auprès de l'une de ses correspondantes à New York, notamment *French American Banking Corporation*), et le compte bancaire à la BCD est crédité pour un montant correspondant en Franc Djibouti.

1.2.1.3. Canal de transmission quasi monétaire de l'État

Le droit conféré par la loi d'étendre des crédits directs au gouvernement aux concours du FMI est compatible avec la fonction de la BCD en tant qu'agent financier du gouvernement et formalise le financement de ce dernier par les crédits du FMI.

La maturité des échéances de la dette du gouvernement vis-à-vis de la BCD doit cependant être parfaitement identique à celle de la dette de la BCD vis-à-vis du FMI (graphique 1). Dans le cas d'un écart dans la maturité des échéances, la conséquence immédiate est qu'il crée des obligations spécifiques du gouvernement envers la caisse d'émission comme l'a noté Schuler (1999).

Lorsque l'économie utilise les avoirs en devises rendus disponibles par les transactions avec le FMI, la caisse d'émission se retrouve avec des créances sur le gouvernement et des dettes en devises étrangères vis-à-vis du FMI (et dans une moindre mesure le FMA) dont elle devra bientôt s'acquitter.

Mais comme la caisse d'émission n'a pas la capacité d'acquérir des devises étrangères sauf en échange de la monnaie nationale émise, le gouvernement doit assumer la responsabilité d'assurer que la Banque centrale soit nécessairement fournie (gratuitement) en devises pour s'acquitter de ses engagements vis-vis du FMI (et du FMA). Ceci aura essentiellement besoin d'être fait en reversant les transactions qui ont provoqué les créances de la BCD sur l'État, à savoir le gouvernement remboursant sa dette à la caisse d'émission. Soit en utilisant des devises qu'il acquiert d'autres sources (à travers la privatisation partielle du port de Djibouti en 2013, voir graphique

1)[18]. Soit en acquérant et livrant la monnaie nationale à la caisse d'émission, notamment aux dépens des arriérés des paiements (3 % du PIB en 2008) ou encore des emprunts bancaires pour effectuer le remboursement.

Donc, pendant la période d'engagement vis-vis du FMI (et des rachats du FMA), il est nécessaire pour le budget d'être suffisamment solide afin que le gouvernement ait la capacité financière de payer ses créances à la BCD de la façon décrite.

Les ressources du gouvernement à la Banque centrale entrent dans la comptabilité des réserves officielles et, de ce fait, l'équilibre comptable de la BCD dépend de la gestion prudentielle des dépôts du gouvernement dans le bilan du *Currency Board*. Ces dépôts reflètent l'évolution de l'équilibre budgétaire et des tranches accordés par le FMI. Mais les deux principaux comptes du Trésor à la BCD sont souvent en position de débiteurs, contrairement aux affirmations officielles (article 22) et, contrairement aux banques, le Trésor ne paie pas d'intérêt sur ces avances. Cela remet donc en question la crédibilité du régime monétaire, qui ne permet pas des avances au Trésor[19]. Ces avances au Trésor à l'actif du bilan de la BCD montrent une certaine capacité de procéder à des stérilisations discrétionnaires des réserves des banques commerciales que la BCD n'est pas obligée de garantir par des actifs étrangers (article 19).

---

[18] Au cours de l'année 2013, les créances nettes de la BCD sur l'État se sont fortement contractées en lien avec la cession partielle des parts sociales du port de Djibouti, qui a permis d'engranger des recettes additionnelles grâce auxquelles le budget de l'État a pu compenser les contreperformances des postes de recettes et les dépassements des dépenses. Ainsi, au lieu d'un déficit de 3,1 % attendu pour 2013, un déficit de moindre ampleur a été enregistré par les finances publiques (BCD, 2013). Le *Currency Board* encourage les privatisations.

[19] On peut penser que la politique fiscale n'est pas seulement déterminée par l'État et que la caisse d'émission en est partie prenante du fait qu'elle accorde des avances au Trésor (notamment pour payer les fonctionnaires). Mais en raison de son rôle minime d'agent financier du gouvernement, la caisse ne peut pas assister aux réunions de gestion des trésoreries du gouvernement. La gestion s'appuie sur un comité qui regroupe le réseau d'agences fiscales (par exemple douanières et grandes entreprises publiques) et le Trésor.

Graphique 1. Utilisation des crédits du FMI et des créances nettes de la BCD sur l'État (en dollars US)

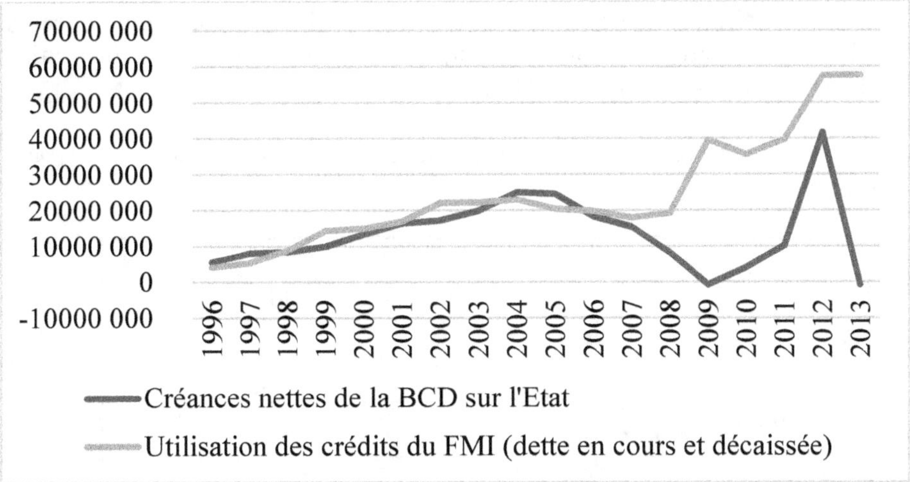

Sources : BCD. Données de la Banque mondiale (*WDI*)

Entre 2008 et 2009, alors que l'encours des créances nettes de la BCD sur l'État avait notablement régressé, reflétant un remboursement de plus de 109 %, les créances nettes des banques commerciales sur l'État ont progressé de 71,24 % (BCD, 2010).

Ainsi, le gouvernement peut transférer ses avoirs du secteur bancaire vers la caisse d'émission et, réciproquement, peut agir par ce procédé indirectement sur la dynamique de liquidités des banques et donc sur la base monétaire, puisque les comptes des banques commerciales au passif de la Banque centrale sont crédités/débités lorsque celui du gouvernement est débité/crédité. À chaque fois que le gouvernement fait des dépôts ou des retraits importants sur ses comptes, il modifie implicitement le lien automatique entre les réserves et la base monétaire, avec des effets potentiels sur l'économie.

En outre, comme le Trésor n'a pas d'outil pour ajuster ses flux de trésorerie, les besoins financiers à court terme qui pourraient survenir sont ajustés grâce à des mesures ponctuelles, telles que des réductions de dernière minute dans les dépenses ou des recours aux arriérés de paiements. Cette mesure perturbe aussi les relations normales entre le gouvernement et ses fournisseurs, puisque logiquement, dans un régime de caisse d'émission, les paiements (comptant ou différés) doivent être assurés de la même façon que les liquidités devraient être assurées.

Tout cela rend la structure du bilan de la BCD loin de s'apparenter à la version classique d'une caisse d'émission où toute variation de la base monétaire entraîne une variation équivalente de réserves de change (graphique 2). Dans la littérature, certains auteurs ont proposé des solutions pour concéder les dépôts du gouvernement aux banques commerciales ou une institution distincte (Nenovsky et Hristov, 2002).

Graphique 2. Réserves officielles de la BCD en fonction de la base monétaire

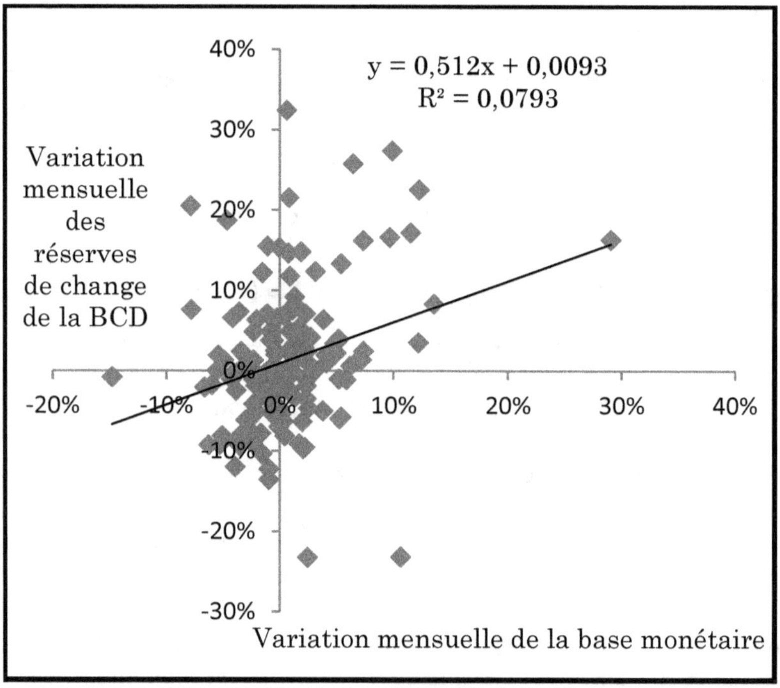

Source : Moustapha Aman (données mensuelles sur la période 2000-2013).

La corrélation entre les variations de la base monétaire et celles des réserves officielles reflète la conformité avec la version orthodoxe de caisse d'émission. Plus la corrélation est forte, plus la conformité est stricte. Avec un très faible coefficient de détermination ($R^2 = 0,0793$), nous pouvons affirmer qu'il n'existe pas de relation entre la base monétaire et les réserves officielles. Ainsi, la caisse d'émission en vigueur à Djibouti est loin de la version classique d'une caisse d'émission.

Cependant, et particulièrement à Djibouti, la responsabilité concernant la position de la liquidité dans l'économie se transmet dans une large mesure non pas de la Banque centrale au gouvernement mais de la Banque centrale aux banques commerciales, car la couverture en devises de la base monétaire est partielle puisqu'elle couvre uniquement l'émission des billets et pièces et laisse à la discrétion des banques l'offre de monnaie bancaire.

1.2.2. La rigidité du système bancaire djiboutien

La position nette en devises[20] des banques commerciales à Djibouti est assujettie à des exigences de liquidités qui limitent la nécessité d'une intervention discrétionnaire de la Banque centrale.

Bien que la liquidité du système soit structurellement abondante, en cas de besoin, les banques (essentiellement étrangères) doivent compter sur la relation qu'elles entretiennent avec les maisons mères qui leur facilitent l'accès aux marchés monétaires étrangers. Et, étant dispensées des réserves obligatoires à la BCD, elles détiennent la majeure partie des actifs nets étrangers, placés à l'étranger dans des banques européennes.

Cette situation a été renforcée après les grandes crises financières de la fin des années 1990. Les banques commerciales avaient conçu l'accumulation de réserves de change comme une police d'assurance face aux risques liés à la globalisation financière. Une liquidité internationale doit en effet satisfaire un motif de transactions et de précaution. Plus grande est l'encaisse, plus grand est le sentiment de sécurité relatif à la possibilité d'assurer les transactions futures (Patinkin, 1956 ; Salin ,1968).

1.2.2.1. De l'internationalisation du capital comme mesure palliative à l'abandon de la fonction de prêteur en dernier ressort

En raison de la portée limitée de la fonction de prêteur en dernier ressort et des opérations monétaires, les *Currency Boards* de la plupart des pays ont imposé une réglementation et une supervision plus stricte que les normes internationales. Les banques commerciales sont obligées de couvrir une plus grande partie de leurs risques par des ressources propres ; plus que les 8 % recommandés par le comité de Bâle sauf à Djibouti qui impose un ratio prudentiel inférieur (5 % en 1997)[21].

Cependant, la contribution de la BCD à la stabilité financière s'exprime principalement à travers la réglementation du capital des banques et les ratios de liquidité. Comme la capacité de la supervision bancaire de la Banque centrale demeure limitée, les autorités monétaires maintiennent la stabilité du système bancaire par différents moyens. D'abord, en autorisant les banques

[20] La position nette en devises est définie comme les avoirs extérieurs et les crédits privés en devises étrangères et les dépôts des résidents en devises étrangères.

[21] Argentine 11.5 % (1995), Lituanie 10 %, Hong Kong 12-16 %.

étrangères réputées à opérer dans le pays et, ainsi, en s'appuyant implicitement sur les autorités de supervision du pays d'origine des banques. Ensuite, en augmentant progressivement le ratio minimal de solvabilité (fixé à 8 %, 10 % et 12 % respectivement en 2011, 2012 et 2013) à mesure que des nouvelles banques relativement moins solides s'installent (cf. article 1 et 6 de l'instruction n°2011-03 relative à la solvabilité des établissements de crédit). Et enfin, en imposant de fortes exigences de liquidités qui permettent de minimiser le risque systémique, bien que l'existence d'un marché interbancaire sous-développé prévienne déjà d'une contagion et d'un risque systémique à l'exception d'une panique bancaire.

En effet, au-delà du motif de précaution, la position en devises des banques commerciales à Djibouti est assujettie à des normes prudentielles inhabituelles qui exigent des banques qu'elles (i) couvrent leurs dépôts en devises avec un montant équivalent d'actif étranger liquide et (ii) maintiennent un certain niveau d'avoirs en devises (plus les lignes de crédit étrangères) par rapport aux dépôts libellés en francs djiboutiens ; (iii) couvrent leurs actifs de maturité de plus de deux années avec des ressources de même maturité (le ratio de transformation). Ces exigences de liquidités poussent les banques à accumuler des actifs liquides en devises, ce qui peut limiter selon Balino *et al.* (1997) la nécessité d'une intervention discrétionnaire de la Banque centrale tout en contenant l'aléa moral. Ceci revient à dire que les conditions d'une extension du crédit sont restrictives même en période d'augmentation du volume de la masse monétaire (notamment des dépôts en devises). La création monétaire des banques commerciales est limitée.

Les exigences de liquidités et les pratiques de supervision bancaire réduisent certes la nécessité des opérations monétaires et d'un prêteur en dernier ressort, mais elles ne l'éliminent pas. Cette situation contraignante a même conduit les banques domestiques et les banques fragiles à Djibouti à disparaître[22], tandis que les grandes banques[23], plus solides, adoptent des comportements plus prudents.

Dans le cas des réserves obligatoires, une telle disposition (les exigences de liquidités) serait plus difficile à mettre en œuvre puisque les réserves seraient susceptibles d'être utilisées dans le règlement interbancaire quotidien avec la BCD. La caisse d'émission de Djibouti est ainsi la seule caisse moderne à ne disposer d'aucun instrument discrétionnaire pour réguler la liquidité du système bancaire et dont la réglementation prudentielle est

[22]Disparitions de la Banque de Développement de Djibouti (BDD) et Al Barak Bank en 1998-99, la Commercial and Savings Bank of Somalia (CSBS) en 1990, la Commercial Bank of Ethiopia (CBE) en 2004 et, récemment Warka Bank (2010-2012).

[23]Les deux banques historiques sont la Bank of Africa-Mer rouge (BOA-MR), anciennement Banque indosuez-Mer rouge (BISMR) installée depuis 1908 et la Banque pour le commerce et l'industrie-Mer rouge (BCI-MR) installée depuis 1957.

relativement la moins stricte étant donné que toutes les banques commerciales opérant à Djibouti sont étrangères. Les actifs en devises des banques sont devenus trois fois plus importants que les réserves officielles. Cet aspect de la question avait, jusqu'à présent, été très peu souligné.

Graphique 3. Avoirs extérieurs nets des banques commerciales et réserves officielles de la BCD

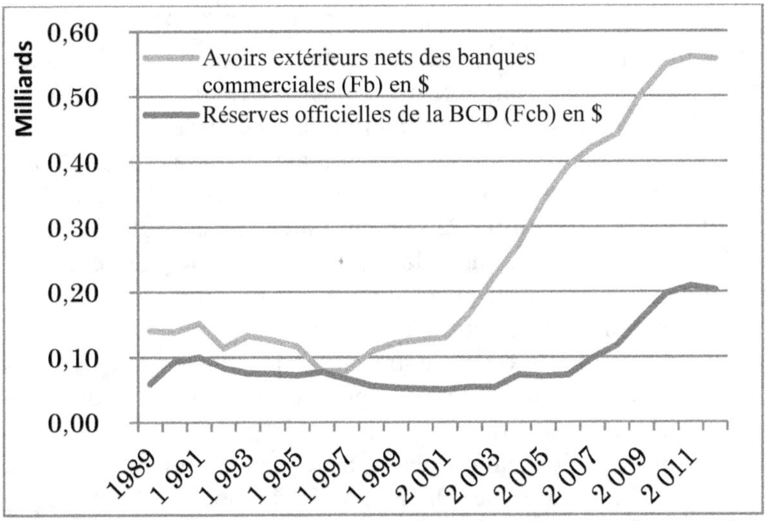

Source : Moustapha Aman (données annuelles sur la période de 1990-2013).

Eu égard au « comportement d'actifs » des banques commerciales, Honohan (1997) jugeait que la capacité du *Currency Board* irlandais (1928-1979) à mieux résister aux chocs était la résultante d'une élasticité additionnelle fournie par le poids plus important des actifs étrangers du système bancaire.

Le statut du *Currency Board* djiboutien ne restreint pas la détention d'actifs étrangers et, par conséquent, la position extérieure nette s'améliore, mais le pays est très loin dans les classements internationaux en matière de facilité d'accès au financement bancaire : 180e place sur les 185 pays considérés (*Doing Business* ,2014 de la Banque mondiale).

1.2.2.2. Aux conditions restrictives de l'extension des crédits à plus long terme

Depuis 2000, les dépôts massifs (notamment en devises), en lien avec les flux des capitaux massifs[24], ont obligé les banques commerciales à placer davantage d'actifs liquides à l'étranger en vue de préserver leur convertibilité.

Les grandes banques ont toujours adopté une attitude plus prudente dans l'octroi de crédit (rationnement de crédit). Elles savent que la BCD ne viendra pas à leur secours en cas de tensions sur la liquidité. Elles adoptent en conséquence une attitude plus prudente dans l'octroi de crédit, d'autant qu'elles doivent prendre en compte le niveau généralement élevé du seuil des ratios de liquidité. Sur 30, ans le crédit intérieur au secteur privé s'est dégradé progressivement[25] et reste à des niveaux faiblement limités, même dans les périodes de forte augmentation de la masse monétaire (graphique 4). Depuis 2000, le crédit intérieur fourni par le secteur bancaire est faible, alors que le volume de la masse monétaire, dont la moitié est sous forme de dépôts en devises (notamment en cash dollar), a été multiplié par trois.

La forte corrélation (0,986) entre la masse monétaire et les opérations interbancaires internationales reflète entre autres les effets des exigences de liquidités (graphique 5). Les opérations interbancaires internationales sont essentiellement à l'avantage du financement d'opérations à dénouement rapide, en relation avec l'exécution des transactions commerciales de court terme. La nature du régime de change, qui garantit un haut degré de convertibilité du FDJ en dollars, favorise par exemple les opérations de financement profitant au système productif éthiopien. Ce dernier doit en effet compter sur la convertibilité limitée du birr.

Les bilans des banques sont ainsi caractérisés par une grande dollarisation des dépôts, dont 60 à 70 % sont placés, à l'extérieur sur le marché monétaire étranger *via* les maisons mères. On peut parler d'un cas de « *Currency Board* décentralisé » permettant aux banques commerciales de limiter leur création monétaire et de tirer profit des gains de la détention de réserves étrangères (2.473 milliards de FDJ en 2013).

Cela prive l'économie locale de capitaux utiles pour le développement même en période d'entrées massives de flux de capitaux, notamment depuis 2000.

---

[24] Dettes extérieures, loyers des installations militaires, Aide publique au développement, IDE, épargne des non-résidents ou recettes extérieures des résidents, etc.

[25] Par ailleurs, un facteur sous-jacent à la chute brutale des crédits entre 1998-1999 est dû la disparition des banques domestiques.

Tableau 9. Dépôts et crédits bancaires, 2009 (en millions de FDJ et en pourcentage)

Dépôts libellés en dollars américains	76 415	59 %
Dépôts libellés en francs Djibouti	53 752	41 %
Crédits domestiques en dollars	44 449	67 %
Crédits domestiques en francs Djibouti	21 941	33 %

Source : BCD.

Les crédits domestiques (en francs Djibouti) à plus long terme sont rares et chers. Les banques investissent dans les prêts interbancaires et les dépôts à terme auprès d'établissements homologues traditionnellement en Europe, mais aussi de plus en plus maintenant en Afrique (FMI, 2013). La relation que les banques locales entretiennent avec les maisons mères leur facilite l'accès aux marchés monétaires étrangers.

Graphique 4. Ratio crédit intérieur fourni par le secteur bancaire sur dépôts

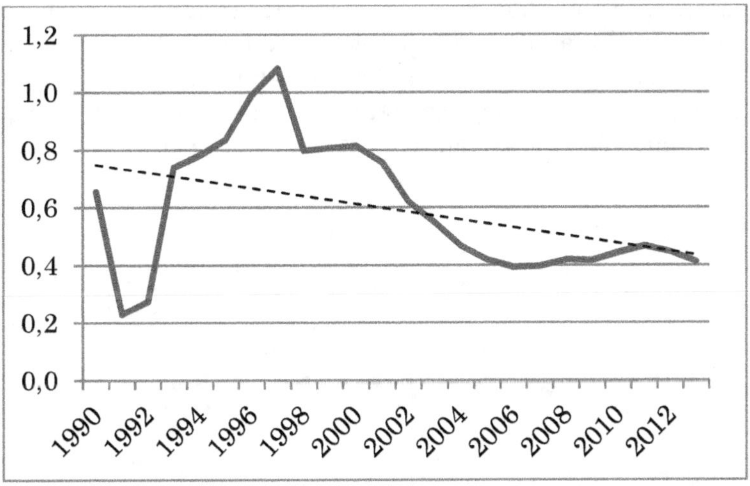

Source : BCD.

Graphique 5. Opérations interbancaires internationales en fonction de la masse monétaire

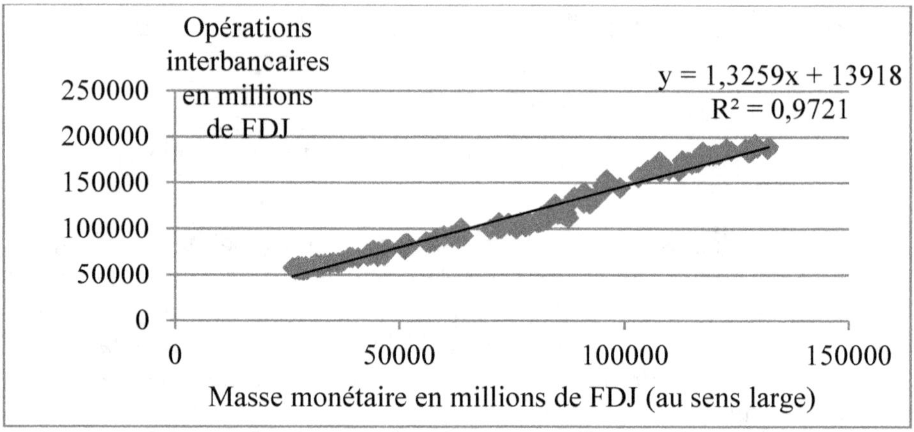

Source : Moustapha Aman (données mensuelles sur la période de 2000-2011).

Du fait des exigences des liquidités, de la frilosité des banques (notamment en matière des crédits à plus long terme) et du peu d'investissements nationaux[26], la variation des réserves de change n'entraîne plus une variation de la masse monétaire qui permet, à son tour, de faire fléchir sensiblement les taux d'intérêt pour réaliser les ajustements attendus par le système de *Currency Board.*

[26] Il existe peu d'investissements nationaux comme alternatifs aux investissements étrangers qui offrent aux banques commerciales un niveau de risque et de retour sur investissements qui soient raisonnables. Les investissements étrangers ont une durée d'un mois à un an, exceptionnellement deux. Ils peuvent être retirés à tout moment sans perte en capital.

Graphique 6. Variation de la masse monétaire et évolution des taux d'intérêt

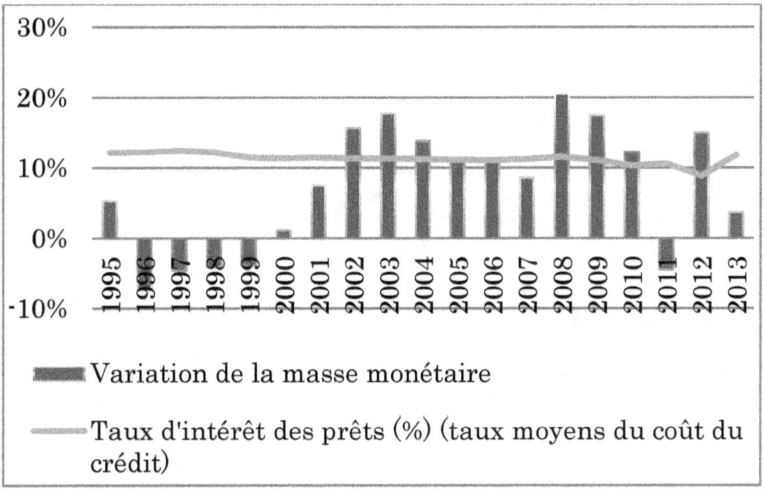

Source : BCD.

Dans le cadre d'un *Currency Board*, les taux d'intérêt domestiques devraient théoriquement correspondre aux taux d'intérêt étrangers (de la monnaie de réserve), majorés d'une prime de risque domestique. Cette prime de risque est à son tour fonction des variables reflétant le risque de l'économie domestique ; c'est-à-dire une prime de risque pays, fonction croissante du niveau de la dette initiale, et d'une prime de risque de change fonction de l'espérance de dépréciation anticipée de la monnaie. Mais étant donné que les taux d'intérêt à Djibouti varient sensiblement peu, la prime de risque varie donc en fonction des taux d'intérêt américains. Ainsi, il est possible de se livrer à des interprétations grossières, dont la synthèse consiste à dire que plus les taux d'intérêt américains baissent, plus la prime de risque domestique est importante (graphique 7). Cette hausse de la prime de risque profite à la rentabilité des grandes banques (le rendement des capitaux propres est assez élevé).

Graphique 7. Taux d'intérêt débiteurs aux États-Unis, à Djibouti et *Spread*

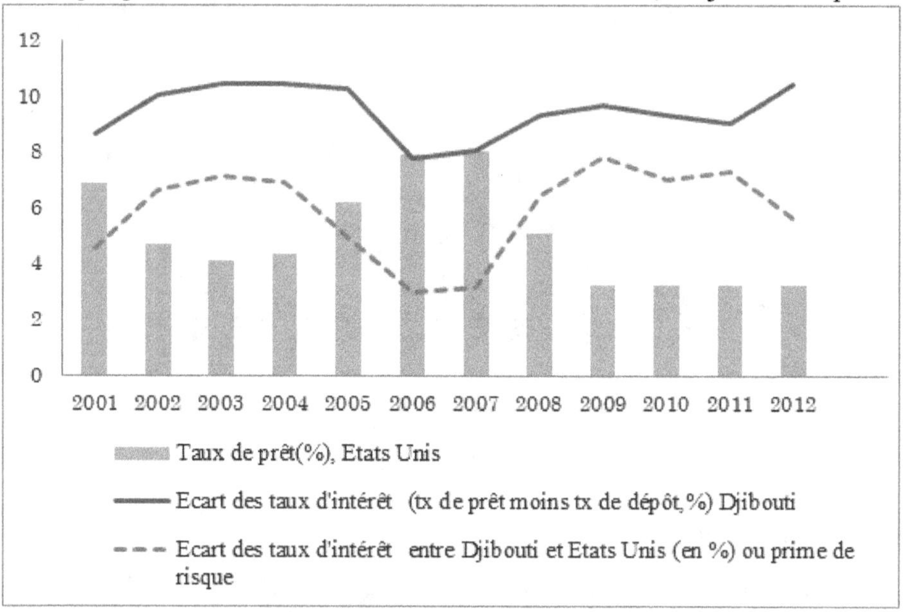

Source : données de la Banque mondiale (*WDI*).

De facto, les mouvements des capitaux n'ont pas d'impact sur les taux d'intérêt qui restent largement déterminés par les grandes banques en situation de concurrence monopolistique depuis 2006.

Le taux d'intérêt est moins élevé que dans un cas de monopole pur, mais pour autant, il est plus élevé que celui qui résulterait d'une forme de concurrence plus importante.

L'évolution du montant des réserves en devises ne joue plus son rôle primordial de financement de la dynamique de la croissance, alors que le pays doit supporter le risque de défaut de la devise correspondante à l'étranger. Selon le FMI (2013), une telle situation qui était peu imaginable dans le passé en raison de la qualité des contreparties est devenue probable au cours de la récente crise financière.

En effet, en l'absence d'intervention de la Banque centrale pour centraliser les réserves de change et les risques inhérents, chaque banque commerciale assure isolément la compensation des risques. Dans tel cas, le principal risque est lié à la concentration de leurs portefeuilles de crédits bancaires, de leur exposition aux risques de change à l'étranger et du risque extrême d'une crise financière en Europe. Les banques commerciales constituent ainsi une source potentielle d'instabilité (FMI, 2013). Si l'on suppose que leurs homologues à l'étranger font défaut (ou refusent de libérer les réserves nécessaires) et que le système ne doit compter que sur les réserves officielles de la Banque centrale, la couverture serait dangereusement faible et donc il y a peu de chances d'éviter une panique bancaire.

Par conséquent, en l'absence de moyen de renflouement des banques insolvables, il est important que la loi de convertibilité prévoie, d'une part, un plan de sortie pour les banques insolvables[27] et, d'autre part, un plan pour la protection et l'assurance des déposants, qui renforcerait ainsi leur confiance et aiderait aussi à éviter une ruée bancaire tout en permettant de contenir l'aléa moral parce qu'il limiterait la participation des autorités monétaires dans les compensations des déposants. À Brunei, ce sont des transferts budgétaires qui ont été affectés au remboursement des déposants des banques qui ont échoué durant les années 1980 (Santiprabhob, 1997).

---

[27]L'absence de politique claire de sortie des banques en faillite en 1998 et 1999 et l'absence de régime de protection des déposants expliquent, en partie, la longue liquidation de deux banques commerciales (Al Baraka Bank et Banque de Djibouti et du Moyen-Orient).

1.3. Conclusion du chapitre 1

Ce chapitre s'est donné pour objectif d'étudier les enjeux qui sous-tendent l'adoption d'un *Currency Board*. La recherche a pris appui sur la revue de littérature des fondements théoriques des *Currency Board*s.

Pour des raisons conceptuelles, les *Currency Board*s sont généralement représentées en utilisant la description classique : couverture intégrale des passifs monétaires par des avoirs extérieurs (100 %), conversion de la monnaie nationale en monnaie de réserve (et vice versa) à la demande, aucun prêt, aucune discrétion, etc.

La rigidité du *Currency Board* améliore certes la stabilité et la crédibilité monétaire, mais cette crédibilité est accrue aux dépens des prérogatives liées à la fonction de prêteur en dernier ressort bénéfiques au maintien de la solidité bancaire en cas de tensions sur la liquidité. Face aux retraits massifs des capitaux étrangers, l'absence de ces prérogatives produit un enchaînement procyclique déstabilisant pour l'économie et l'ajustement est d'autant plus sévère lorsque le pays n'est pas une zone monétaire optimale.

Pour que la contrainte d'ajustement soit soutenable, il faut pouvoir compter sur des afflux durables de capitaux et une grande flexibilité de l'économie réelle. La viabilité du *Currency Board* résulte de ces deux conditions. Sans celles-ci, les autorités monétaires de la plupart des pays en régime de *Currency Board* ont reconnu avoir besoin des prérogatives liées à la fonction de prêteur en dernier ressort pour les banques commerciales, et les ont établies explicitement à l'exception de Brunei et de Djibouti, où les secteurs bancaires sont intégralement détenus par l'étranger. Les principales banques domestiques ont toutefois échoué, à Djibouti et à moindre mesure à Brunei, durant les années 1980, en raison principalement de l'absence du prêteur en dernier ressort.

Pour le cas de Djibouti, nous avons présenté les spécificités de l'organisation du système monétaire et étudié ses caractéristiques de fonctionnement. D'une part, le *Currency Board* de Djibouti est loin de s'apparenter à la version classique d'une caisse d'émission et, d'autre part, le poids des actifs étrangers des banques commerciales permet de limiter la nécessité de l'intervention discrétionnaire de la Banque centrale et rend par là même caduc l'ajustement par les taux d'intérêt.

Ainsi, une des raisons concrètes de la longévité du *Currency Board* pourrait être la forte réglementation du système bancaire, soumis à d'importants ratios de liquidités, ce qui a permis d'éviter une crise bancaire typique de ce type de régimes monétaires. Mais le secteur bancaire n'est plus l'appareil pour stimuler la croissance du secteur privé.

Chapitre 2. Expliquer la longévité du *Currency Board* de Djibouti

Le *Currency Board* ne pouvant pas par nature lisser les chocs de conjoncture et neutraliser l'effet des mouvements de capitaux, la conjonction des problèmes de rigidités nominales et de tensions sur la liquidité peut alourdir le coût de l'ajustement supporté par les banques commerciales et l'économie réelle.

La soutenabilité des contraintes de financement et d'ajustement imposées par le *Currency Board* va susciter dans la plupart des pays le besoin de marges discrétionnaires contradictoire avec les principes mêmes du *Currency Board.* Les seuls pays sans une telle intervention discrétionnaire sont Brunei, Djibouti et la Bosnie-Herzégovine (Balino, 1997 ; Santiprabhob, 1997 ; Nenovsky *et al.,* 2001 ; Hanke, 2002 ; Wolf *et al.,* 2008 ; Gedeon, 2013).

Pour le cas de Djibouti, au-delà de la forte réglementation du système bancaire, la longévité du *Currency Board* pourrait être également expliquée par les facteurs institutionnels et politiques, et les pratiques informelles.

Dans ce chapitre, nous abordons avant tout la question du fonctionnement du *Currency Board* en présence de transferts internationaux informels de fonds. Par exemple, les opérations *Hawalas*, c'est-à-dire les transferts de fonds via les individus, apparaissent comme des transactions entre résidents de chaque côté de la frontière et ne sont pas inscrites dans la balance des paiements. Ensuite, comme les fonds non enregistrés pourraient également participer à la fuite des capitaux, nous estimons dans la deuxième section la fuite des capitaux et nous examinons les effets de cette fuite sur la stabilité du *Currency Board.* Enfin, la troisième section relie la question de la rente géostratégique et du fait colonial à celle du compromis monétaire; nous exploitons ici l'idée que le *Currency Board* établi en 1949 pourrait être interprété dans le cadre de fonctionnement d'une économie basée sur l'extraction d'une « rente géostratégique ».

2.1. Le mécanisme automatique du *Currency Board* et les transferts de fonds informels : complémentarité ou antagonisme ?

L'économie de Djibouti est fortement informelle. Le système *Hawala* (système informel de transfert de fonds) est une des composantes principales.

L'objectif dans cette section est de comprendre la dynamique des *Hawalas* et le rôle qu'elles jouent dans le fonctionnement du *Currency Board.*

En premier lieu, nous introduisons les deux institutions – le mécanisme d'ajustement du *Currency Board* et le système *Hawala.* Ensuite, nous proposons un cadre comptable qui nous aide à interpréter leurs possibles interactions. Et enfin, en vue d'améliorer notre connaissance empirique sur la relation entre les transferts *Hawalas*, la balance des paiements, et l'offre de monnaie, nous nous basons sur différentes études économétriques. Nous construisons un modèle VAR restreint du mécanisme d'ajustement du *Currency Board* de Djibouti pour vérifier la présence d'une relation de cointégration entre les réserves de change et la base monétaire(ou la masse monétaire) et observer si l'automatisme du mécanisme d'ajustement est affecté par les transferts de *Hawalas.*

2.1.1. Présentation des mécanismes du *Currency Board* et du système *Hawala*

2.1.1.1. Le mécanisme d'ajustement du *Currency Board*

Le mécanisme d'ajustement est ce qu'il y a de plus spécifique dans un régime de *Currency Board.* Il est supposé être automatique : la dynamique de l'offre monétaire suit celle de la balance des paiements. Toute déviation de ce dynamisme parallèle est automatiquement restaurée (sans intervention discrétionnaire de la Banque centrale ou une autre institution macroéconomique). Lorsque des variables discrétionnaires prédéterminant les déviations par rapport au mécanisme automatique de *Currency Board* sont continuellement présentes, sous une forme ou une autre, selon les caractéristiques spécifiques du pays, il s'agit alors d'un mécanisme d'ajustement avec discrétion publique ou autre et, par conséquent, d'un *Currency Board* « impur » ou dénaturé.

Deux approches théoriques sont possibles pour tester le fonctionnement du mécanisme automatique de caisses d'émission : un test de l'ensemble du mécanisme (mécanisme tout entier) et un test détaillé de chaque unité de la chaîne.

La seconde approche est extrêmement complexe. Elle nécessite une étude détaillée de chaque maillon de la chaîne et la construction d'un modèle macro-structurel décrivant le fonctionnement du mécanisme automatique de la caisse d'émission. Nous ne considérons que la première approche, qui est plus appropriée (plus maniable économétriquement) car elle suppose que le mécanisme automatique est une « boîte noire », incluant les entrées de devises dans la balance des paiements, l'offre monétaire et la règle de rétroaction. Cette dernière peut être automatique, c'est-à-dire à l'intérieur du mécanisme d'ajustement (lignes A et B) ou discrétionnaire, c'est à dire en dehors du mécanisme (lignes A et C). (Nenovsky *et al.*, 2001; Nenovsky et Hristov, 2002).

Figure 2. Mode opératoire du *Currency Board* (balance des paiements – offre monétaire)

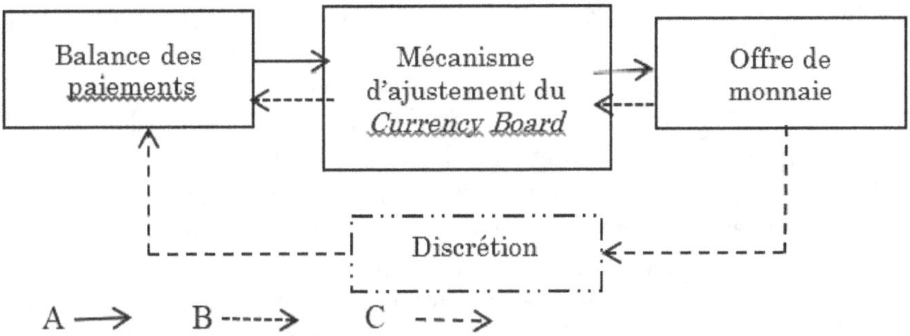

Source: Nenovsky, Hristov et Mihailov (2001).

Dans le cas de Djibouti, nous posons comme hypothèse qu'une sorte de perturbation, de discrétion, existe et celle-ci vient de la part des fonds qui transitent par un système informel[28], parfois par les banques commerciales.

Le régime de liberté de change qui prévaut à Djibouti favorise ce système de transfert monétaire et facilite le commerce avec les pays du Golfe où les implantations d'un réseau commercial très actif se sont développées très tôt (Ibrahim, 2011).

2.1.1.2. Le système *Hawala* : système informel de transfert de fonds

Hawala en arabe se traduit par « transfert » et, en hindi, cela signifie « Confiance » ou un objet de valeur qui se transmet à une personne de confiance pour la livraison. En terme général, le système *Hawala* désigne le système ou le mécanisme de transfert de fonds informels qui existe en l'absence de, ou parallèlement à des circuits bancaires classiques. Cependant, dans certains pays, les banques commerciales utilisent le terme *Hawala* pour

[28] Le même raisonnement, mais avec une méthodologie empirique différente, figure chez Hanke (2002) et Veyrune (2004).

désigner les transferts de fonds formels. Dans notre cas, nous excluons, à l'instar de la Banque mondiale et du FMI, l'utilisation du terme *Hawala* dans le circuit bancaire.

Concrètement, il y a deux aspects principaux à considérer dans ce système. Le premier est l'envoi et la réception des fonds des clients qui souhaitent transférer. Le second est le processus de règlement et de compensation. Le premier concerne les relations entre un intermédiaire financier (*Hawaladar*) et son client, tandis que le second considère les relations entre les intermédiaires financiers (*Hawaladars*). Pour faire fonctionner de manière optimale le système *Hawala* (c'est-à-dire aussi bien dans le pays expéditeur des fonds que dans le pays récipiendaire), les intermédiaires financiers doivent détenir à l'avance des réserves de liquidités ; chaque *Hawaladar* effectuera des paiements pour les clients de l'autre et n'aura pas à transférer de l'argent à travers les frontières.

En janvier 2014, la monnaie fiduciaire en circulation est de l'ordre de 28,20 milliards de FDJ et les banques n'en détiennent que 21 % dans leur actif. D'où l'interrogation sur l'interaction entre le secteur informel et le CB.

Le système *Hawala* fonctionne ainsi : un client A d'un pays A qui souhaite envoyer une certaine somme à une personne vivant dans un pays B va confier ladite somme à un intermédiaire financier (dans le pays A). Ledit intermédiaire financier contacte par e-mail, téléphone ou fax, son homologue dans le pays B en question en lui demandant de remettre la somme correspondante à son destinataire. Le destinataire possède un mot de passe qu'il doit alors communiquer pour recevoir l'argent.

Figure 3. Principes de fonctionnement du système *Hawala*

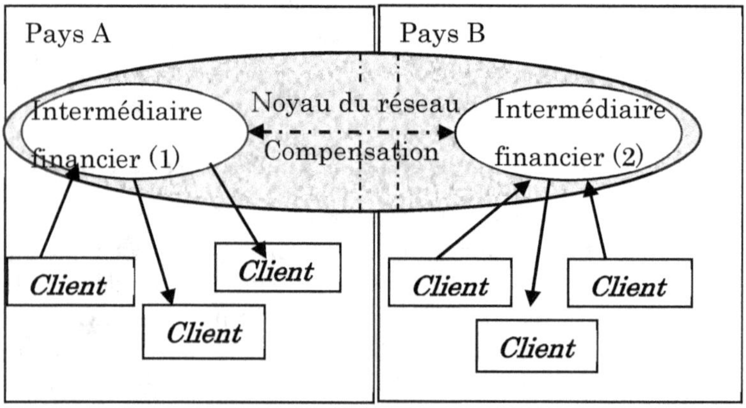

Source : Moustapha Aman

Les comptes entre les deux intermédiaires financiers du système *Hawala* seront réglés par des paiements compensatoires (ou *Hawala* inverse, c'est-à-dire lorsque quelqu'un du pays B envoie de l'argent à une personne du pays A). Dans le cas où les flux de capitaux sont plus importants d'un côté, les différences dans les positions seront payées, selon la réglementation des pays, par chèque, virement bancaire, transfert physique d'espèces (cash), achat des titres, ou mandats (Passas, 2005). Le transfert est soumis à une commission. Aucune règle formelle ne régit les transactions. Seules la parole et la confiance servent de contrat.

Les opérations *Hawalas* apparaissent comme des transactions entre résidents de chaque côté de la frontière et ne sont pas inscrites dans la balance des paiements. Cependant, ces opérations ne sont pas par nature très différentes des transferts unilatéraux. Elles constituent à la fois des éléments du compte courant, et en net une entrée ou une sortie de capitaux potentielle qui devrait participer à l'équilibrage de la balance des paiements.

Tableau 10. Opérations *Hawalas* dans la balance des paiements (théoriquement)

Pays A (expéditeur)	Pays B (récipiendaire)
Compte de transactions courantes	
Les transferts courants (transferts sans contrepartie) (-)	Les transferts courants (transferts sans contrepartie) (+)
Compte financier	
Augmentation des passifs (+)	Augmentation des actifs (-)

Source: El Qorchi, Maimbo et Wilson (2003).

Théoriquement, les opérations *Hawalas,* bien que domestiques en apparence, donnent lieu aux entrées suivantes dans la balance des paiements : le transfert est un débit pour le pays expéditeur, compensé par une augmentation du passif (crédit) de l'expéditeur. Et inversement pour le pays récipiendaire.

Empiriquement, aucun des quatre composants de l'exemple des opérations *Hawalas* n'est susceptible d'être mesuré ou capturé dans les comptes de la balance des paiements. Par conséquent, si aucune estimation de ces transferts nets n'est faite ni en compte courant ni en compte financier, ils ne devraient certainement pas se retrouver dans les erreurs et omissions de la balance des paiements. Il n'y aura apparition d'une erreur et omission due au non-enregistrement des flux de *Hawala* que si les transferts correspondants font uniquement l'objet d'une estimation dans le compte courant[29]. Ainsi, les *Hawalas* sont difficiles à estimer (El Qorchi *et al.*, 2003).

Le résultat d'une enquête réalisée entre 2002 et 2006 auprès de six agences de transfert des fonds à Djibouti a montré que ces derniers représentaient plus que l'Aide publique au développement et les investissements directs étrangers (Mahamoud, 2008).

En outre, compte tenu de la nature du régime de change à Djibouti, les dénouements des positions se font essentiellement par virement bancaire, cash, mais aussi par transferts en nature (importation de biens et services).

Tableau 11. Évolution des flux *Hawalas* reçus (enquête réalisée entre 2002 et 2006), IDE, APD et PIB (en millions de dollars)

	2002	2003	2004	2005	2006
Flux de *Hawalas* reçus	77,4	86,8	107,4	123,5	123,3
IDE	4	14	39	22	108
APD	90	79	59	76	117
PIB	592	624,97	663,8	702	765
Flux de *Hawalas*/PIB	13,1 %	13,9 %	16,2 %	17,6 %	16,1 %
IDE/PIB	0,68 %	2,24 %	5,88 %	3,13 %	14,12 %
APD/PIB	15,2 %	12,6 %	8,8 %	10,83 %	15,29 %

Source: CAD, 2006; World Bank, 2007; Mahamoud, 2008.

En rendant les liquidités disponibles en dehors du système bancaire[30], au risque de voir modifier la structure et le volume de la masse monétaire, alors que les opérations transfrontalières pouvant en être générées ne figurent pas dans les statistiques officielles des comptes de la balance des paiements, le système *Hawala* peut être considéré comme élément de discrétion perturbant l'automatisme du mécanisme de *Currency Board.* Par exemple, les liquidités rendues disponibles hors du système bancaire peuvent financer les importations et donc accroître le déficit commercial. Dans tel cas, il y aura

[29]Par exemple, HA efface la dette, en remettant la somme recueillie lors de cette transaction sur le compte de HB, dans un quelconque système bancaire. Cette somme est souvent acheminée vers un autre lieu et non vers le pays B ; le plus souvent, vers un centre financier majeur connu pour être impliqué dans le système *Hawala.* Trois emplacements des plus courants sont la Grande-Bretagne, la Suisse, et Dubaï.

[30]Par exemple, les fonds rendus disponibles hors du système bancaire peuvent atténuer les effets liés à une politique monétaire restrictive, ce qui pourrait amener les autorités monétaires à intervenir et à encourager les banques à offrir des taux d'intérêt attractifs sur les dépôts (en monnaie nationale et en devise étrangère) en vue de réduire les liquidités conservées en dehors du secteur bancaire.

apparition d'une erreur et omission due au non-enregistrement des flux de *Hawala,* dès lors que les importations correspondantes font l'objet d'une estimation dans le compte courant.

Il est notamment rapporté dans l'Étude diagnostique sur l'intégration du commerce à Djibouti (2014) que : « À l'importation, les statistiques indiquent un montant total de 645 millions de dollars en 2009 qui s'accroît jusqu'à 2,8 milliards de dollars en 2012. Au vu de la taille restreinte du marché Djiboutien, il ressort clairement de ce volume d'importations qu'il ne s'agit pas d'importations définitives destinées à la consommation à Djibouti, mais de produits en transit à Djibouti puis réexportés vers d'autres pays. Cependant, les données d'exportations ne reflètent pas ce phénomène … Entre 2009 et 2012, il semble qu'il y ait eu un changement important au niveau des pays d'origine des importations de Djibouti avec une présence croissante des pays d'Asie, notamment la Chine, l'Inde et l'Indonésie. »[31]

Une explication plausible pourrait être que les produits importés par Djibouti soient destinés à la réexportation, principalement vers l'Éthiopie ou la Somalie, dont les données commerciales ne permettent pas de retracer précisément le parcours de ces produits. Ces importations de manière plus ou moins illégale de produits étrangers sont principalement financées via le canal informel et se sont multipliées rapidement depuis l'utilisation accrue des services portuaires pour le commerce en plein essor de l'Éthiopie.

L'importation informelle éthiopienne, qui nécessite des devises, rencontre l'obstacle de la non-convertibilité du birr, au moment même où la demande de devises s'intensifie pour répondre aux besoins des produits de tout genre en lien avec la transformation économique du pays. Par exemple, les commerçants éthiopiens qui cherchent à contourner les restrictions de change dans leur pays font transiter par un canal informel leurs achats de liquidités en dollars, inaccessibles par des recours légaux, mais obtenus sur les marchés parallèles éthiopiens pour exécuter leurs transactions commerciales extérieures (dont une partie des importations informelles) à partir de Djibouti.

La nature du régime de *Currency Board* de Djibouti, qui garantit un haut degré de convertibilité du FDJ en dollars et une liberté de mouvements internationaux de capitaux, favorise l'exécution de ces transactions commerciales, profitant assez au système productif éthiopien qui doit en effet compter sur la convertibilité limitée du birr.

Aussi, du fait de la faiblesse du système bancaire somalien, des commerçants somaliens détiennent des comptes de dépôts à Djibouti pour effectuer leurs transactions (licites ou illicites).

Pour schématiser simplement le lien théorique existant entre les transactions du système *Hawala*, la balance des paiements et l'offre de

[31] La dernière notification officielle à COMTRADE date de 2009.

monnaie (du moins la masse monétaire), nous effectuons une représentation comptable simplifiée du mécanisme de retour à l'équilibre suite à des retraits bancaires de la part des *Hawaladars*. En effet, les transactions du système de *Hawala* ont lieu principalement en espèces, même si les intermédiaires financiers utilisent parfois le système bancaire comme chambre de compensation.

2.1.2. Modèle théorique et application empirique

2.1.2.1. Représentation comptable d'une opération de *Hawala* en régime de CB

S'inspirant en partie de la présentation du modèle de Hanke et Schuler (1994), on va illustrer de manière comptable le mécanisme de transmission, sous réserve que les indicateurs de liquidité *c*, *r* soient constants et compte tenu de certaines autres conditions[32] simplificatrices (*cf.* chapitre 1).

Notre objectif est d'illustrer les perturbations possibles du mécanisme automatique du *Currency Board*, c'est-à-dire les perturbations de comportement de *c* et *r*. Parler de l'existence d'un mécanisme automatique du *Currency Board* signifie de prouver que ces ratios reviennent à l'équilibre dans le long terme. Il faut dire aussi que, d'un point de vue comptable, le *Currency Board* est toujours à l'équilibre, mais cet équilibre comptable ne nous dit rien sur le véritable équilibre ou déséquilibre économique.

Pour mettre en lien le long terme et le court terme de ces ratios, nous vérifions la perturbation possible d'un *Currency Board* en trois périodes. La première période est la situation initiale. La deuxième est la période où se produit un choc de liquidité, entraîné par une opération de *Hawala,* et la troisième période présente le retour à long terme de l'équilibre initial.

Les bilans qui suivent utilisent des chiffres fictifs, la situation initiale (chiffres en gras, tableau 12) des bilans est une situation où la balance courante est équilibrée dans le pays bénéficiaire des transferts des *Hawalas* (pays B, figure 3).

On fait l'hypothèse que l'intermédiaire financier dans le pays B procède à un retrait sur son compte bancaire de 12 unités monétaires pour avoir des

---

[32]Les dépôts bancaires sont convertibles en billets du *Currency Board* à un taux de change fixe (fixé à 1/1) ; les avoirs en revenus et en liquides évoluent de façon similaire ; la valeur nette au bilan de la caisse d'émission et les capitaux propres dans les bilans des banques commerciales sont nuls ; pour simplification de la présentation on suppose que les agents ne détiennent pas de stock de la monnaie de réserve mais l'utilisent dans leurs transactions ; et enfin, le taux de change entre la monnaie nationale et la devise de rattachement est fixé par la loi au niveau de 1/1.

fonds disponibles, à l'avance, à partir desquels les paiements peuvent être effectués[33]. Les actifs de réserve des banques et les dépôts clients baissent de 12 unités monétaires, mais la masse monétaire ne change pas. C'est l'étape intermédiaire (chiffres entre parenthèses).

Dans cette phase intermédiaire, les banques commerciales ont un ratio actifs de réserve/dépôts d'environ 1,8 %, qui est moins élevé que leur ratio désiré (le ratio initial de 2 %) et le public dispose d'un ratio de liquidité/dépôts d'environ 10, 3 %, qui est supérieur au ratio désiré (le ratio initial de 10 %). Ainsi, le système monétaire est en déséquilibre. Le retrait bancaire inhérent à l'opération *Hawala* a entraîné une augmentation de la circulation des billets en monnaie nationale et une sous-liquidité des banques (puisque les actifs de réserve et les dépôts bancaires diminuent à court terme).

Pour retrouver les ratios de la phase initiale (chiffres en italique), les banques commerciales diminuent leurs prêts et le *Currency Board* est déplacé vers un nouvel équilibre avec une masse monétaire diminuée de 588 unités de moins que dans la phase initiale, car les actifs de réserve des banques et les dépôts ont diminué.

---

[33]Le mécanisme est assez semblable pour les bureaux de change et les autres services de transferts officiels d'argent. La différence, cependant, est que dans les opérations de transferts officiels, le cash réintègre habituellement rapidement le système bancaire alors qu'avec le système *Hawala,* le cash réintègre le système bancaire, seulement à un stade ultérieur du processus, voire pas du tout (El Qorchi *et al.*, 2003).

Tableau 12. Enregistrement comptable d'une opération *Hawala*

Currency Board	
Actif	Passif
Avoirs en devises **600**	Base monétaire Monnaie en circulation : pièces et billets **500** (512) *512* Actifs de réserves des banques de second rang en monnaie centrale **100** (88) *88*
Banque commerciale	
Actif	Passif
Actifs de réserve des banques de second rang en monnaie centrale **100** (88) *88* Crédits et investissements **4900** (4900) *4312*	Dépôts des clients **5000** (4988) *4400*
Ménages et entreprises	
Actif	Passif
Dépôts en banques **5000** (4988) *4400* Billets et pièces émis par le CB **500** (512) *512*	Emprunts **4900** (4900) *4312* Valeur (richesse) nette **600** (600) *600*

Source : adaptée de Hanke and Schuler (1994)

Tableau 13. Indicateurs de comportement monétaire

Indicateur / Situation	Initiale	Intermédiaire	Finale
Ratio actifs de réserve des banques / Dépôts = *r*	100/5 000= 2 %	88/4 988= 1,8 % (Sous-liquidité ou crise bancaire)	88/4400= 2 %
Ratio de monnaie en circulation / Dépôts = *c*	500/5 000= 10 %	512/4 988= 10,3 % (Surliquidité)	512/4 400= 11,6 % (Augmentation de la surliquidité)
Coefficient du multiplicateur	9,16	9,12	8,21
Masse monétaire globale=*M*	5 500	5 500	4 912
Base monétaire=*H*	600	600	600

Source : Moustapha Aman

Le lien étroit entre les transactions du système *Hawala* et la monnaie en circulation a été souligné plusieurs fois par de rares études sur le système *Hawala.* Selon El-Qorchi (2002), le système *Hawala* modifie seulement la composition de la masse monétaire, en augmentant la partie en espèces en circulation et en diminuant les dépôts, tout en gardant le volume de la masse monétaire inchangé. Bien qu'il soit possible que le volume de la masse monétaire ne change pas instantanément, selon les principes de base de la création monétaire, le coefficient du multiplicateur monétaire ne laisse aucun doute sur la modification du volume de la masse monétaire à long terme. Par conséquent, à la suite de transferts *Hawala*, le changement du multiplicateur (en l'occurrence une baisse) modifie sans aucun doute le volume de la masse monétaire dans le long terme (tableau 13).

Les effets monétaires d'une telle transaction du système *Hawalas* se traduiraient ainsi par une diminution des comptes des dépôts (éventuellement épargne et dépôts à terme) au profit d'une augmentation de la circulation des billets et d'un déficit commercial. Les fonds des *Hawalas,* qui n'ont pas pour vocation de devenir des dépôts, modifient donc la structure et le volume de la masse monétaire(en l'occurrence une baisse).

La réalité djiboutienne est néanmoins plus complexe. Les *Hawalas* ne sont pas une contrainte majeure pour le secteur bancaire lui-même, qui est déjà en situation de surliquidité. La moitié de la masse monétaire est sous la forme de dépôts en devises étrangères, ainsi que dans des liquidités en dollars. Ceci est principalement dû à la rente extérieure et aux flux financiers illicites (*cf.* section 2).

Les entrées et sorties de devises dans le cadre de transferts *Hawalas* n'ont certes pas de lien direct automatique avec la base monétaire, mais nous ne pouvons pas prétendre la même chose pour la dynamique de la liquidité d'une part et, d'autre-part, pour l'impact sur les erreurs et omissions de la balance des paiements dû au non-enregistrement des flux de *Hawalas* dès lors que les importations « djiboutiennes » correspondantes font l'objet d'une estimation dans le compte courant. Ainsi, en augmentant les dépôts bancaires, modifiant la structure et le volume de la masse monétaire à plus long terme, et en échappant en partie au moins à la mesure, le système *Hawala* peut être considéré comme un élément de discrétion interrogeant le mécanisme automatique du modèle économétrique du *Currency Board*.

En termes économétriques, la présence d'un mécanisme automatique du *Currency Board* signifierait qu'une relation de cointégration (une relation à long terme) doit exister entre la base monétaire (l'offre monétaire) et les réserves de change (la balance des paiements). De même qu'un mécanisme de correction d'erreur à court terme (l'erreur qui présente les écarts par rapport à l'équilibre) doit aussi exister (Nenovsky et Hristov, 2002). L'absence d'une telle cointégration peut être interprétée comme preuve que le mécanisme automatique est rompu quelque part et qu'on est en présence d'une discrétion quelconque (publique ou privée, formelle ou informelle).

L'hypothèse principale consiste à supposer qu'on pourrait considérer les *Hawalas* comme des variables perturbatrices. Si tel est le cas, il est normal d'observer après l'introduction de la variable *Hawala* dans la dynamique de court terme. L'existence d'une cointégration entre la base monétaire et les réserves de change (réserves officielles de la Banque Centrale de Djibouti). Ainsi, nous pourrons parler de la présence d'une discrétion monétaire informelle et décentralisée, de la part des individus utilisant le système *Hawala*.

Cependant, pour tester notre modèle, tout d'abord, il nous faut trouver une variable approximative des *Hawalas*, qui ensuite sera introduite dans la dynamique de court terme, c'est-à-dire dans un modèle à correction d'erreurs (VEC).

2.1.2.2. Mesurer les transferts *Hawalas*

Sachant la nature informelle des *Hawalas*, les mesurer directement et en totalité est pratiquement impossible (El Qorchi *et al.*, 2003). Il ne reste que les mesures approximatives, indirectes, évidemment imparfaites, comme par exemple le modèle de Vito Tanzi.

Tanzi (1999) a tenté de mesurer l'économie informelle à travers la demande de monnaie. Comme nous l'avons déjà mentionné, la dynamique des transferts *Hawalas* est étroitement liée à la dynamique de monnaie en circulation. Comme la demande de billets en circulation dans le cas de Djibouti dépend avant tout des motifs des transactions (le système financier est peu développé), on pourrait supposer ainsi que la demande des billets est fonction essentielle de deux variables : l'activité réelle et les *Hawalas*.

Ainsi, pour trouver la composante des *Hawalas*, nous pouvons procéder de la façon suivante. D'abord, nous estimons la demande des billets (cc^d) comme fonction de l'activité de port, plus exactement son chiffre d'affaires (y_p), qui pratiquement se confond avec l'activité réelle (l'équation 1). Une fois cette estimation obtenue, nous simulons (projetons) à partir d'elle la série pour des billets en circulation (dénotée cc^f), et déterminée uniquement par la variable transactionnelle. Ensuite, nous soustrayons cette série de celle qui est observée (cc^*), la différence ainsi obtenue (Δcc) pourrait être interprétée comme étant liée aux activités et motifs autres que l'activité portuaire, et avant tout aux *Hawalas* et l'activité informelle (équation 2, toutes les variables sont exprimées en logarithmes). Nous nommons cette variable *hw1*.

(1) $cc^d = cc\ (y_p)$

(2) $\Delta c = cc^* - cc^f \approx hw1$

Graphique 8. Transferts *Hawalas* mesurés par la demande de billets

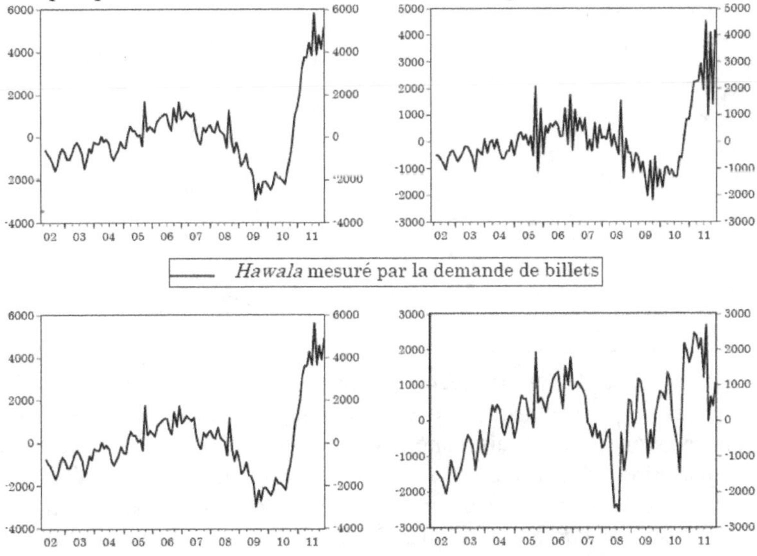

Note : indice des *Hawalas* mesuré à partir de la demande de billets (*hw1*), différentes spécifications de la demande de monnaie (2002-2011). Les résultats des simulations sont présentés dans l'annexe 2.

La partie négative de la courbe (en dessous de la ligne zéro) ne signifie pas que les *Hawalas* étaient négatifs, mais plutôt que le *Currency Board* restreint les billets nécessaires au fonctionnement de l'activité portuaire tirée essentiellement par le trafic éthiopien lequel représente désormais 80 % des activités portuaires.

Une deuxième manière d'approximer le *Hawala* est donc de se référer au rapport : (dépôts à vue + dépôts en devises)/billets[34]. Comme les envois de fonds qui empruntent le canal *Hawala* n'ont pas pour objectif de devenir des dépôts et ont lieu principalement en espèces, on considère seulement les dépôts à vue et les dépôts en devises, dont les fonds peuvent être retirés partiellement ou totalement à tout instant. La somme des dépôts à vue et des dépôts en devises, qui peut être appelée « dépôts en vue d'effectuer des *Hawalas* », présente la dynamique des billets et le changement dans la composition de la masse monétaire suite aux *Hawalas*. Nous notons *hw2* la variable (dépôts à vue + dépôts en devises)/billets.

Ainsi, au total, nous possédons deux approximations pour les transferts des *Hawalas hw1* et *hw2*.

[34] On a pensé proposer pour le second proxy le ratio cash/dépôts, qui est habituellement utilisé pour détecter l'économie informelle en se basant sur la recherche d'une évasion fiscale. Mais on ne voyait pas pourquoi ce ratio représenterait les transferts internationaux informels. Avec l'expression « dépôts en vue d'effectuer des *Hawalas* », il est davantage pertinent de prendre l'inverse du ratio cash/dépôts pour représenter les *Hawalas* ainsi définis. Ces variables, d'une manière ou d'une autre, sont directement liées à la dynamique des billets et le changement dans la composition de la masse monétaire suite aux *Hawalas*.

Graphique 9. Indice des *Hawalas* mesuré à partir du rapport (dépôts à vue + dépôt en devises)/billets (*hw2*) (2002-2011)

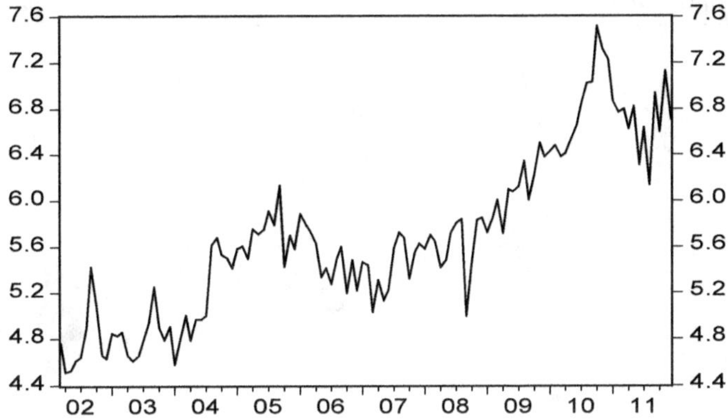

Graphique 10. Les billets (monnaie) en circulation et la base monétaire (2002–2011)

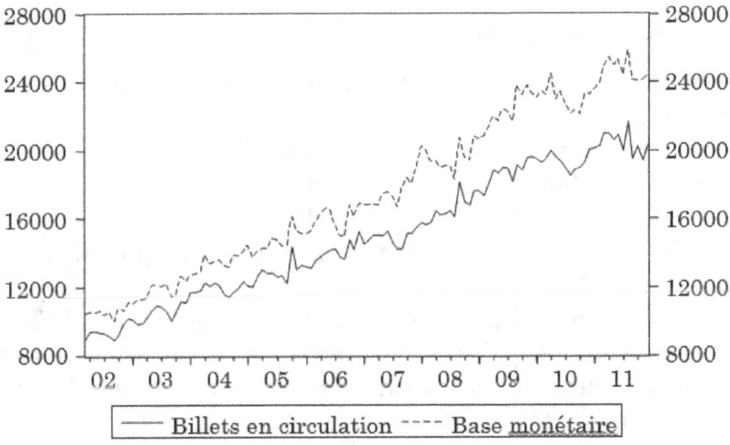

Graphique 11. Multiplicateur monétaire, tous les dépôts tenus en compte (multiplicateur total) et uniquement les dépôts en monnaie nationale (multiplicateur national) (2002 – 2011)

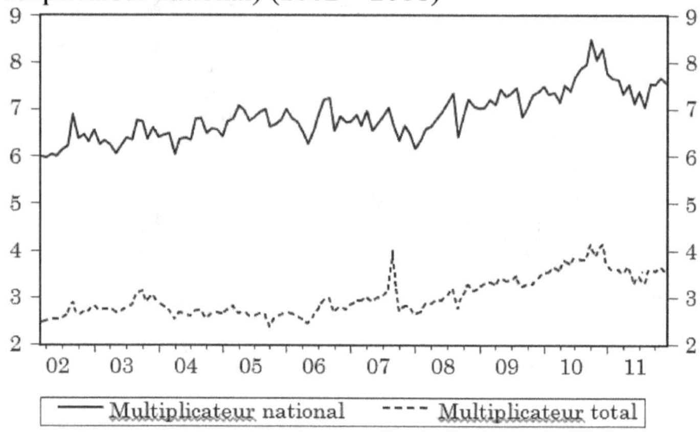

Ensuite, nous procédons de façon ordinaire pour les tests de cointégration.

2.1.2.3. Étude de cointégration

Nous effectuons les étapes suivantes. D'abord nous testons la racine unitaire des variables suivantes :

$h_t = log\ (H_t)$ - logarithme de la base monétaire

$m_t = log\ (M_t)$ - logarithme de la masse monétaire

$f_t = log\ (F_t)$ - logarithme des réserves officielles

$hw_t = log\ (Hw_t)$ - logarithme des transferts *Hawalas* (approximée par *hw1* et *hw2*)

Ensuite, nous mesurons la présence de la relation à long terme entre la base monétaire[35] et la balance des paiements, la déviation de cet équilibre à long terme, ainsi que la vitesse d'ajustement. Dans notre cas, la relation de cointégration (de long terme) peut être présentée comme suit :

(3) $h_t = \alpha_0 + \alpha_1 f_t + \varepsilon_t$

Le mécanisme de correction d'erreur (la dynamique d'ajustement à court terme) est la suivante :

(4) $\Delta h_t = A(L)\Delta h_{t-1} + B(L)\Delta f_{t-1} + C(L)\Delta hw_{t-1} + \delta(h_{t-1} - \alpha_1 f_{t-1} - \alpha_0) + \beta_0 + \upsilon_t$

A(L), B(L) et C(L) sont des retards (*lags*) avec une distribution polynomiale et δ est le coefficient de correction d'erreur et doit être négatif ($\delta < 0$), pour restaurer l'équilibre à long terme. Dans le cas d'un parfait

[35] Il est possible de tester la cointégration entre la masse monétaire et la balance des paiements, mais dans ce cas la motivation économique diffère.

fonctionnement du mécanisme de *Currency Board*, le coefficient α_1 doit être proche de l'unité (α_1 = 1), ce qui signifierait qu'une hausse ou baisse de la base monétaire est suivie par une hausse ou baisse des réserves de change. Si cela n'est pas le cas, on est en présence d'un ajustement incomplet, lent et instable, donc on compte déjà sur d'autres mécanismes qui pourraient éventuellement pallier ces défauts.

Selon la définition du mécanisme automatique, nous introduisons la dynamique des *Hawalas* dans la dynamique de court terme, comme variable exogène. Nous couvrons la période 2002-2011, avec une fréquence mensuelle. Toutes les données sont obtenues à partir des publications officielles de la Banque centrale de Djibouti, et des sources internes de celle-ci, ainsi que des données du port de Djibouti[36].

2.1.2.4. Discussion des résultats

Puisque l'analyse de cointégration peut être appliquée uniquement dans le cas des séries non stationnaires en niveau, nous testons les variables (*h, m, bop, hw1, hw2*) pour l'existence de la racine unitaire[37]. Les résultats sont présentés dans le tableau 13.

Tableau 13. Test de la racine unitaire

Variable	Test de Dickey-Fuller augmenté (ADF)*		Valeurs critiques de McKinnon			Ordre d'intégration et retards (*lags*)	
	Niveau	Première différence	1 %	5 %	10 %	Intégration	Retards
H	-0,09	-6,07	-3,48	-2,88	-2,57	I(1)	4
F	0,04	-5,37	-3,48	-2,88	-2,57	I(1)	4
hw1	-0,61	-4,57	-3,48	-2,88	-2,57	I(1)	4
hw2	-0,84	-6,34	-3,48	-2,88	-2,57	I(1)	4
M	0,14	-4,75	-3,48	-2,88	-2,57	I(1)	3

*Valeurs critiques selon la présence de constante, sans trend.

[36] Dans des études antérieures sur les *Currency Boards* (par exemple dans le cas de la Bulgarie, Nenovsky et Hristov, 2002) les flux de la balance des paiements sont accumulés en stock. Cette méthode englobe en fait tous les avoirs extérieurs nets, ceux de la Banque centrale et des banques commerciales. Contrairement à la Bulgarie, les avoirs extérieurs nets des banques commerciales à Djibouti sont très importants, et même plus importants que ceux du *Currency Board*.

[37] Nous utilisons le logiciel EViews.

Les variables sont intégrées de l'ordre 1 (I(1)). Cela nous permet d'appliquer les tests de cointégration entre la base monétaire(*h*) et les réserves officielles (*f*), dans les deux cas de figure. D'abord, sans la présence des *Hawalas* (en ce cas on cherche la présence d'un mécanisme d'ajustement pur). Ensuite, avec la présence des *Hawalas* dans le VEC (ici, nous utilisons les deux mesures des transferts des *Hawalas* déjà commentées, *hw*1 et *hw*2). Dans ce cas de figure, nous sommes en présence d'une discrétion, ou plutôt d'un mécanisme d'ajustement qui implique l'économie informelle, dans le cas présent les *Hawalas*. Dans cette dernière configuration, nous pouvons tester et raisonner sur une éventuelle vitesse d'ajustement à travers la dynamique des *Hawalas*. Nous offrons aussi les résultats des régressions pour la masse monétaire comme variables indépendantes. Les résultats des tests présentés dans le tableau 15 sont les suivants.

Tout d'abord, dans une perspective de vérification du mécanisme automatique dans son état pur et idéal, c'est-à-dire sans la présence de variables exogènes, nous ne trouvons pas de lien de cointégration. Cela signifie que le coefficient de correction est faible et statistiquement insignifiant [(-0,02) (-0,45)], le R^2 est faible. Par conséquent, une relation stable à long terme entre la base monétaire et les réserves de change n'existe pas (modèle 1).

Ensuite dans les modèles 2 et 3, nous introduisons les indices des transferts *Hawalas* (*hw1* et *hw2* sont mesurés par deux proxies) dans la relation de correction d'erreur (VEC). Dans ce cas, nous détectons les relations de cointégration, avec quelques imperfections statistiques, mais en général correctes et acceptables. Comme pour d'autres études sur les *Currency Boards* (Nenovsky et Hristov, 2002), ces résultats peuvent être interprétés comme l'existence d'un mécanisme automatique lors de la prise en compte de la dynamique des *Hawalas*. Les coefficients de correction d'erreur dans les deux modèles, bien que relativement modérés [- 0,40 (-3,90) et – 0,20 (-2,48)], c'est-à-dire avec un ajustement lent, sont statistiquement significatifs.

Particulièrement, quand le premier proxy pour *Hawala* est utilisé, nous avons de très bons résultats (voir la relation de cointégration dans le graphique 12). Pourtant, ils montrent que la dynamique des transferts *Hawalas* aide à maintenir le lien entre la base monétaire et la balance des paiements, et donc joue le rôle d'équilibrage dans le mécanisme du *Currency Board*.

Dans le modèle 4, au lieu de la base monétaire comme variable indépendante, nous prenons l'agrégat monétaire au sens large (M3), qui comprend déjà dans sa composition la dynamique *Hawala*. Dans ce cas également, nous obtenons un équilibre à long terme entre la balance des paiements et la masse monétaire, bien que moins importante. Cela confirme une fois de plus, et de manière intuitive, que les transferts *Hawalas* ont plutôt un rôle de stabilisation et d'équilibrage.

Tableau 14. Cointégration et correction d'erreur (VEC)

	Modèle 1 sans *Hawals*	Modèle 2 (avec *Hawals*/ *hw1* dans le VEC)	Modèle 3 (avec *Hawals*/ *hw2* dans le VEC)	Modèle 4 (avec *Hawals*/ *hw2* dans le VEC)
Variables*	Variable dépendante			
	Base monétaire (*h*)	Base monétaire (*h*)	Base monétaire (*h*)	Masse monétaire (*m*)
Equation de Cointégration (relation de long terme)				
Constant	8.87	8.69	8.50	9.85
Réserves de change (*f*	0.54 (9.50)	0.38 (7.58)	0.42 (5.53)	0.64 (6.12)
Equation de VEC (relation de court terme)				
Coefficient de correction	-0.02 (-0.45)	-0.40 (-3.90)	-0.20 (-2.48)	-0.09 (-1.90)
d (*h* (-1))	-0.37 (-3.62)	-0.35 (-2.4)	-0.19 (-1.95)	
d (*h* (-2))	-0.18 (-1.6)	-0.25 (-1.35)	-0.14 (-1.34)	
d (*h* (-3))	-0.17 (-1.72)	-0.39 (-2.17)	-0.09 (-2.32)	
d (*h* (-4))	-0.14 (-1.58)	-0.09 (-0.43)	0.01 (1.33)	
d (*m* (-1))				-0.49 (-2.62)
d (*m* (-2))				-0.12 (0.45)
d (*m* (-3))				-0.02 (-2.48)
d (*m* (-4))				-0.00 (-1.12)
d (*f*(-1))	-0.06 (-1.44)	- 0.22 (-2.66)	0.83 (8.78)	-0.04 (-1.02)
d (*f*(-2))	-0.05 (-1.29)	-0.34 (-3.70)	-0.11 (-1.97)	-0.03 (0.64)
d (*f*(-3))	-0.01 (-0.17)	- 0.25 (- 2.70)	-0.01 (-1.66)	0.00 (1.73)
d (*f*(-4))	-0.03 (-0.87)	- 0.22 (-2.45)	-0.01 (-1.01)	0.00 (1.73)
d (*hw*)		0.04 (4.65)	0.04 (7.04)	-0.12 (8.85)
d (*hw* (-1))		-0.12 (-1.86)	0.03 (5.53)	0.02 (1.92)
d (*hw* (-2))		-0.14 (-1.77)	-0.01 (-1.86)	-0.00 (-1.37)
d (*hw* (-3))		-0.02 (-1.62)	-0.00 (-1.17)	-0.00 (-0.10)
d (*hw* (-4))		-0.02 (-1.92)	-0.01 (-0.62)	-0.00 (-0.16)
Constant	0.01 (3.97)	0.10 (-1.90)	-0.02 (-1.92)	0.06 (1.95)
R^2	0.19	0.82	0.42	0.46
R^2 ajusté	0.13	0.64	0.37	0.24
log likelihood	232.31	85.63	250.79	100.31
F statistics	3.03	4.31	11.22	2.12

* t statistique entre parenthèses.

Graphique 12. Présentation graphique de la cointégration

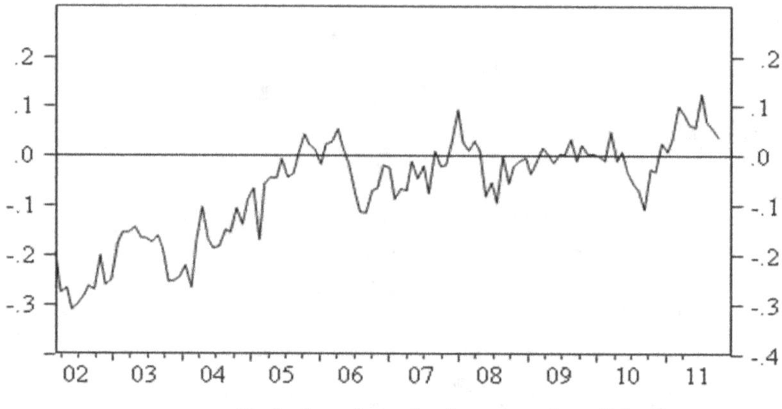

Les *Hawalas* se faisant de façon spontanée, sans leurs actions il n'y a pas de relation à long terme entre la balance des paiements et la base monétaire. Dans cette logique, nous pouvons supposer qu'en régime de *Currency Board* à Djibouti, les *Hawalas* aident l'ajustement de la balance des paiements. Ainsi les pratiques monétaires informelles se développent en harmonie avec le régime monétaire, extrêmement rigide. L'interaction des secteurs formel et informel permet d'obtenir un équilibre macromonétaire.

Évidemment sur le plan empirique, les *Hawalas* étant difficilement mesurables, les méthodes d'approximation de ces pratiques doivent être perfectionnées et revues. Éventuellement, de nouvelles approches pourront être élaborées et testées.

Un autre élément qui ne figure pas dans la balance des paiements est lié aux mouvements des fuites de capitaux qui peuvent intensifier la volatilité de la masse monétaire globale et, en tant que telle, affaiblir la stabilité du *Currency Board*. Dans la section suivante, nous cherchons à démontrer si la stabilité macromonétaire n'est pas perturbée par d'importantes fuites de capitaux et des flux financiers illicites.

2.2. La fuite de capitaux et son impact sur la stabilité du *Currency Board*

Le système de *Currency Board* est organisé autour de deux principes fondamentaux : la libre entrée et sortie des capitaux et la fixité du rapport de change. Or puisque rien n'interdit les transferts, le danger de fuite des capitaux est par définition inhérent au régime même de *Currency Board.*

Les fuites de capitaux, parce qu'elles drainent des réserves de change, peuvent exercer une pression sur le taux de change engendrant une dépréciation de la monnaie nationale. Par exemple, une fuite de capitaux significative peut engendrer une cotation informelle du franc Djibouti qui ferait apparaître une grande distorsion entre le taux de change officiel et celui du marché parallèle[38] et ferait que le taux de change fixe ne pourrait pas être maintenu et le franc Djibouti devrait se déprécier.

La fuite des capitaux peut aussi intensifier la volatilité de la masse monétaire globale et affaiblir en tant que telle la stabilité du *Currency Board.*

En mobilisant également différentes variables institutionnelles, nous élaborons un modèle théorique simple afin de tester le lien entre la stabilité du *Currency Board* et la fuite de capitaux (et par extension les flux financiers illicites). À ce jour, il n'existe aucune étude analysant les effets potentiels des fuites de capitaux sur l'instabilité du *Currency Board.*

Dans un premier temps, nous exposons les aspects théoriques et empiriques pour évaluer la fuite des capitaux. Ensuite, dans une deuxième partie, nous élaborons les différents indicateurs de la qualité des institutions et de la stabilité du régime monétaire, en l'occurrence le *Currency Board.* Dans la troisième partie, nous portons notre attention sur le lien graphique, statistique et économétrique entre la stabilité du régime monétaire, d'un côté, et la stabilité institutionnelle, la fuite de capitaux et l'économie non officielle, de l'autre.

2.2.1. Aspects théoriques et étude empirique de la fuite de capitaux à Djibouti

La fuite des capitaux peut être définie comme le transfert d'actifs libellés en monnaie nationale au profit d'actifs libellés en devises dans le pays concerné ou à l'extérieur, suivant des modalités qui ne relèvent pas d'opérations normales (Abalkin et Walley, 1999)[39].

---

[38] Une bonne partie de la transaction monétaire s'effectue de manière informelle par des commerçantes, assises le long des trottoirs au centre-ville, qui détiennent tant de la monnaie nationale que des devises étrangères. Il n'y a pas d'informations disponibles sur la série du taux de change.

[39] Voir chapitre 10 du Manuel sur la mesure de l'économie non-observée (OCDE, 2002).

Pour mesurer la fuite des capitaux, la littérature offre diverses méthodes qui ont été affinées au fil du temps. Il existe deux grandes approches : l'approche directe « argent chaud » et l'approche indirecte « résiduelle »[40]. La méthode résiduelle a été élaborée par la Banque mondiale (1985) et Erbe (1985). Ils suggèrent que si les données de la balance des paiements étaient la seule source d'informations utilisée, cela signifie simplement « Erreurs et omissions nettes », car les entrées de la dette sont très souvent sous-déclarées dans les comptes de la balance des paiements. Cependant, les chercheurs obtiennent des informations sur ces flux dans d'autres sources officielles, généralement la base de données *Global Development Finance* de la Banque mondiale, et recalculent le résiduel à partir de cette base (Ndikumana et Boyce, 2014).

Au final, la fuite des capitaux est estimée comme la différence entre les entrées et les sorties de devises, avec toutes les données provenant des statistiques de la balance des paiements d'un pays, à l'exception des emprunts extérieurs pour lesquels des données plus complètes ont été substituées. La différence a été désignée comme la mesure résiduelle de la fuite des capitaux (Erbe, 1985 ; Banque mondiale, 1985).

Selon la méthode résiduelle, la fuite des capitaux, au cours d'une année *t* est égale à :

$$FC_{rt} = \Delta DET_t + INDE_t - (CC_t + \Delta RES_t) \qquad (1)$$

FC_r est la fuite des capitaux selon la méthode résiduelle ; ΔDET est la variation du stock de la dette extérieure reportée dans les données de la Banque mondiale ; $INDE$ est l'investissement net direct étranger ; CC est le solde du compte courant et ΔRES est la variation des réserves de change.

Guaranty (1986) se réfère à la méthode résiduelle, mais il prend en compte un point supplémentaire, soit la variation des avoirs détenus à l'étranger par les banques domestiques ΔABD. Il faut noter qu'à Djibouti, l'actif en devises des banques commerciales est trois fois plus important que les réserves officielles.

Ainsi, la fuite des capitaux, selon la méthode de Guaranty (1986) (FC_m) est :

$$FC_{mt} = \Delta DET_t + INDE_t - (CC_t + \Delta RES_t) - \Delta ABD_t \quad (2)$$

Dans notre étude nous utilisons les deux versions de la méthode résiduelle. De plus, en suivant la démarche de Boyce et Ndikumana (2001, 2003, 2007, 2010), nous ajustons les deux versions de la méthode résiduelle

[40] L'approche « argent chaud » repose uniquement sur les données officielles de la balance des paiements en tentant d'identifier les flux qui constituent la fuite des capitaux (…). Selon, l'approche résiduelle, l'estimation de la fuite des capitaux implique d'essayer de mesurer les flux qui auraient dû être enregistrés dans la balance des paiements, mais qui, dans la pratique, ne sont pas enregistrés. Elle estime que les flux enregistrés ne doivent pas être considérés comme une fuite de capitaux et définit donc la fuite des capitaux comme un résidu.

successivement aux fluctuations du taux de change, aux falsifications de transactions commerciales, à l'inflation et aux revenus d'intérêts.

Puisque les données de la Banque mondiale sur la dette sont reportées dans une monnaie commune (le dollar), pour corriger les écarts potentiels en raison des fluctuations des taux de change[41], nous ajustons la variation du stock de la dette extérieure aux fluctuations du taux de change du dollar face aux autres devises. Bien que le franc Djibouti soit en ancrage dur avec le dollar, le pays contracte des dettes libellées en différentes monnaies : le mark allemand, l'euro, le franc français, le yen japonais, la livre sterling anglaise, le franc suisse, les Droits de Tirages Spéciaux (DTS) du FMI, le dollar américain, les multiples monnaies et les autres non spécifiées. Pour corriger ce caractère instable de la dette, nous ajustons les variations de la dette à long terme aux fluctuations du taux de change de la manière suivante :

$$\Delta DETAJU_t = DET_t - (NOUDET_{t-1}) \qquad (3)$$

$\Delta DETAJU_t$ est la variation de la dette ajustée des fluctuations du taux de change ;

DET_t est le stock de dette de l'année t évalué au taux de change de fin d'année t ;

$NOUDET_{t-1}$ est le stock de dette de l'année t-1 évalué au taux de change de fin d'année t.

$NOUDET_{t-1}$ est calculé comme suit :

$$NOUDET_{t-1} = \sum_{j=1}^{7} \frac{\alpha_{j,t-1} * DETLT_{t-1}}{\frac{TC_{j,t}}{TC_{j,t-1}}} + \frac{CRFMI_{t-1}}{\frac{TC_{DTS,t}}{TC_{DTS,t-1}}} + AUTRELT_{t-1} + MULTLT_{t-1} + DETLTEU_{t-1} + DETCT_{t-1} \qquad (4)$$

DETLT est la dette à long terme ; *αj* est la proportion de la dette à long terme détenue en monnaie *j* (*j* = franc français, deutsche mark, yen, franc suisse, droits de tirages spéciaux, livre sterling, euro) ;

TC est le taux de change de fin d'année de la monnaie dans laquelle la dette est libellée contre le dollar (exprimé en unités de cette monnaie par dollar);

CRFMI représente les crédits du FMI libellés en droits de tirages spéciaux;

AUTRELT est la dette à long terme libellée en « autres monnaies » ;

MULTLT est la dette à long terme libellée en « multiples monnaies » ;

DETLTEU est la dette à long terme libellée en $ des États-Unis ;

DETCT est la dette à court terme.

[41] À titre d'exemple, le remboursement du service de la dette (en francs Djibouti) en 2009 était nettement au-dessus des prévisions du budget initial en raison (en grande partie) des fluctuations du taux de change (Banque mondiale, 2011).

Ensuite, les données sur les emprunts extérieurs ne sont pas les seuls chiffres qui sont systématiquement fallacieux dans les statistiques officielles de la balance des paiements.

Les mesures officielles des exportations et des importations peuvent être faussées par des falsifications de transactions commerciales. En utilisant les données des partenaires commerciaux bilatéraux, l'estimation résiduelle des fuites de capitaux peut être ajustée pour corriger ces erreurs. Des falsifications de transactions commerciales internationales se produisent pour plusieurs raisons (voir *Global Financial Integrity*, 2011 ; Boyce et Ndikumana, 2014). Suivant ces modèles, nous estimons les falsifications de transactions commerciales en comparant les données d'exportations et d'importations djiboutiennes à de ses partenaires commerciaux.

En général, les données commerciales des pays industrialisés sont relativement précises et expliquent l'écart entre celles et de leurs partenaires commerciaux africains comme preuve de falsifications de transactions commerciales. Dans notre cas, les données des économies industrialisées (ONUDI) n'ont pas été retenues en raison d'un problème de fiabilité des statistiques du commerce extérieur à l'importation comme à l'exportation. Nous avons limité les divergences des données d'exportations et d'importations avec les économies industrialisées à celles de la France. Le montant total des falsifications dans les transactions commerciales de Djibouti avec les pays industrialisés devrait être en principe proche des falsifications commerciales avec la France, et ce en raison de la part moyenne prépondérante de cette dernière dans les exportations/importations de Djibouti en provenance des pays industrialisés.

Encadré 1. Méthode d'évaluation des falsifications de transactions commerciales

Les différences des exportations avec la France, DEX_t sont calculées comme suit:

$DEX_t = IMP_t - (EXPD_t * CAF_t)$ **(5)**

DEX est la différence des exportations entre Djibouti et la France (données CNUCED) ; où IMP est la valeur des importations en provenance de Djibouti telles que rapportées par la France. $EXPD$ sont les exportations de Djibouti vers la France telles que rapportées par Djibouti, et CAF est le facteur c.a.b/f.a.b, représentant les frais de transport et d'assurance. Un signe positif sur la falsification des exportations DEX indique une sous-facturation des exportations (donc une sortie nette), tandis qu'un signe négatif indique une surfacturation des exportations (donc une entrée nette). Dans la plupart des cas, nous nous attendons à une sous-facturation de l'exportation qui domine la surfacturation des exportations, soit une sortie nette de 1,8 millions de dollars sur la période 1993-2013.

Les différences d'importations avec la France (DIM) sont calculées comme suit :

$DIM_t = IMPD_t - (EXPI_t * CAF_t)$ **(6)**

$IMPD$ représentent les importations de Djibouti en provenance de la France telles que rapportées par Djibouti, et $EXPI$ sont les exportations des économies industrialisées vers Djibouti telles que rapportées par la France. Un signe positif sur les falsifications des importations indique une sortie nette (la surfacturation des importations entraine des sorties nettes), tandis qu'un signe négatif indique une entrée nette (les importations peuvent être sous-estimées ou ne pas être enregistrées du tout afin de contourner les droits de douane). Ici aussi, nous nous attendons à une sous-facturation des importations qui domine la surfacturation des importations djiboutiennes, soit 890 millions $ sur la période 1993-2013. Ceci entraîne des ajustements nets négatifs des falsifications des importations.

Au final, lorsque la sous-facturation des importations (890 millions US sur la période 1993-2013) est assez grande pour compenser la sous-facturation des exportations nettes (1,8 millions US sur la période 1993-2013), l'effet global de l'ajustement des falsifications des transactions est de réduire la fuite des capitaux estimée. En effet, une partie de l'argent manquant a été utilisée pour financer le déficit des transactions commerciales illicites, plutôt que d'être comptabilisée comme une sortie des capitaux non enregistrés (Boyce et Ndikumana, 2014).

Pour obtenir le montant total des dites falsifications des transactions commerciales $FASLCOM$, nous divisons ces différences par la part moyenne d'exportations djiboutiennes vers la France $PMEX$,et la part moyenne d'importations djiboutiennes en provenance de la France $PMIM$. Nous obtenons le total des falsifications des transactions commerciales comme la somme des écarts à l'exportation et à l'importation :

$FASLCOM_t = \frac{DEX_t}{PMEX_t} + \frac{DIM_t}{PMIM_t}$ (7)

Si on ajoute l'estimation des falsifications de transactions commerciales à l'estimation initiale de la fuite des capitaux de l'équation 1, nous obtenons la fuite des capitaux (FCADJ) ajustée des falsifications de transactions commerciales :

$FCADJ_t = FC_t + FASLCOM_t$ (8)

Enfin, nous ajustons la fuite des capitaux à l'inflation en utilisant l'indice des prix à la consommation des États-Unis, essentiellement du fait que toutes les données sont exprimées en dollars. Aussi, on utilise les taux indicatifs des bons du Trésor américain pour imputer les revenus d'intérêts au stock cumulé de la fuite des capitaux estimée[42]. L'ajustement à l'inflation permet d'analyser adéquatement les causes et effets de la fuite des capitaux, tandis que l'ajustement aux revenus d'intérêts permet de comparer convenablement la fuite des capitaux à d'autres agrégats, comme par exemple la dette extérieure.

Par définition, les fuites des capitaux diffèrent des flux financiers illicites développés par des chercheurs de Global Financial Integrity (GFI). Les flux financiers illicites comprennent plus que ce qui est capturé comme fuite des capitaux, comme par exemple certains paiements pour les importations non déclarées. Les flux financiers illicites constituent une catégorie plus large que la fuite des capitaux et comprennent les paiements pour les importations de la contrebande, les paiements provenant du commerce de stupéfiants et de la contrebande, les *Hawalas*, le blanchiment d'argent qui circule à travers les circuits bancaires officiellement enregistrés (AfDB et GFI, 2013 ; Boyce et Ndikumana 2014). Bien que ces paiements soient illicites, ce ne sont pas des fuites de capitaux, car le montant des devises n'est pas uniquement transféré à l'étranger, mais utilisé pour financer les importations des marchandises (AfDB et GFI, 2013; PNUD, 2011). Après les différentes estimations, nous obtenons la dynamique des fuites de capitaux suivante (graphique 13).

[42]Comme le montant des devises entrant dans le pays est supérieur à ce qui est capturé dans la balance des paiements, nous aurions pu ajuster la fuite de capitaux aux transferts de fonds non-enregistrés (ou non reportés). En effet, les résultats d'une enquête auprès des agences de transferts de fonds internationaux (Mahamoud, 2008) soutiennent l'idée que les données officielles de la balance des paiements sous-estiment l'ampleur des flux d'envois de fonds : soit 340 millions de dollars de 2002 à 2006, tandis que les données de balance des paiements ne rapportent que 98 millions de dollars. Cependant la majeure partie de ces envois de fonds financent des activités commerciales (91,3 % du total des transferts), contournant ainsi les contraintes réglementaires et les coûts des transactions liés au mode de fonctionnement des institutions djiboutiennes. Les envois de fonds sont donc davantage liés à des transactions commerciales illicites, dont une grande partie est déjà estimée dans les falsifications commerciales, que des envois de fonds des migrants.

Graphique 13. Fuite de capitaux réels à Djibouti, 1993-2016 (en million de dollars US), estimée par différentes méthodes

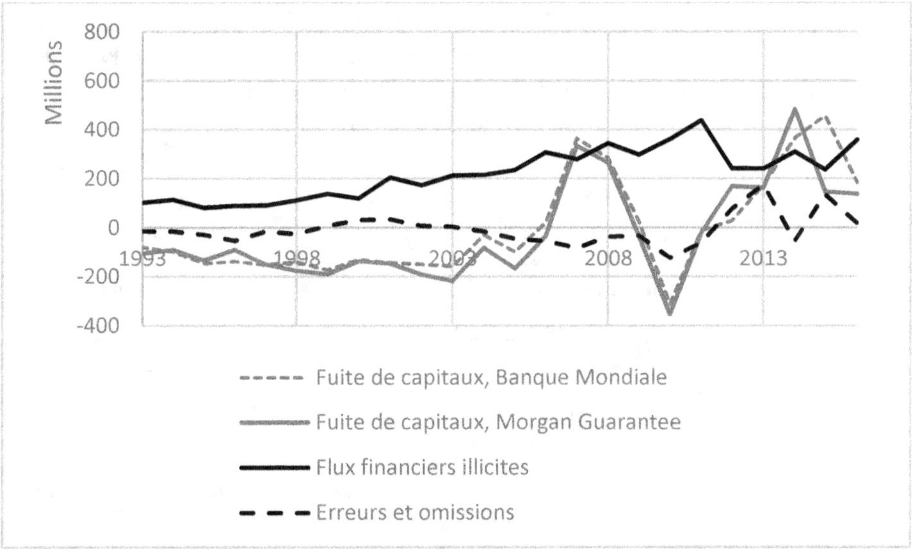

Source : estimations des auteurs, BCD et Global Financial Integrity.

Le fait que Djibouti joue le rôle d'une plaque tournante, et ce en l'absence d'imposition sur les avoirs financiers, laisse augurer qu'il y a de l'argent blanchi. Les flux financiers illicites sont corrélés au volume de la masse monétaire dont la moitié est sous forme de dépôts en devises, ainsi que dans des liquidités en dollars. La méthode d'estimation des flux financiers illicites ne tient pas compte des entrées illicites qui pourraient potentiellement diminuer en net les sorties (PNUD, GFI 2011). Les résultats indiquent que les sorties illicites à Djibouti sont passées de 102,4 millions de dollars en 1993 à 438 millions de dollars en 2011.

Les fuites de capitaux réels demeurent quant à elle, en moyenne, négatives, c'est-à-dire que les entrées de capitaux sont plus importantes que les sorties. Le pays, compte tenu de sa position géostratégique, reçoit en effet d'importants transferts officiels. Si l'on observe la structure fiscale, presque 70 % des revenus du gouvernement sont libellés en monnaie étrangère (taxes à l'importation, aide extérieure et recettes militaires)[43].

[43] Alors que la plupart des dépenses du gouvernement sont libellées en monnaie nationale (notamment les salaires). Selon la Banque mondiale, une dévaluation nominale du taux de change pourrait générer des économies budgétaires à court terme qui pourraient être réaffectées à des fins de réduction de la pauvreté.

Les IDE[44] et la dette extérieure constituent les principales variables expliquant la fuite des capitaux à Djibouti. De 2006 à 2016, les sorties nettes de capitaux ont été estimées à 1,5 milliards de dollars (soit 91 % du PIB et 155 % du stock de la dette en 2016), en lien essentiellement (à l'exception de 2010) avec des entrées massives de capitaux dans le pays (IDE, dette extérieure et ressources du port). À long terme, ceci peut produire des effets négatifs sur la stabilité et la pérennité du *Currency Board.*

Tableau 15. Matrice de corrélation 1

	Flux financiers illicites	Dépôts en devises	Fuite de capitaux	Δ dette extérieure	Ressources rentières
Flux financiers illicites	1	0.56	0.024	0.002	0.37
Dépôts en devises	**0,56**	1	0,33	0,13	**0,84**
Fuite de capitaux	0,02	0,33	1	**0,71**	**0,58**
Δ dette extérieure	0,002	0,13	**0,71**	1	0,12
Ressources rentières	0,37	**0,84**	**0,58**	0,12	1

Source : Moustapha Aman

2.2.2. Indicateurs d'instabilité monétaire et de stabilité des institutions

Les économistes ont créé, à partir de divers critères, un certain nombre de modèles qui tentent d'aider les responsables publics à prévoir les crises à venir.

Kaminsky, Lizondo et Reinhart (1998) ont tenté d'expliquer les crises de change empiriquement afin de proposer un Système d'alerte avancée. Il s'agit d'observer l'évolution d'indicateurs qui tendent à montrer un comportement inhabituel pendant les périodes précédant une crise. Les variables à surveiller par les auteurs sont les exportations, la déviation du taux de change de sa moyenne, le ratio M2/ réserves de change, la production et les cours boursiers.

Plus concrètement, lors de l'instauration de la caisse d'émission de la Bulgarie, Nenovsky et Hristov (1997) et Nenovsky (1999) ont élaboré un système d'indicateurs pour surveiller la stabilité du *Currency Board* et le système bancaire. Il s'agit d'indicateurs construits à partir du bilan de la caisse

[44] Dont la cession partielle des parts sociales du port de Djibouti au cours de l'année 2013.

d'émission, du bilan consolidé des banques commerciales et des variations de certaines variables macroéconomiques.

À partir de ceci, nous construisons un indice synthétique du degré d'instabilité de la caisse d'émission de Djibouti avec une plus grande pondération dans l'indice pour la volatilité du taux de change réel et l'écart des taux d'intérêt entre Djibouti et les États-Unis (monnaie d'ancrage).

L'indice d'instabilité du *Currency Board* (INS) est calculé comme suit :

$$INS = 0.1 * \sigma\frac{M1}{FCB} + 0.1 * \sigma\frac{M2}{FCB} + 0.1 * \sigma\frac{M3}{FCB} + 0.1 * \sigma\frac{M1}{FB} + 0.1 * \sigma\frac{M2}{FB} + 0.1 * \sigma\frac{M3}{FB} + 0.2 * DT + 0.2 * \sigma TCER \qquad (9)$$

Où $(\frac{M1}{FCB}, \frac{M2}{FCB}, \frac{M3}{FCB})$ et $(\frac{M1}{FB}, \frac{M2}{FB}, \frac{M3}{FB})$ mesure la couverture de la masse monétaire(M1, M2 et M3) respectivement par les réserves officielles de change de la Banque centrale de Djibouti (FCB) et par les réserves de change des banques (FB). Nous estimons à 0,1 la pondération pour chacun de ces indicateurs, du fait de l'évolution similaire que nous avons constaté.

DT représente l'écart des taux d'intérêt entre Djibouti et les États-Unis ; $\sigma TCER$ correspond à la déviation du taux de change de sa moyenne. Les taux de change effectifs réels (TCER) fondés sur les prix sont les indicateurs de la compétitivité extérieure le plus souvent utilisés.

Selon l'indice synthétique que nous avons construit, le système de caisse d'émission de Djibouti est particulièrement instable (le niveau de l'indicateur monte) pour les périodes d'instabilité politique et économique[45] (1993, 1996 et 2001) et, à partir de 2006, en lien avec les mouvements importants de capitaux et l'accumulation de la dette extérieure.

En outre, en nous appuyant sur des groupes de variables institutionnelles diagnostiqués selon leur fiabilité à des fins de mesure du système politique et de la gouvernance, nous pouvons chercher à évaluer le lien entre l'instabilité du *Currency Board* et la stabilité du système politique.

L'évaluation du système politique de Djibouti s'inspire de l'indicateur de *Political Stability,* qui mesure la probabilité de changements violents de régime ou de gouvernement, ainsi que de menaces graves à l'ordre public, y compris le terrorisme. Plus il est élevé, plus la stabilité politique est grande.

L'évaluation de la gouvernance s'inspire quant à elle des indicateurs de mesure de la Banque mondiale (*Rule of Law* et *Control of corruption*). L'indicateur *Rule of Law* mesure la qualité du respect des contrats légaux par le système judiciaire ou par la police, en tenant compte du recours à la violence privée et de sa répression.

---

[45]Disparition des banques commerciales les plus fragiles : BDD et Al Barak Bank (en 1998-99) et CBE (2003).

L'indicateur *Control of Corruption* reflète une perception. Il indique dans quelle mesure la puissance publique est au service des intérêts privés et informe sur les phénomènes de « capture » de l'État par les élites et les intérêts privés. Le score de performance va de 0 à 100 et le score le plus élevé traduit la meilleure situation.

Là aussi, nous faisons le choix de construire un indice synthétique de la stabilité des institutions à partir des indicateurs *Political Stability* et *Rule of Law,* car les deux variables semblent liées. La pondération a été fixée de manière à homogénéiser les poids dans l'indice entre les deux indicateurs.

L'indice de stabilité des institutions (ISI) est calculé comme suit :

$$ISI = 0{,}5 * Political\ Stability + 0.5 * Rule\ of\ Law \qquad (10)$$

Graphique 14. Instabilité de la caisse d'émission et stabilité des institutions, Djibouti (1990-2015)

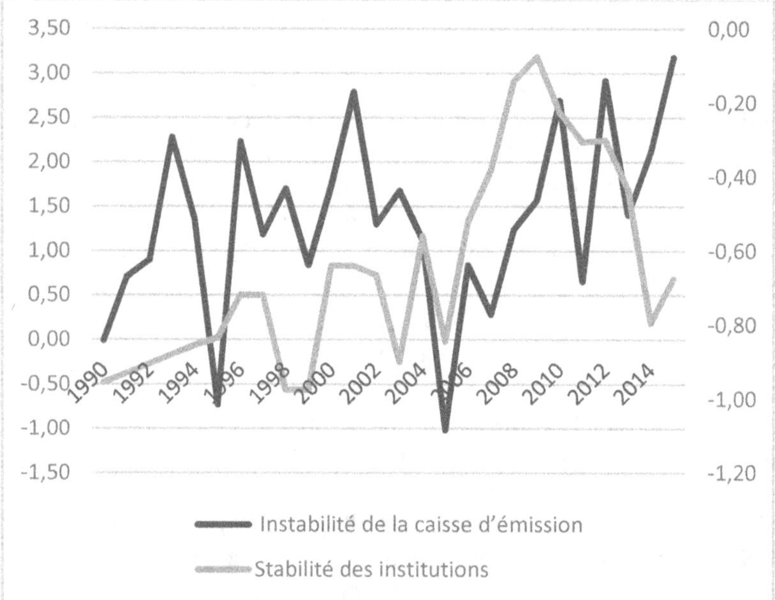

Source : estimations des auteurs. L'échelle de droite correspond à la stabilité des institutions et l'échelle de gauche à l'instabilité de la caisse d'émission.

Dans le tableau 17, nous présentons la matrice des corrélations entre les différentes variables, notamment : l'instabilité du *Currency Board* ; l'instabilité des institutions ; la fuite de capitaux; le contrôle de la corruption ; les transferts *Hawalas* et l'indice de liberté économique.

Tableau 16. Matrice de corrélation 2

	Fuite de capitaux	Instabilité du *Currency Board*	Stabilité des Institutions	*Hawala*	Indice de liberté économique	Contrôle de la corruption	Flux financiers illicites
Fuite de capitaux	1,00	0,11	0,31	0,27	-0,15	0,41	0,42
Instabilité du *Currency Board*	0,11	1,00	0,19	-0,10	0,05	0,10	0,09
Stabilité des Institutions	0,31	0,19	1,00	-0,17	-0,76	0,80	0,75
Hawala	0,27	-0,10	-0,17	1,00	0,01	-0,12	0,01
Indice de liberté économique	-0,15	0,05	-0,76	0,01	1,00	-0,75	-0,53
Contrôle de la corruption	0,41	0,10	0,80	-0,12	-0,75	1,00	0,69
Flux financiers illicites	0,42	0,09	0,75	0,01	-0,53	0,69	1,00

Source : estimations des auteurs.

Le tableau montre une corrélation forte entre la stabilité des institutions, le contrôle de la corruption et les flux financiers illicites. La partie économétrique va tenter de donner une réponse quant à la problématique de l'impact des fuites de capitaux sur l'instabilité du *Currency Board* de Djibouti.

2.2.3. Simulations économétriques de la stabilité du *Currency Board*

Après avoir étudié l'évolution des courbes de la fuite de capitaux, des indicateurs de l'instabilité et des indicateurs institutionnels afin de dégager certaines régularités, nous appliquons ici une analyse économétrique (régressions simples). Celle-ci s'avère plus difficile que prévu, compte tenu de la complexité des facteurs pour une période relativement courte (1990-2015).

Néanmoins, nous proposons dans le tableau 18 quatre modèles de régression qui testent différentes versions d'impacts de la fuite de capitaux, des variables institutionnelles sur les indicateurs d'instabilité monétaire.

Tableau 17. Modèles économétriques

Variables*	Modèle 1 Variable dépendante Indicateur d'instabilité composite log (INS)	Modèle 2 Variable dépendante Indicateur d'instabilité composite log (INS)	Modèle 3 Variable dépendante Indicateur d'instabilité du taux de change réel de change log (TCER)	Modèle 4 Variable dépendante Indicateur d'instabilité du taux de change réel de change log (TCER)
Constante	0,28(0,33)	0,06(0,10)	3,26(14,68)***	3,35(13,38)***
Log (σ (Fuite des capitaux))	-0,28(-2,29)***	-0,26(-2,39)***		
Log (Flux illicites)			0,23(6,59)***	0,22(5,53)***
Indice de stabilité des institutions		-0,33(-0,53)		-0,094(-1,03)
Contrôle de la corruption	-0,04(-0,05)		-0,17(-1,72)**	
Nombre des banques	0,18(3,00)***	0,18(3,10)***		
R^2	0,61	0,63	0,70	0,68
R^2 ajusté	0,45	0,47	0,68	0,65
DW	1,48	1,78	0,95	0,91
log likelihood	-5,13	-4,91	29,44	28,46
F statistics	3,74 *	3,98*	27,32***	24,48***

* t statistique entre parenthèses (signification 1% (*), 5% (**) et 10% (***)).
Source : estimations des auteurs

Les modèles 1 et 2 utilisent l'indicateur d'instabilité du *Currency Board* composite comme variable dépendante, tandis que les modèles 3 et 4 prennent comme variable dépendante le taux de change effectif réel et on a remplacé la variable fuite de capitaux par la variable flux illicite.

Les résultats s'avèrent en ligne avec nos hypothèses et réflexions théoriques et offrent des paramètres qui possèdent des caractéristiques statistiques satisfaisantes.

Tout d'abord, le signe négatif devant la variable « fuite de capitaux » (modèles 1 et 2) signifie qu'une hausse de la fuite de capitaux diminue l'instabilité monétaire (relation apparemment contre-intuitive). Ceci trouve son explication dans la dynamique réelle de ces flux durant la période observée. On observe une fuite négative, c'est-à-dire que les entrées de capitaux sont plus importantes que les sorties. Par conséquent, une fuite négative des capitaux (ou entrées des capitaux) soutient le *Currency Board.*

Même logique pour l'explication du signe positif devant les flux financiers illicites dans le modèle 3 et 4 (ce qui signifie qu'une hausse de ces flux est accompagnée par une hausse d'instabilité de change). En réalité, la dynamique de ces flux est toujours positive (graphique 13). Ce qui signifie qu'un accroissement de ces flux accentue l'instabilité du *Currency Board.*

Ainsi, les résultats de l'estimation montrent le bien-fondé de notre hypothèse de base suivant laquelle le *Currency Board,* dans le cas de Djibouti, est entièrement déterminé par les mouvements de capitaux (licites et illicites), à la différence des autres *Currency Boards* où les flux commerciaux jouent un rôle substantiel.

Le danger des fuites de capitaux qui, en théorie (et dans la pratique dans d'autres pays) devait menacer la stabilité et la viabilité du *Currency Board* de Djibouti, régime monétaire extrêmement statique et orthodoxe, se trouve écarté par la présence de fuites « négatives » de capitaux (licites et illicites), c'est-à-dire des entrées nettes des capitaux. Ces entrées de capitaux, empiriquement estimées ici, en sus des transferts *hawalas* (quantifiées dans notre étude précédente), aident à expliquer la pérennité du *Currency Board* de Djibouti.

Concernant le cadre institutionnel, dans les modèles 1 et 3, nous prenons comme variable explicative la corruption, et nous la remplaçons ensuite dans les modèles 2 et 4 par la stabilité des institutions. Les résultats de l'estimation indiquent qu'il existe à Djibouti un lien inverse entre l'instabilité du *Currency Board* et la stabilité des institutions, et aussi un lien négatif entre l'instabilité du *Currency Board* et le contrôle de la corruption.

La corrélation positive entre l'indice de stabilité des institutions et la corruption dans la matrice des corrélations va dans le bon sens. Une amélioration de la qualité des institutions et du contrôle de corruption pourrait induire une diminution de l'instabilité des institutions.

Ainsi, le cadre institutionnel et les pratiques de corruption sont également déterminants pour comprendre l'équilibre monétaire djiboutien et la perpétuation du régime du *Currency Board,* dans un contexte où existent des pratiques non officielles.

Cela nous amène à la nécessité d'entreprendre dans la troisième section une analyse d'économie politique du système monétaire djiboutien.

2.3. Géopolitique du régime monétaire

Dans cette section, notre idée principale consiste à supposer que le régime monétaire pourrait être interprété dans le cadre du fonctionnement d'une économie basée sur l'extraction d'une « rente géostratégique ». Plus particulièrement, le *Currency Board* pourrait être considéré comme un arrangement institutionnel qui permet de garantir l'extraction, la reproduction et la distribution de la rente dans un réseau composé de différents acteurs, de coalitions d'acteurs et de flux de ressources circulant entre eux.

Ce réseau délimite un espace monétaire particulier (Cohen, 1998). En préservant la reproduction et la distribution de la rente dans le temps, le régime monétaire perpétue les flux du pouvoir, les rapports de force politiques et géopolitiques. De cette façon, l'espace (le réseau) monétaire et l'espace (le réseau) politique deviennent supports de la reproduction rentière.

La théorie monétaire traditionnelle, bien qu'utile, ne possède pas les instruments d'analyse convenables. La géographie de la monnaie et de l'économie politique internationale (Cohen, 1998), ainsi que les approches institutionnelles (North, 1990), rarement mobilisées s'avèrent très utiles et pertinentes. Par exemple, Nenovsky et Rizopoulos (2003, 2004) considèrent l'introduction du *Currency Board* en Bulgarie comme un changement institutionnel radical reflétant les conflits et la coopération des différents acteurs, créanciers et débiteurs. Dans le même ordre d'idées, Blanc (2007) offre une lecture sociologique et politique de l'introduction du *Currency Board* en Lituanie. Une étude récente, dans laquelle l'auteur mobilise l'interaction des trois déterminants (les idées, les intérêts et les institutions), met en lumière la réussite du *Currency Board* en Estonie lors de la transition postcommuniste en valorisant sa capacité à sauvegarder la stabilité macroéconomique dans un objectif d'intégration à la zone euro (Feldman, 2013).

À l'inverse du cas estonien, l'échec du *Currency Board* argentin est souvent interprété comme symbole du crash conceptuel de ce régime monétaire (Chena, 2015)[46].

La structure de notre section est la suivante. Dans un premier temps, nous développons un cadre théorique du régime monétaire vu comme arrangement institutionnel d'un réseau d'acteurs et d'un espace monétaire qui ont pour objectif de gérer la rente géostratégique. Nous développons les rapports entre l'espace géostratégique, l'espace politique et l'espace monétaire. Les

---

[46] Récemment, nous avons connu le texte de Jean Paul Azam (2010) dans lequel il propose une approche originale (dans l'esprit des théories des jeux) pour comprendre l'émergence de l'État de Somaliland (zone particulière de la Somalie) et l'équilibre politique démocratique qui se forment autour de l'exploitation du port de Berbera. Une comparaison avec le cas de Djibouti, avec son port et son régime autoritaire, pourrait s'avérer extrêmement intéressante.

intersections entre les flux monétaires et les flux du pouvoir sont mises en évidence. Dans un second temps nous appliquons notre cadre théorique au cas concret de Djibouti.

2.3.1. Aspects théoriques : espace, rente géostratégique et régime monétaire

Afin de développer les hypothèses et confronter les faits il est nécessaire de proposer un cadre analytique dont les concepts - « l'espace », « le réseau » et « la rente géostratégique » - demandent à être discutés au préalable.

Dans la lignée des réflexions et des idées exprimées par Perroux (1950) et plus tard par Cohen (1998), nous estimons que les notions de l'espace et du réseau s'avèrent utiles tant d'un point de vue conceptuel qu'opérationnel lorsque nous analysons le rapport entre les régimes monétaires et les relations géostratégiques. Ainsi, l'espace est compris comme résultat, comme la fonction des flux de ressources qui circulent entre les acteurs et les groupes d'acteurs. La configuration des flux de ressources structure la forme de l'espace, ou ce qui revient au même, donne la forme du réseau. Les ressources peuvent être de nature différente, en général de trois types – ressources naturelles, ressources monétaires et ressources de pouvoir. Un quatrième espace pourrait être ajouté, celui des idées et des discours, en particulier l'espace des idées économiques, monétaires, politiques etc.

Il est important de noter que de par sa nature l'espace est complexe, hiérarchique et paré des relations de dépendance. De plus, les différents espaces coexistent et s'entremêlent, formant ainsi une structure encore plus complexe et difficile à saisir. Cela requiert une simplification et une compréhension analytique.

« La maquette » du modèle analytique qui vise à expliquer la durabilité du *Currency Board* à Djibouti, pourrait se présenter dans une architecture à trois niveaux (Figure 4) que nous élaborons en détails.

Figure 4. Configuration du réseau

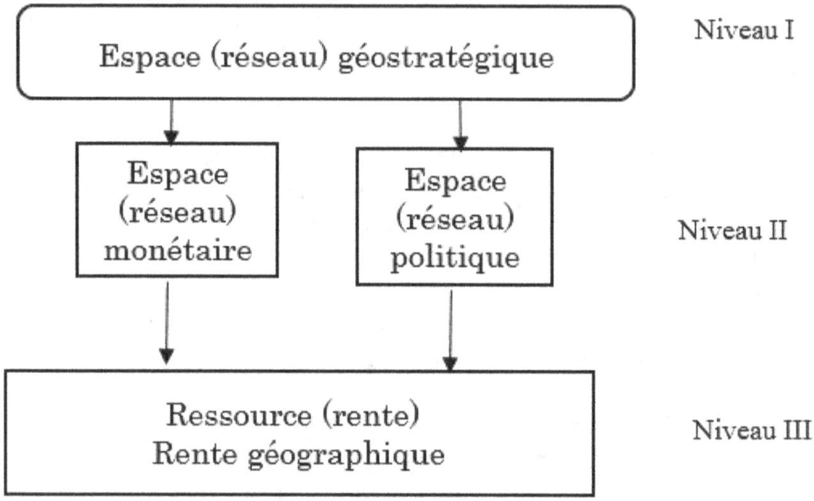

Le niveau III présente l'espace des ressources naturelles. Dans le cas de Djibouti – nous parlons de la « rente géostratégique ». Les acteurs qui veillent à s'approprier cette rente sont représentés par le niveau I que nous nommons « espace géostratégique ». Par sa nature, cet espace possède une dimension internationale et même mondiale.

Entre les niveaux III et I se situe le niveau intermédiaire II, instrumental par son caractère, et qui est composé de deux sous-espaces, notamment l'espace monétaire et l'espace politique (l'espace du pouvoir au sens de Perroux). Le niveau II est lié principalement à la dimension nationale, ayant bien évidemment des intersections avec l'espace géostratégique. Les deux sous-espaces qui sont au cœur du niveau II jouent le rôle central de transmission des intérêts et des actions des acteurs géostratégiques concernant l'appropriation, la capture et, en général, la reproduction de la rente. Ici se forment des régimes institutionnels formels qui réalisent l'objectif de récupération de la rente. Respectivement, dans ces deux sous-espaces, nous pourrions parler de « régime monétaire» et de « régime politique ».

De la sorte, le cadre de notre analyse pourrait se présenter comme un chevauchement des réseaux d'acteurs qui veillent à exploiter une ressource particulière, dans notre cas la rente géostratégique.

À cela s'ajoutent quelques remarques complémentaires qui pourraient être utiles.

Tout d'abord, *la rente*. Bien que les différentes rentes possèdent des caractéristiques communes, il est clair que les rentes se différencient par leur nature et par leurs sources. Concrètement, la rente géostratégique, liée à la localisation géographique particulière, pourrait être considérée comme plus stable que la rente provenant d'une ressource naturelle épuisable. Dans ce sens, la rente géostratégique est moins vulnérable au phénomène du « syndrome hollandais », associé généralement à l'épuisement de la ressource concernée. Évidemment, la rente géopolitique pourrait être exténuée et disparaître. Cela arriverait, par exemple, si l'espace géostratégique se modifiait suite à des bouleversements des intérêts géopolitiques, des communications et des frontières politiques, etc.

Tout cela nous ramène directement à la logique interne de notre modèle qui consiste à trouver les mécanismes de l'entretien de la durabilité, de la captation et de sa reproduction. Cela pourrait se réaliser principalement à travers la stabilité et la prévisibilité politique et monétaire de la place géographique où la rente est générée. D'où l'idée exprimée par Acemoglu et Robinson (2012) que les institutions mises en place doivent être « inclusives » et non « extractives ».

En analysant plus en détail les sources et les éléments de la rente dans le point suivant, nous verrons par exemple que la rente géostratégique pourrait être décomposée en plusieurs sources – commerciales (en lien avec la place unique du port), militaires (avec la disposition des bases françaises, américaines, de l'OTAN, etc.), lutte contre le terrorisme et la piraterie (bases militaires, ambassades, services secrets, ONG), etc.

La gestion de la rente est assurée par un réseau. Ce dernier est composé d'acteurs et de groupes d'acteurs géostratégiques, parmi lesquels on trouve les États des grandes puissances mondiales, les corporations multinationales (militaires, économiques et financières). Afin de mieux comprendre ce réseau, il est indispensable d'analyser les intérêts des différents acteurs, leurs stratégies, leurs dotations de ressources. En général, l'entente ou la mésentente entre les acteurs et les groupes mène vers des équilibres ou des déséquilibres qui expliquent respectivement la stabilité ou le changement institutionnel.

Les deux espaces « instruments » (niveau II), « régime monétaire» et « régime du pouvoir politique », représentent les canaux de transmission des intérêts des acteurs par rapport à la reproduction de la rente. Ces deux espaces possèdent principalement le caractère national, mais ont des intersections avec l'espace géostratégique. En effet, il existe des acteurs qui appartiennent aux trois réseaux (géostratégique, monétaire, et politique nationale), comme par exemple l'élite locale. Cette élite domine principalement le réseau du pouvoir politique et le réseau monétaire (Brass, 2008). Elle capte une partie de la rente en contrepartie d'une obligation d'entretenir politiquement et socialement la reproduction du système au profit des puissances globales (situées au niveau I).

Dans cette logique, le *régime monétaire* est un instrument central au service des acteurs géostratégiques. Si nous considérons, par exemple, le caractère extrêmement statique et simplifié du régime monétaire de Djibouti, avec son taux de change fixe depuis plus de 65 ans et l'absence totale de politique monétaire, nous pouvons immédiatement tirer les conclusions relatives à son efficacité de servir les intérêts géostratégiques.

La mise en place de ce régime monétaire a en effet été érigée en zone franche en 1949 afin de servir les intérêts des entreprises favorisant l'essor économique du territoire, en exploitant les ressources particulières liées à la situation de l'Éthiopie enclavée (Dubois, 2007). En outre, l'utilisation bien que limitée de la monnaie nationale donne place à des profits (seigneuriage) dont bénéficient aujourd'hui surtout les élites. C'est d'ailleurs l'une des raisons pour lesquelles il est plus rentable d'opter pour une monnaie nationale dans le cadre du *Currency Board* plutôt qu'une dollarisation pure et simple qui priverait ces élites de ce revenu monétaire.

Le *régime politique* va de pair avec le régime monétaire, il en est complémentaire et répond aux mêmes exigences par rapport à la reproduction de la rente. Le régime politique mis en place dans le pays doit assurer la stabilité et la prévisibilité. Dans cette perspective, on comprend mieux pourquoi un régime autoritaire est préféré à une démocratie (Collier et Hoeffler, 2009). La démocratie pourrait éventuellement amener l'instabilité et l'incertitude pour les puissances géostratégiques, notamment lors du recyclage de la rente et rompre l'équilibre établi. Par conséquent, tant que l'équilibre géostratégique est en vigueur et est soutenable, le régime politique national et le régime monétaire perdureront.

2.3.2. Rente et régime monétaire: lecture empirique pour le cas de Djibouti

Suivant la logique de notre modèle théorique (Figure 4), nous exposons en détail les sources et la dynamique de la rente géostratégique de Djibouti. Ensuite, nous analysons les trois espaces clefs, géostratégique, monétaire et politique, en mettant en avant le rôle des différents acteurs et leurs intérêts. Dans ce cadre, le *Currency Board* est considéré comme une solution institutionnelle au problème de gestion et de capture de la rente.

2.3.2.1. Rente géostratégique : sources, mesure et dynamique

La rente de Djibouti a aujourd'hui trois composantes : (i) une rente géographique, via son port, (ii) une rente militaire et diplomatique, via les versements annuels effectués par les bases militaires et les autres administrations privées, (iii) et une rente constituée par l'aide publique au développement.

2.3.2.1.1. Rente géographique via le port et le chemin de fer

Historiquement, Djibouti doit son existence à sa place géographique, particulièrement à son port parce qu'il constitue le principal débouché de l'Éthiopie sur la mer. En 1949, Djibouti a été constitué en port franc dans le but d'accroître le trafic du port djiboutien, menacé par le développement annoncé de celui d'Assab. Mais cette réforme douanière n'était possible qu'avec la mise en place d'un nouveau régime monétaire, tel que le *Currency Board*. La nature du régime de *Currency Board*, qui garantit un haut degré de convertibilité du FDJ en dollars et une liberté des mouvements internationaux de capitaux, continue jusqu'alors de favoriser l'exécution des transactions commerciales et les opérations de financement profitant au système productif éthiopien qui doit, en effet, compter sur la convertibilité limitée du birr.

Entre 1980 et1990, Djibouti perd sa fonction de débouché maritime du commerce extérieur éthiopien au profit du port érythréen d'Assab, plus proche de la capitale éthiopienne et donc moins onéreux. Mais, dans les années 1998-2000, le conflit entre l'Éthiopie et l'Érythrée va redéfinir les intérêts géoéconomiques dans la région en faveur de Djibouti, qui redevient « Port-Éthiopie », par lequel transitent désormais près de 90 % des importations et exportations éthiopiennes. Pour faire face à la demande éthiopienne, le gouvernement djiboutien, en partenariat avec l'Émirat de Dubaï, a progressivement agrandi ses installations portuaires au cours de la dernière décennie[47].

Le port joue un rôle considérable dans l'économie djiboutienne. Il assure des recettes directes de l'ordre de 65 à 90 millions de dollars par an (20 à 25 % des recettes publiques) et a permis de créer environ 15 000 emplois directs et indirects (ce qui correspond à 10 % de la population active) (Banque mondiale, 2014). On prévoit que le commerce par le port de Djibouti se développera rapidement, parallèlement à l'expansion économique de l'Éthiopie.

[47] Le port de Djibouti est rendu compétitif par les investissements directs étrangers de DP World, favorisés par la présence de forces étrangères. Dubaï Port World est un groupe des Émirats arabes unis spécialisé dans la gestion des activités portuaires. Il est placé au troisième rang mondial dans son domaine et gère près d'une cinquantaine de ports dans le monde.

Tableau 18. Commerce extérieur djibouto-éthiopien, en 2009, en millions de FDJ

		Produits					Exportations	
		Agriculture	Industrie	Transport	Service marchands	Service non marchands	Éthiopie	Reste du monde
Importations	Éthiopie	1 390	359	14 798				
	Reste du monde		80 428		5 479	2 398		
Produits	Agriculture							
	Industrie						80	13 670
	Transport						15362	4 258
	Service marchands							5 605
	Service non marchands							32 008

Sources : CNUCED. Balance des paiements BCD (2009)

2.3.2.1.2. Rente militaire et diplomatique

En 1900, Dutreil écrit que :

« Depuis 1839, époque à laquelle l'Angleterre s'était emparée d'Aden, l'importance de la mer Rouge, comme route commerciale, devenait de plus en plus évidente. Avant même que ne prît corps l'idée du percement de l'isthme de Suez, des caravanes transportaient de la Méditerranée à Suez les marchandises et permettaient de réaliser une économie très appréciable de temps et d'argent. Laisser l'Angleterre maîtresse absolue, c'était lui donner une prédominance funeste à nos intérêts en Extrême-Orient : c'était en cas de guerre avec une puissance de l'Asie, nous voir privés de tout port de relâche où nos navires puissent faire escale ; c'était enfin laisser passer entre ses mains tout le commerce avec cet empire d'Éthiopie dont on commençait à vanter les richesses » (Dutreil, 1900, pp. 12-13).

Plus d'un demi-siècle plus tard un autre économiste, Emerit quant à lui, stipule que :

« Tous ceux qui se sont préoccupés de l'avenir du commerce maritime vers l'Extrême-Orient à la suite du projet de percement de l'isthme de Suez ont senti la nécessité de créer sur cette côte une escale, qui pourrait être en même temps l'entrepôt du commerce des îles et des côtes africaines de l'océan Indien, ainsi que de l'empire d'Éthiopie » (Emerit, 1963, p. 189).

L'intérêt français pour la mer Rouge se réveille donc vers la seconde moitié du XIXe siècle, au moment où elle paraît devoir devenir la grande route de l'Europe vers l'océan Indien et l'Extrême-Orient et que s'ouvrent les marchés du Haut-Nil et d'Abyssinie. Djibouti n'avait de valeur que comme débouché de l'Éthiopie et comme port d'escale sur la route de l'Indochine.

Aujourd'hui, Djibouti est au carrefour des routes économiques de première importance, ce qui lui confère une position stratégique prisée. Elle abrite la plus grande base militaire française, depuis une quinzaine d'années, de nouvelles bases sont entrées en jeu. Le pays accueille la seule base militaire permanente américaine en Afrique. Pour les Américains, Djibouti est le centre de gravité de la lutte antiterroriste dans la Corne de l'Afrique et dans la péninsule arabique. L'Union européenne y est également installée pour lutter contre la piraterie. Les Japonais y ont établi leur première base militaire à l'étranger depuis 1945. C'est au tour des militaires chinois d'affluer dans ce petit carrefour stratégique qui suscite également l'intérêt de la Russie. Désormais, la République de Djibouti suscite un intérêt géopolitique certain, notamment pour la lutte contre le terrorisme et la piraterie et accueille également à ce titre de nouvelles ambassades et missions (par exemple la Chine)[48]. Ces bases militaires assurent des recettes importantes au pays sous forme de loyers et permettent des retombées financières pour l'économie locale.

L'échange est mutuellement profitable, dès lors qu'il correspond à la logique de l'avantage comparatif. La spécialisation dans l'exportation non marchande de services géostratégiques, diplomatiques ou militaires permet à Djibouti, au prix d'une limitation possible de sa souveraineté, d'obtenir des ressources et de bénéficier d'un niveau de vie intermédiaire entre les pays à faible revenu et celui des puissances industrielles tutélaires. En 2013, le FMI évalue le PIB à 1,459 milliard de dollar et le PIB par habitant à 1 597 $, soit l'un des plus élevés du continent africain (Ambassade de France en Éthiopie et auprès de l'Union africaine, 2014).

2.3.2.1.3. Rente publique : l'aide publique au développement

La relation privilégiée de la République de Djibouti avec ses bailleurs et créanciers se traduit notamment par une aide internationale démesurée au regard de sa petite taille — environ 110 $ US/habitant contre 20 $ US/habitant en moyenne en Afrique subsaharienne — Afran (2012). Cette aide internationale est souvent maintenue pour des raisons qui sont principalement liées à l'emplacement géostratégique plutôt que pour des raisons liées aux caractéristiques propres à l'économie de Djibouti[49].

Évidemment, ce privilège disparaîtrait si, par exemple, l'espace géostratégique se modifiait suite à des bouleversements des intérêts

[48]Le réseau diplomatique national n'a cessé de s'étendre. Le pays accueille seize ambassades : États-Unis d'Amérique, Cuba (depuis 2011), France, Allemagne (depuis 2010), Russie, Éthiopie, Érythrée, Somalie, Soudan, Libye, Arabie Saoudite, Palestine, Yémen, Qatar, Chine et Japon (depuis 2009).

[49]Dans la littérature, son efficacité est remise en cause, notamment lorsqu'elle est accordée pour des raisons géopolitiques (Dreher et *al.* 2014).

géopolitiques, etc. Par exemple, le repli important de l'armée française (et donc des loyers associés), dans les années 1990, provoque une baisse importante de l'aide internationale qui passe entre 1991 et 2001 de 107,2 à 56,3 millions de dollars US (Banque mondiale, 2009).

Outre la rente constituée par l'Aide publique au développement (APD)[50], la France a fourni des fonds considérables à la jeune république dans le cadre d'un certain nombre d'accords passés à la veille de l'indépendance en 1977 entre les deux États. Ainsi (i) l'accord de coopération en matière économique et financière du 27 juin 1977 prévoit que la France s'engage à aider au fonctionnement des services publics ou parapublics et à permettre la réalisation des plans de développement de Djibouti, (ii) le traité d'amitié et de coopération est destiné à assurer la stabilité monétaire de Djibouti et faciliter la coopération économique par le biais d'une commission mixte signé du 27 juin 1977, ou bien encore (iii) l'accord maritime du 26 janvier 1978, et le protocole militaire.

Ainsi, la France est de loin le premier fournisseur (54 % de l'aide totale en 1983) (Laudouze, 1989). De plus, l'Agence française de développement intervient en République de Djibouti depuis 1974 et lui permet de bénéficier de nombreux prêts non souverains, concessionnels ou non.

[50]Selon la définition du Comité d'aide au développement (CAD) de l'OCDE, c'est l'ensemble des dons et des prêts référentiels prévus au budget et transférés des pays développés vers les pays en développement.

Graphique 15. Aide publique au développement (nette) et aide publique reçues ($ US courants)

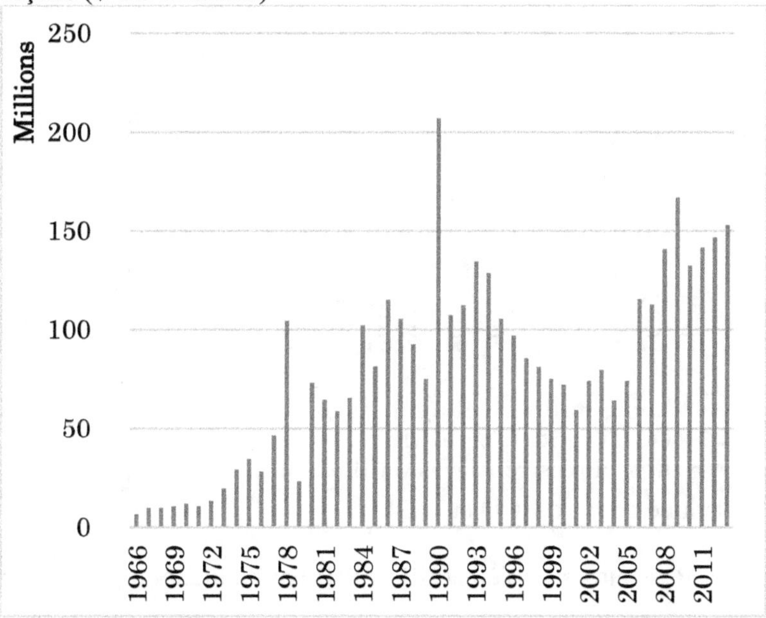

Source : WDI.

Selon nos estimations, les ressources rentières[51] additionnées représentent en moyenne 36 % du PIB sur la période 2000-2014. La tendance est à la baisse à partir de 2006, car la croissance a été à plus forte raison impulsée par les dépenses publiques financées par l'emprunt extérieur et les entrées massives des IDE. Ces IDE sont pour l'essentiel en provenance des pays du Golfe avec lesquels Djibouti aspire à développer autant des relations commerciales qu'avec les pays de la sous-région afin d'optimiser son avantage comparatif dans la production des services géostratégiques.

[51]Les ressources rentières sont mesurées par les recettes des exportations des services publics non marchands (rente militaire, diplomatique, etc.) augmentées de l'Aide publique au développement et du chiffre d'affaires du port.

Graphique 16. Dynamique des différentes rentes

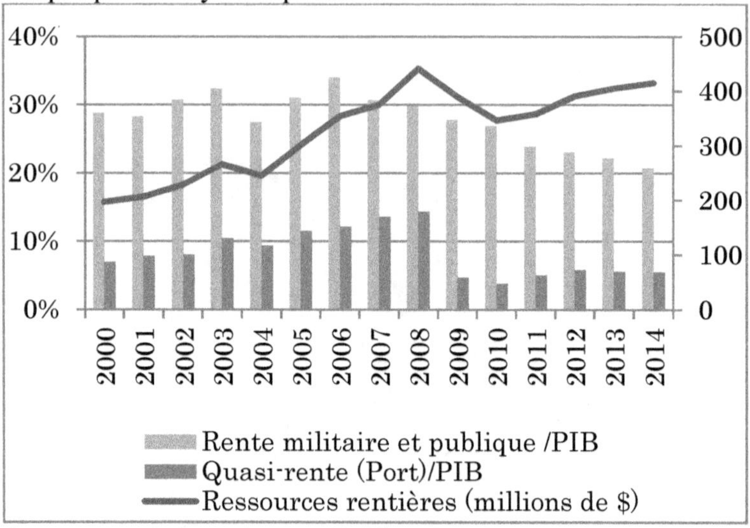

Source : statistique du port, BCD et WDI.

Graphique 17. Ressources rentières/PIB et PIB par habitant (en dollars us courants)

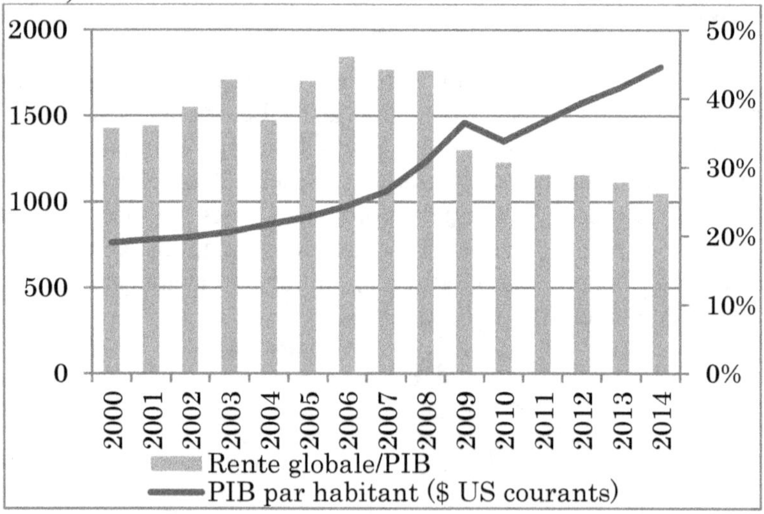

Source : BCD et WDI.

2.3.2.2. Acteurs étrangers et les acteurs domestiques

Le *Currency Board* dans lequel le franc Djibouti maintient sa parité par rapport au dollar, pourrait être considéré ici comme un arrangement institutionnel permettant de garantir l'extraction, la reproduction et la distribution de la rente géostratégique dans un réseau composé de différents acteurs et de coalitions d'acteurs.

Le *Currency Board* fait bénéficier d'une monnaie forte et stable faisant face au cours trop élevé des monnaies étrangères, d'une faible inflation monétaire et d'un système bancaire stable dans le temps. Il implique une intervention minimale de la part de l'État et une absence de politique monétaire. Sa longévité sert les intérêts d'une forte coalition gagnante. Cette coalition est composée essentiellement d'acteurs étrangers et d'un groupe minoritaire local (État/gouvernement et élites nationales).

Nous élaborons en conséquence la représentation du réseau d'acteurs du point de vue des intérêts des différents groupes. Par conséquent, il est essentiel de distinguer (i) les acteurs étrangers, externes, ou géostratégiques, et (ii) les acteurs domestiques, internes. *Grosso modo,* la rente est partagée entre ces deux groupes, sans doute au détriment des derniers.

2.3.2.2.1. Acteurs étrangers

2.3.2.2.1.1. Les puissances industrielles tutélaires : la présence française et le cas des États-Unis

Tout d'abord, la partie principale de la rente est recyclée hors de Djibouti, par la construction même du *Currency Board* qui favorise la détention de réserves étrangères au détriment des investissements domestiques. L'émission du franc de Djibouti est quasi intégralement garantie par un dépôt en dollars US effectué à la FABC, majoritairement détenue par le Comptoir national d'escompte de Paris et aujourd'hui par BNP Paribas.

Pour servir de monnaie de réserve dans le cadre du *Currency Board* selon la spécificité géographique du pays, le choix du dollar américain face à la livre sterling comme monnaie d'ancrage a été autant motivé par des considérations d'ordre économique que politique. Le dollar a, en effet, été choisi, d'abord parce que la France voulait associer les États-Unis, renforcés par la Seconde Guerre mondiale, à son projet et éviter par là même l'ancrage sur la livre sterling qui dominait la région. Ce qui peut expliquer en effet la « garantie implicite[52] » du franc Djibouti par le Trésor français, alors que les actifs détenus par la BCD sont quasi intégralement sous forme de dollars, dont les bons du Trésor américain. On peut dire que presque tout le volume monétaire

[52] Le 1er alinéa de l'art. 3 du traité d'amitié et de coopération franco-djiboutienne prévoit en effet que « les hautes parties contractantes s'engagent à se concerter sur les mesures mutuelles à prendre pour la stabilité de la monnaie de la République de Djibouti dans le cadre de leur souveraineté ».

local du territoire est utilisé, par cette voie, au soutien des finances publiques des États-Unis[53].

Ensuite, les entrées supplémentaires en devises sont utilisées, en général, pour financer les importations essentiellement en provenance de la puissance industrielle tutélaire, notamment la France. Par exemple, les concours financiers français peuvent prendre la forme de subventions, de prêts, ou, plus exceptionnellement, de bonifications d'intérêt. Le gouvernement de Djibouti, pour sa part, s'engage à privilégier, pour l'exécution des projets financés sur des crédits publics français, les importations en provenance de la France ou de la zone franc[54]. Ainsi, les transferts publics reçus de l'extérieur, sources importantes de devises pour maintenir la parité fixe avec le dollar américain, contribuent à un déficit « mécanique » de la balance commerciale sans dommage pour l'équilibre de la balance courante.

Enfin, il est à noter que, dans la phase d'équipement, la balance des transactions courantes devient très déficitaire, en raison des achats de matériel et d'outils, mais aussi de l'accroissement des revenus nés des dépenses d'investissements effectuées sur place (propension à importer très grande). Dès lors que le financement n'est réalisé que pour partie sur capitaux étrangers (les flux d'IDE proviennent essentiellement des pays du Golfes et récemment de la Chine[55]), les avoirs (en dollar) sont nécessairement utilisés pour financer le déficit courant. La circulation monétaire locale se contracte ainsi au moment où le développement des affaires consécutif à l'équipement requiert un plus grand volume monétaire, d'où une hausse importante de la demande de crédits étrangers à Djibouti, notamment à partir de 2006.

L'assujettissement exclusif du volume monétaire local aux mouvements de la balance des paiements est particulièrement redoutable dans la phase d'équipement (ou en période de dépression). Dans un pareil système, la circulation fiduciaire n'est pas nécessairement adaptée aux besoins de l'économie. Elle varie exactement, en valeur absolue, selon les soldes de la balance des paiements. Tout règlement extérieur n'est en effet possible que par un mouvement de même valeur de la couverture en dollar. Les besoins de

---

[53]Lors de la création du *Currency Board* djiboutien, qui duplique dans une certaine mesure le modèle britannique, une large majorité d'experts français était contre la création du franc de Djibouti, et contestait le choix de la monnaie d'ancrage (le dollar), et le régime en soi (Gérigny, 1949, Chauleur, 1955). Ainsi, par un paradoxe, le territoire est un bailleur de fonds certes modeste par son champ géographique, mais réel pour les États-Unis et l'Europe à la fois en dollar et sous forme de devises fortes (à l'instar de la France avec la zone franc).

[54] Voir article 4 de l'Accord de coopération en matière économique et financière entre le gouvernement de la République française et le gouvernement de la République de Djibouti, signé à Djibouti le 27 juin 1977.

[55] Depuis 2006, le déficit courant (20 % du PIB en 2007 et 23 % en 2008 contre un excédent de 3 % en 2005) est une conséquence logique d'une croissance impulsée par les IDE. Le ratio des IDE rapportés au PIB a considérablement progressé de 3 % en 2005 à 23 % en 2007 et 2008.

monnaie engendrés par le développement des activités domestiques ne sont pas satisfaits si le solde positif de la balance de paiements ne s'accroît pas corrélativement. Les opérations du *Currency Board* sont automatiques et ne font place à aucune activité bancaire et à aucune extension de crédits.

Certes, les grandes banques installées localement, émanation des banques métropolitaines, peuvent dispenser des moyens de paiement, grâce à leurs propres disponibilités en devises ou à leurs moyens de s'en procurer ; autant dire que le crédit local est étroitement dominé par ces banques étrangères dès lors que le crédit dans le pays sous-développé se traduit par des émissions fiduciaires et non par usage de monnaie scripturale.

2.3.2.2.1.2. Les firmes à capitaux étrangers, notamment les banques commerciales étrangères

En général, les entreprises à capitaux étrangers dominent les activités de transport et de services connexes que favorise la position géostratégique du pays, et tirent profit du système de change exempt de restrictions pour rapatrier les capitaux (le dividende versé chaque année au reste du monde représente autour de 6,5 millions de dollars).

Les entreprises françaises présentes de longue date à Djibouti remportent régulièrement des marchés. Outre les entreprises créées il y a plusieurs décennies par des ressortissants français (Ets. Savon & Ries, Ets. Marill, Ets. Massida, groupe Coubèche), on compte sept filiales françaises, employant 567 personnes pour un chiffre d'affaires de 125,5 M€. Ce sont notamment la Banque du commerce et de l'industrie — Mer rouge (filiale de la BRED-Banque populaire), Total (jusqu'en 2014), Colas, Stéreau, Air France, CMA-CGM (Ambassade de France en Éthiopie et auprès de l'Union africaine, 2014).

Le système bancaire, ces dix dernières années, s'est considérablement élargi et diversifié avec l'arrivée de nouveaux établissements qui se sont ajoutés aux deux banques historiques que sont la Bank of Africa — anciennement Banque Indosuez Mer rouge — et la Banque du commerce et de l'industrie Mer Rouge[56].

À la différence des autres *Currency Boards* où les banques commerciales ont tendance à asseoir une partie de leur activité sur des emprunts liquides à l'étranger (ce qui ne manque pas de faire sentir des tensions bancaires lorsque les sorties de capitaux remplacent les entrées), les banques opérant à Djibouti collectent principalement les devises à travers la rente géostratégique. Cette dernière pourrait être considérée comme plus stable que la rente provenant

---

[56] Ces deux structures, créées respectivement en 1908 et 1957, concentrent encore environ 80 % des dépôts constitués et des crédits alloués à l'économie.

d'une ressource naturelle épuisable ou un emprunt liquide à l'étranger. En 2015, la moitié des dépôts dans les banques commerciales était libellé en monnaie étrangère (BCD, 2015) et bénéficie au financement des investissements à l'étranger au détriment des investissements domestiques.

2.3.2.2.2. Acteurs domestiques

2.3.2.2.2.1. L'État, le gouvernement, la Banque centrale et l'élite djiboutienne

Les acteurs internes ou domestiques fonctionnent principalement dans les espaces monétaires et politiques situés au niveau intermédiaire (niveau II) à une exception près – celle de l'élite locale qui pourrait dans un certain sens être considérée comme un acteur participant dans le réseau géostratégique (niveau I).

Depuis la décolonisation, Djibouti a été très peu étudié sous l'angle qui le caractérise : celui de la stabilité d'un système politique semi-autoritaire (Brass, 2008, Mesfin, 2011). L'étude des soixante-cinq années de système de *Currency Board,* qui permet de garantir l'extraction, la reproduction et la distribution de la rente géostratégique, fournit des clefs pertinentes pour comprendre la stabilité politique semi-autoritaire. Il est de connaissance commune que le régime non démocratique stabilise mieux les économies de rente (Collier et Hoeffler 2009).

La rente de Djibouti, aussi stratégique soit-elle, nécessite autant un régime monétaire stable qu'un régime politique stable.

Ainsi, depuis 1979, il y a eu deux présidents issus de la même formation politique qui sont restés chacun près de 20 ans au pouvoir. Depuis la modification de la Constitution en 1992, instaurant notamment le multipartisme, ni le régime parlementaire[57], ni les institutions n'ont connu de transformation ou de réforme profonde.

Il est à noter que la croissance économique réalisée avec peu de diversification amenuise en effet les chances d'avoir une opposition politique organisée (Collier et Hoeffler 2005, Brass, 2008). Le secteur privé de Djibouti reste embryonnaire et mal organisé. Sa croissance est freinée par le coût élevé de facteurs, tels que la main d'œuvre, l'électricité et les télécommunications,

---

[57]En 2013, l'introduction du nouveau mode de scrutin (scrutin mixte à un tour avec une représentation proportionnelle à hauteur de 20 %) devait permettre à l'opposition de siéger pour la première fois à l'Assemblée nationale. Il était illusoire de concevoir l'Assemblée nationale sans la majorité du camp politique du président (40 ans au pouvoir législatif) comme il était illusoire de concevoir que l'opposition apporterait un changement à Djibouti avec très peu d'élus avec ce nouveau mode de scrutin. L'alternance politique n'est pas possible, l'opposition ne joue pas le rôle de contre-pouvoir.

où il existe une situation de monopole. Bien que le pays dispose d'une infrastructure de câbles sous-marins puissante, l'accès aux services de télécommunications est beaucoup plus limité que dans le reste de l'Afrique car le seul opérateur du pays (Djibouti Télécom), sous le contrôle exclusif de l'État, vend sa capacité excédentaire à l'étranger, ce qui lui a rapporté 22 millions de dollars en 2012. Ses recettes dépassent 80 millions de dollars (Banque mondiale, 2014).

L'adoption d'un *Currency Board* signifie l'abandon quasi complet de la souveraineté monétaire, mais l'État/gouvernement-rentier est intéressé par ce type de régime, préférable à la dollarisation officielle, en raison des gains de seigneuriage, source de revenus liée au pouvoir de création monétaire (étant donné la forte utilisation des billets à Djibouti)[58]. Tous les revenus du seigneuriage, au-delà des sommes nécessaires aux dépenses courantes et à la constitution des réserves suffisantes fixées par la loi, sont soumis au Trésor public. Ces avantages financiers peuvent être affectés au budget de l'État pour éviter tout ajustement douloureux induit par le *Currency Board* ou pour assurer le service de la dette extérieure (9 millions de dollars par an depuis 2009).

Afin de nous faire une idée du volume du revenu monétaire, nous avons effectué le calcul du seigneuriage par deux méthodes : la méthode dite « monétaire» (la variation de la base monétaire déflatée par l'indice des prix) et la méthode dite «des coûts d'opportunité » (la base monétaire déflatée par l'indice des prix et multipliée par le taux d'intérêt nominal) (voir pour la méthodologie d'estimation, Schobert, 2003).

Selon nos calculs, le revenu du seigneuriage fluctue et représente entre 5 % à 15 % des recettes budgétaires pour la période 1990-2015. Son volume est presque égal aux dons officiels. Il faut tenir compte également du fait qu'une large partie des réserves de change est détenue par des banques privées, étant donné le caractère décentralisé du *Currency Board.*

La différence entre les deux méthodes de calcul du seigneuriage est bien connue, la méthode monétaire donne le seigneuriage comme flux, tandis que la méthode de coût d'opportunité le donne comme stock.

[58] Il est intéressant de noter qu'un des arguments des économistes allemands comme Hjalmar Schacht et Walther Funk, dans des années 1930, pour convaincre Hitler de laisser les monnaies nationales des pays satellites de l'Europe centrale et orientale, et de ne pas les remplacer par le mark, était précisément de laisser une source de revenus aux pouvoirs locaux.

Graphique 18. Estimation du montant du seigneuriage (en millions de dollars)

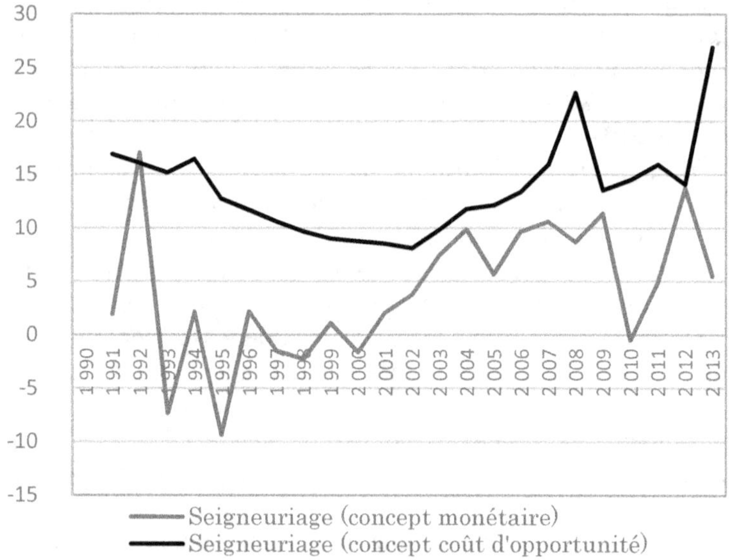

Source : nos estimations, Banque centrale de Djibouti.

Évidemment, en plus des revenus monétaires, la sauvegarde de la monnaie nationale (en forme de billets et de pièces) procure aussi un sentiment d'existence et de souveraineté nationale (Cohen, 2016).

Comme dans la plupart des économies de rente extérieure, les revenus du gouvernement profitent largement aux élites économiques, les hauts fonctionnaires et les bureaucrates dans le secteur des services qui bénéficient de salaires élevés et d'un alignement progressif des conditions de vie sur celles des pays occidentaux, en matière d'équipement collectif et de consommation privée comme le montre l'indicateur synthétique que constitue le PIB par habitant (Graphique 19).

Plus concrètement, on observe une fusion presque totale entre l'État, le parti au pouvoir, et les activités économiques profitables, ce qui forme une élite dotée d'un pouvoir de captation de ressources important. Selon Mesfin (2011, p. 4) : « Le problème le plus persistant dans la politique djiboutienne post-1991 est la fusion entre le parti au pouvoir et l'État et la difficulté qui s'ensuit pour la distinction entre ces deux entités. Cette synchronisation est bien reflétée par le fait que des positions élevées dans le parti sont souvent synonymes de position équivalente dans l'appareil d'État. ». De ce fait, bien qu'une dévaluation nominale du taux de change puisse générer des économies budgétaires à court terme du fait de la structure fiscale (Casero et Seshan,

2006) et bien que l'engagement des autorités soit moins fort qu'en régime de *Currency Board* « pur » où la modification du taux de change se réalise le plus difficilement possible (car il nécessite une décision parlementaire), il est invraisemblable que les élites locales puissent être à l'initiative d'un changement de parité du franc djiboutien. Cela aurait des conséquences à court terme sur leur pouvoir d'achat qui se traduiraient par une diminution des importations exprimées en une devise internationale.

Graphique 19. PIB par habitant (en dollars us courants) dans l'Union européenne et Djibouti

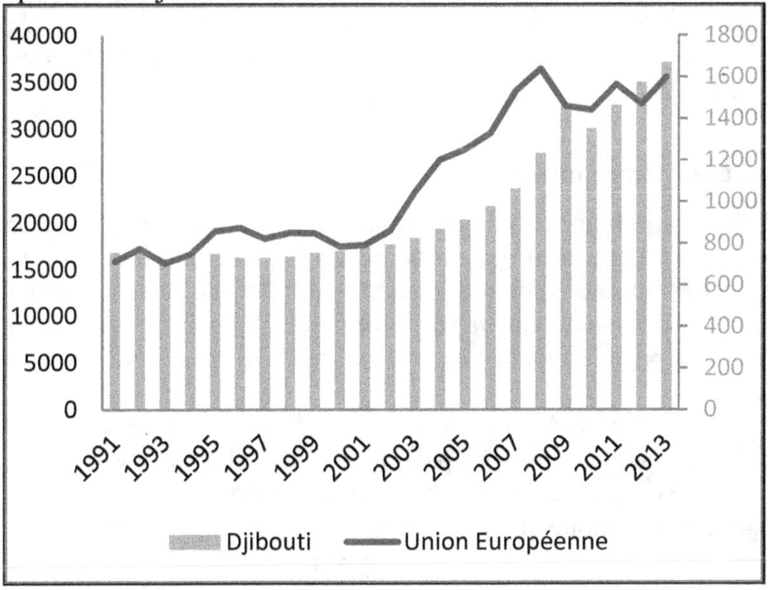

Source : WDI.

2.3.2.2.2.2. Des ressources rentières mal réparties

Les bénéfices économiques des ressources rentières n'atteignent pas la plupart des citoyens. Le pays occupe le 164e rang de l'indicateur de développement humain (PNUD, 2013), reflet d'une répartition inégale des richesses et d'un taux de chômage élevé. Le chômage concerne environ 48 % de la population djiboutienne en 2012 et touche particulièrement les jeunes (70 % pour les jeunes de moins de 30 ans). L'évolution du taux de chômage (44 % en 1996 contre 59,5 % en 2002) va de pair avec l'évolution de la pauvreté monétaire (9,6 % en 1996 contre 42 % en 2002) qui se caractérise entre autres par l'accentuation des inégalités : l'indice de Gini est passé de 0,395 en 1996 à 0,409 en 2002 (PNUD, 2002). Cet aspect pourrait être analysé comme les conséquences négatives qu'implique une économie de rente plutôt que l'existence d'un *Currency Board*[59], sauf à dire que ce dernier n'est pas favorable à l'entrepreneuriat.

La grande majorité des Djiboutiens dépendent des activités du secteur informel qui coexiste avec le secteur moderne étroitement lié aux activités que favorise la position géostratégique du pays. Ce secteur informel modère toute révolution et permet de compenser les perdants de la reproduction et la distribution de la rente dans le temps.

La présence de ressources rentières, qui constituent une manne bien plus importante et bien plus simple à collecter, dissuade le gouvernement de mettre en place une institution budgétaire efficace. Ainsi, l'État (rentier), n'ayant pas besoin de taxer sa population, se verrait dispensé de lui rendre compte de ses actes. Son « autonomie politique » dériverait structurellement de son « autonomie fiscale » (Yasuyuki Matsunaga, 2000).

2.4. Conclusion du chapitre 2

Le rôle des institutions informelles et leurs rapports avec le secteur formel ont toujours attiré l'attention des économistes. En adoptant une perspective macromonétaire, nous nous sommes intéressés au lien existant entre le régime monétaire et les pratiques monétaires informelles. Djibouti a une économie informelle très répandue, dont le système *Hawala* est une des composantes principales.

Au terme de notre étude empirique, d'abord macrocomptable et ensuite économétrique, nous sommes parvenus aux conclusions suivantes. Premièrement, les *Hawalas* modifient concurremment la composition de la structure de la masse monétaire et son volume et le comportement des ratios de liquidité. Deuxièmement, sans les *Hawalas,* il n'existe pas de relation univoque à long terme entre la balance des paiements et la base monétaire. Un des atouts souvent mis en avant du *Currency Board* — le prétendu mécanisme automatique — ne s'impose pas du tout. Les résultats se modifient sensiblement lorsqu'on inclut les *Hawalas* dans le mécanisme d'ajustement. Dans ce cas, on voit clairement la présence d'une relation d'équilibre à long terme entre le secteur externe et le secteur monétaire. Nous pouvons donc supposer qu'en régime de *Currency Board*, les *Hawalas* aident l'ajustement de la balance des paiements. Ainsi, les pratiques monétaires informelles se développent en harmonie avec le régime monétaire, extrêmement rigide. L'interaction du secteur formel et informel permet d'obtenir un équilibre

[59] De nombreux travaux analysent les liens existants entre les mécanismes imposés par un système tel que le *Currency Board* et les modes d'ajustement de l'économie, notamment le marché du travail (Laffiteau et Montaud, 2009).

macromonétaire dès lors qu'il n'y a pas de fuites de capitaux significatives par le canal des *Hawalas.*

Nous avons mesuré les fuites de capitaux réels en utilisant la méthode résiduelle. Sur la période 1993-2016, elles demeurent en moyenne négatives, atteignant un niveau record de sorties nettes de 382,6 millions de dollars en 2007 et un creux record de 362,8 millions de dollars en 2010. Nous avons évalué l'impact de ces fuites de capitaux sur la stabilité du régime monétaire. Pour cela, nous avons construit des indicateurs d'instabilité monétaire, et testé différents modèles économétriques en tenant compte du cadre institutionnel et de la corruption. Les résultats de l'évaluation d'impact montrent le bien-fondé de notre hypothèse de base, suivant laquelle le *Currency Board,* dans le cas de Djibouti, est entièrement déterminé par les mouvements internationaux de capitaux (licites et illicites), à la différence des autres *Currency Boards* où les flux commerciaux jouent un rôle non négligeable. Les flux financiers illicites sont principalement liés aux transactions commerciales éthiopiennes et somaliennes et ne nécessitent pas l'arbitrage du taux de change du franc Djibouti par rapport au dollar, non seulement parce que les flux sont essentiellement en billets de banque, mais aussi parce que les sorties de capitaux sont pour la majorité compensées par les entrées de capitaux (licites ou illicites). Les *Hawalas,* principale source de financement du système informel djiboutien, suivent principalement les flux commerciaux et visent à éviter la taxation. Ils ne sont pas non plus une contrainte majeure pour le secteur bancaire lui-même, qui est déjà en situation de surliquidité. En effet, les dépôts demeurent liquides et transitoires. Par conséquent, le *Currency Board* peut continuer à assurer le respect de la règle de couverture, sans être perturbé d'un point de vue comptable par les mouvements des flux financiers illicites.

L'analyse d'économie politique du système monétaire djiboutien relie la question de l'inertie du *Currency Board* à celle de la rente géostratégique et du fait colonial. Plus particulièrement, le *Currency Board* dans lequel le franc Djibouti maintient sa parité par rapport au dollar est présenté comme un compromis monétaire, un arrangement institutionnel, qui permet de garantir l'exploitation d'une ressource particulière, à savoir la position géostratégique du pays très convoitée, par un réseau d'acteurs économiques et politiques. Pour cela, nous avons proposé un cadre analytique permettant d'analyser trois espaces-clefs l'espace géostratégique, monétaire et politique en mettant en avant le rôle des différents acteurs et leurs intérêts. L'inertie du *Currency Board* est dans l'intérêt de cette forte coalition gagnante, composée essentiellement d'acteurs étrangers et d'un groupe minoritaire local (État et élites nationales) qui s'accommode des implications du régime monétaire. On observe une fusion presque totale entre l'État, la Banque centrale, le parti au pouvoir, et les activités économiques profitables, ce qui forme une élite dotée d'un pouvoir de captation de ressources importantes.

Chapitre 3. Construction inédite d'une matrice de comptabilité sociale financière pour Djibouti : méthode et résultats

Un autre sujet de débat consisterait à démontrer que cette stabilité macromonétaire est favorable à la croissance et à l'économie réelle. En mobilisant toutes les variables macroéconomiques importantes, l'objectif second de cet ouvrage est d'identifier les processus de transmission à travers lesquels l'économie djiboutienne répondrait si les flux de capitaux augmentaient. L'analyse se fait à l'aide d'un modèle d'équilibre général calculable (EGC).

L'approche EGC permet de répondre à la difficulté de recourir aux modèles économétriques en raison des données (très souvent, les séries longues ont manqué), tout en apportant une réponse plus satisfaisante que les analyses d'équilibres partiels. Pour la première fois dans l'étude économique du pays, un modèle EGC est ainsi développé pour permettre de simuler les réactions de l'économie djiboutienne et de son secteur informel face à des chocs d'ordre macroéconomique. L'activité économique représentée par le modèle est décrite avant tout dans une matrice de comptabilité sociale (MCS).

La MCS constitue un système comptable qui permet d'élargir la structure des comptes nationaux en intégrant dans un cadre unique les flux de production par secteur d'activité, les rémunérations des facteurs et les comptes de revenus et de dépenses des différents agents économiques. Ainsi, pour élaborer une MCS standard, nous faisons généralement appel à deux tableaux de synthèse de comptes nationaux : le tableau économique d'ensemble (TEE) et le tableau entrées-sorties (TES). Les spécificités de la MCS de Djibouti résident dans la désagrégation réalisée pour le besoin de notre modèle EGC. Notre MCS ne se limite donc pas à une schématisation de la sphère réelle de l'économie, elle incorpore le secteur financier pour mettre en exergue les opérations financières qui constituent la contrepartie de l'activité réelle. La MCS financière reste fidèle à la MCS de base, nous y ajoutons simplement un compte capital détaillé et un compte de flux financiers faisant le lien entre la partie réelle et la partie financière de l'économie. Ces deux comptes servent à décrire le système financier.

Ce troisième chapitre présente donc la construction de la MCS financière de Djibouti pour l'année 2009 en décrivant la structure générale, les étapes de construction, ainsi que les différentes sources de données utilisées. Pour construire cette MCS, nous avons fait appel à plusieurs sources de données. Lorsque l'information requise n'existait pas, nous avons réalisé des estimations et des extrapolations.

3.1. L'économie de Djibouti : analyse descriptive

La République de Djibouti comptait environ 864 617 habitants en 2011, répartis sur une superficie de 23 200 km². C'est un pays mal doté en ressources naturelles où la superficie des terres arables, les précipitations et les ressources en eau sont limitées. Au cours de la dernière décennie, la croissance (4,6 % par an en moyenne entre 2005 et 2012) est rendue possible par le retour à la stabilité politique, l'utilisation accrue des services portuaires de Djibouti pour le commerce en plein essor de l'Éthiopie, les flux d'investissements étrangers qui ont financé la construction du nouveau port et d'infrastructures hôtelières et les bases militaires créées par la France, les États-Unis, le Japon et récemment la Chine.

Le pays est caractérisé par la présence d'une économie duale. D'un côté le segment moderne fonctionne grâce aux revenus de rente extérieure qui tirent parti de l'emplacement stratégique du pays. D'un autre côté, un important segment informel représente environ 55 % de l'emploi.

3.1.1. Structure de l'économie et recherche de l'exhaustivité du PIB par branche

La structure économique a peu changé depuis l'indépendance du pays en 1977. Elle est caractérisée par un secteur tertiaire hypertrophié, qui est lui-même fondé sur des mécanismes de transferts au sens large (existence de bases militaires, aide extérieure, trafics avec l'Éthiopie etc.).

Le caractère urbain de l'économie djiboutienne met en évidence la prééminence de ce secteur tertiaire – 76 % du PIB en 2013, axé sur les activités de transport et de services connexes favorisées par la position géostratégique. L'agriculture est presque inexistante et l'industrie très limitée. Entre 1999 et 2013, elles représentaient respectivement 3,8 % et 17,6 % du PIB tandis que le secteur tertiaire contribue environ à 78,6 % du PIB (MEFI, 2014). Ainsi, la croissance économique récente a été réalisée avec peu de diversification. Les sous-secteurs dominants dans l'économie restent le commerce (supérieur à 18 % du PIB en 2013) et les activités de transport et communication (supérieures à 27 % du PIB en 2013). Pourtant, le commerce et les activités de transport sont particulièrement sous-estimés dans les statistiques, car une partie non négligeable, assurée par le secteur informel, échappe à la comptabilité nationale.

Il n'existe pas vraiment de système de comptabilité nationale à Djibouti et, en l'absence d'un tableau entrées-sorties (TES), l'institut national de statistiques utilise une approche ancienne pour élaborer les comptes nationaux. Le PIB de l'économie nationale est obtenu par simple sommation des comptes de production réalisés selon un nombre limité de branches, tandis que les relations mises en jeu par le TES, élément central de l'élaboration des comptes nationaux, sont plus nombreuses et sont utilisables pour la prévision et comme moyen de mise en cohérence de toute l'information relative à la production du pays[60].

Tableau 19. Variation du PIB par secteur (2003-2013)

	2003	2004	2005	2006	2007	2008	2009	2010	2011	2012	2013
Agriculture, pêche, élevage	3,5%	3,5%	3,6%	3,6%	4,1%	3,9%	3,9%	3,8%	3,7%	3,8%	3,8%
Mines	0,5%	0,2%	0,2%	0,2%	0,2%	0,2%	0,2%	0,2%	0,2%	0,2%	0,2%
Industries manufacturières	2,6%	2,6%	2,6%	2,6%	2,5%	2,3%	2,3%	2,5%	2,6%	2,5%	2,5%
Eau et électricité	5,8%	5,8%	5,8%	5,8%	5,7%	5,3%	5,1%	5,2%	5,3%	5,2%	5,2%
BTP	7,0%	7,7%	7,6%	8,2%	9,5%	11,9%	12,1%	11,9%	13,4%	12,5%	12,6%
Commerce et tourisme	18,4%	19,6%	20,7%	19,0%	19,3%	18,7%	18,7%	18,6%	18,7%	18,7%	18,7%
Banques et assurances	13,3%	13,2%	13,2%	13,3%	13,3%	13,8%	13,8%	14,0%	14,8%	14,2%	14,3%
Transport et communication	27,8%	26,5%	26,7%	26,6%	26,8%	27,8%	28,4%	28,6%	26,9%	27,9%	27,8%
Autres services	1,9%	1,9%	1,9%	1,9%	1,8%	1,7%	1,7%	1,7%	1,7%	1,7%	1,7%
Administrations publiques	19,2%	19,0%	17,6%	18,8%	16,7%	14,5%	13,9%	13,5%	12,9%	13,4%	13,2%
Taxes indirectes nettes	13,9%	12,3%	12,4%	12,8%	12,1%	11,0%	10,7%	11,4%	11,3%	11,2%	11,3%

Source : MEFI.

Selon le fichier de la Chambre de commerce de Djibouti, le secteur privé du pays comprend environ 3 000 entreprises, dont environ les deux tiers ont un propriétaire privé et un seul salarié[61]. Ces microentreprises opèrent en particulier dans les secteurs du commerce et des services et n'ont généralement pas de structure formelle. Le secteur informel reste néanmoins partiellement fiscalisé, puisque les unités de production payent la patente. Cette fiscalité est régressive et ne favorise pas les petites entreprises. La patente est calculée sur une base forfaitaire, indépendamment de la taille de l'entreprise. C'est le cas pour les unités de production disposant d'un local

[60] Voir section 1 et 2 du chapitre pour une première construction du TES pour l'année 2009 et une mise à jour du tableau des échanges interactivités (TEI) de 1996.

[61] Entreprises privées comptant au moins un salarié inscrit à la Caisse nationale de sécurité sociale (CNSS).

professionnel (commerce, atelier, place de marché), mais non pour les activités non localisées (à domicile, dans la rue, colportage, etc.).

Nous définissons le secteur informel comme l'ensemble des entreprises qui ne sont pas enregistrées par l'administration (celles qui n'ont pas de numéro statistique) ou qui n'ont pas de comptabilité écrite formelle (BIT, 1993).

L'utilisation du registre des entreprises où sont répertoriées toutes les entreprises officiellement enregistrées indique que seulement 141 entreprises disposent de licences valides et ont fait état de recettes annuelles supérieures à 100 000 dollars en 2010, et 62 de recettes de plus d'un million de dollars. Par conséquent, à la manière de Kelley (1994) et Montaud (2000), nous supposons qu'une grande partie de la production informelle est déjà inclue dans les comptes nationaux officiels et nous excluons a priori la production informelle non prise en compte par les comptables nationaux (notamment les activités non localisées). Ce choix sous-évalue certes l'importance du secteur informel dans l'économie, mais c'est la seule voie possible pour conserver la cohérence initiale des comptes nationaux (Montaud, 2000).

Idéalement, pour connaître la part de la production informelle dans le PIB officiel, il faut désagréger la valeur ajoutée officielle de chaque branche d'activité entre les parts formelles (unités de production déclarées) et les parts informelles/semi-formelles (unités de production déclarées au forfait ou non déclarées).

3.1.1.1. Évaluation de la production informelle prise en compte dans le PIB

La méthodologie utilisée par l'institut statistique (DISED) pour estimer le PIB officiel incorpore la part de l'économie informelle. Elle est assimilée à la méthode italienne (ou de l'offre de travail implicite) qui est une approche indirecte pour évaluer de façon macroéconomique les activités informelles en termes de PIB. L'offre de travail implicite correspond à l'écart entre le taux d'activité mesuré par les sources ménages (recensement de la population, enquête-emploi) et le taux d'activité mesuré par les sources entreprises (répertoire des entreprises) (Wagner, 1993 ; Adair, 2009).

Pour le cas de Djibouti, la population active résiduelle n'est pas ventilée en segments d'emploi (régulier, irrégulier, occasionnel, non déclaré, pluriactivité, etc.) car il n'existe pas d'enquête-emploi, mais elle est plutôt considérée comme ménages non salariés (entreprises individuelles, indépendants, etc.). Cet emploi est alors multiplié par la productivité pour estimer la production manquante qui pourrait être incorporée dans le PIB officiel[62].

Ainsi, les deux concepts « secteur informel » et « emploi informel » ne sont pas indépendants l'un de l'autre puisque la recherche de l'exhaustivité dans les comptes nationaux passe par l'établissement de matrices d'*inputs* en travail visant à mettre la production en rapport avec la main-d'œuvre qui lui a donné naissance (Charmes, 2003). Les estimations de l'offre de travail implicite s'élèvent donc à 42 % à Djibouti. Le DISED a réintégré l'offre implicite de travail dans le PIB de Djibouti, qui a ainsi été réévalué de 42 % en 2009. Mais il est discutable de considérer que la productivité est identique dans le formel et l'informel, puisque les activités informelles sont plutôt intensives en travail et peu intensives en capital. C'est notamment le cas pour le commerce et les services, et dans une moindre mesure pour le bâtiment et les transports. La productivité a été donc divisée par trois (pour marquer le caractère informel) seulement pour le secteur du commerce et de l'industrie.

Au total, les sources entreprises concernent le répertoire des entreprises privées (162 entreprises formelles)[63] et celui des entreprises publiques. Ceci forme le segment formel de l'économie. La production manquante, qui pourrait être incorporée dans le PIB, a été estimée selon la méthode de l'offre de travail implicite et s'élève à 42 % du PIB. Ceci correspond au secteur semi-formel/informel. Mais certains emplois ne figurant ni dans la source « ménages » ni dans la source « entreprises » affectent des branches – bâtiment, hôtellerie-restauration, transports, services domestiques et autres services – au sein desquelles l'économie informelle se manifeste de manière significative. La mesure doit être complétée par des enquêtes sur un échantillon représentatif de donneurs d'ouvrage (employeurs d'une main-d'œuvre salariée non déclarée) et de demandeurs d'emploi (interviews traitant

---

[62] Pour la division des comptes nationaux, la signification de la mesure de la productivité est la production sur le travail alors que la mesure pertinente est la valeur ajoutée sur le travail. Ainsi, la DISED a calculé la productivité du travail en posant la production du secteur privé (formel)/ le nombre d'effectif. De même pour les consommations intermédiaires pour faire ressortir la VA par solde. Cette productivité est divisée par trois pour le secteur du commerce et de l'industrie pour marquer le caractère informel. Ensuite, la productivité de chaque branche a été multipliée par le nombre d'emplois de la branche (données issues de l'enquête recensement RGPH, de laquelle est retiré l'emploi enregistré dans les enquêtes d'entreprises). Enfin, des ajustements et des mises en cohérence sont faits lors du processus de redressement et ne concernent cependant que les travailleurs (formels) disposant de la protection sociale. C'est ainsi que les productions des entreprises individuelles (au forfait) et celles des comptes exogènes sont estimées dans les comptes nationaux. Il s'agit en effet de la catégorie de ménages informels.

[63] En règle générale, on retient le chiffre d'un peu plus de 200 entreprises formelles connues du fichier des services fiscaux opérant à Djibouti. Cependant, dans notre échantillon, seulement 162 d'entre elles ont une comptabilité écrite formelle et sont soumises au régime d'imposition d'après le bénéfice réel (et non le régime au forfait).

de l'emploi du temps) qui font défaut (Adair, 2009). Autrement dit, il reste à estimer et à imputer la production informelle non prise en compte par les comptes nationaux, c'est-à-dire estimer la production relevant du secteur informel non enregistré à la sécurité sociale et non assujetti à l'impôt forfaitaire — vendeurs de rue, changeuses de devises, réparateurs, prostituées — si ces activités peuvent être considérées comme indépendantes. Le reste des données sur la sphère informelle peut être inséré en tant que sous-secteur des ménages parce que le secteur informel concerne les unités de production.

3.1.1.2. Évaluation de la production informelle non prise en compte dans le PIB

Il s'agit de prendre en compte la production et la valeur ajoutée des branches informelles tirées des enquêtes 2001 et 2005 sur le secteur informel (Mahamoud, 2008). La structure correspond parfaitement à la classification adoptée dans les bases de données du secteur réel.

Si l'enquête de 2001 est fiable, celle de 2005 l'est peu car la taille est trop faible et la structure de l'échantillon biaisée. Toutefois, l'enquête 2005 peut permettre de fixer une valeur pour la productivité apparente — rapport de la valeur ajoutée sur la rémunération de la quantité de travail utilisée sur une période donnée. Pour ce faire, comme l'année de référence du PIB (2009) et celle de l'enquête du secteur informel (2001) ne sont pas de la même période, nous avons reconstitué les données de l'année 2001 par rapport à celles de l'année 1996 (année de base la plus récente pour le tableau des échanges interactivités — TEI).

D'un côté, nous projetons les données macroéconomiques de 1996 sur celles de 2001 et nous rétropolons celles de 2009 sur celles de 2001.D'un autre côté, nous projetons les données de 2001 sur celles de 2005 et rétropolons celles de 2009 sur celles de 2005. Nous comparons ensuite les deux résultats obtenus (Figure 5). Il y a moins d'effet de structure (pour les branches et pour la substitution capital-travail) dans le cas de la projection que dans le cas de la rétropolation.

La productivité du travail (en valeur) est fixée suivant l'hypothèse que les prix relatifs du travail et du capital sont stables (il n'y a pas de substitution). Dans un premier temps, la stratégie retenue pour calculer la masse salariale du secteur informel a consisté à multiplier le nombre d'emplois (en équivalent temps plein) par secteur d'activité des unités recensées (2001) par le salaire moyen. Nous déterminons ensuite la valeur ajoutée des branches informelles

en 2001, calculée à partir de la productivité du travail (2001)[64]. La rémunération du capital informel est déterminée par solde.
Ensuite, nous estimons la production de l'année 2001 à partir de la productivité (rapport production sur la rémunération de la quantité de travail). Les consommations intermédiaires (CI) sont déterminées là aussi par solde pour les différentes branches informelles. Enfin, nous projetons les données de l'année 2001 sur celles de 2009.

Figure 5. Illustration des démarches pour projection et rétropolation des données

1996 ⟶ **2001** ⟵ 2009
(démarche 1)
(5ans) (8 ans)

2001 ⟶ 2005 ⟵ 2009
(démarche 2)

Légende : ⟶ Données projetées ⟵ Données rétropolées

Tableau 20. Production et valeur ajoutée des branches informelles, pour l'année 2009, en millions de FDJ

	Production	Consommation intermédiaire	Valeur ajoutée
Industrie	3 198	1 246	1 952
Construction	752	293	459
Commerce	38 414	14 964	23 450
Transport	1 138	443	694
Autres services marchands	2 866	1 117	1 750
Total	46 368	18 062	28 306

Sources : estimations à partir de l'enquête sur le secteur informel (2001).

[64] Comme nous disposons déjà d'une estimation de la valeur ajoutée par branche et de la rémunération du travail informel (équivalent emploi temps plein) qui a été réalisée à partir de l'enquête 2001, nous pouvons rapprocher les deux résultats qui ne semblent pas beaucoup diverger.

3.1.1.3. Exhaustivité du PIB

À l'exception de la part informelle du secteur commerce, la valeur ajoutée de toutes les branches informelles de l'enquête 2001 semble déjà être incluse dans les comptes nationaux à travers les entreprises individuelles ou entreprises individuelles (au forfait) et les comptes exogènes[65] puisqu'il n'y a pas d'écart à imputer. Pour le commerce informel, la différence entre la valeur ajoutée (tirée de l'enquête) et la valeur ajoutée semi-formelle/informelle incluse dans les comptes nationaux est positive et particulièrement significative. Ainsi, nous avons imputé la valeur ajoutée correspondant à la différence (7 % de la richesse nationale) et réestimé le PIB. Le tableau ci-dessous illustre l'importance du secteur informel dans la création de la richesse.

Tableau 21. Exhaustivité de la valeur ajoutée par branche

Branche	VA formelle	Source Comptes nationaux	VA semi-formelle informelle	Source estimation Comptes nationaux	Reste à imputer	Enquêtes	VA totale
Industrie	73%	Répertoire Entreprise	27%	EI (forfait)			100%
Construction	10%	Répertoire Entreprise	90%	Compte exogène			100%
Agriculture		Répertoire Entreprise	100%	Compte exogène			100%
Transport	41%	Répertoire Entreprise	59%	EI (forfait)			100%
Commerce	28%	Répertoire Entreprise	34%	EI (forfait)	38%	Enquête extrapolée	100%
Autres services	70%	Répertoire Entreprise	30%	EI (forfait)			100%
Services non marchands	95%		5%[66]	Compte exogène			100%
Sous-total	51%		42%		7%		100%

Sources : estimation à partir de l'enquête 2001 sur le secteur informel et les comptes nationaux de Djibouti (2009).

[65] Les entreprises individuelles — EI (au forfait) et les comptes exogènes sont des unités de production déclarées au forfait ou non déclarées. Le compte exogène ne constitue pas un redressement des divers secteurs et ne considère pas le cas des EI au forfait. Le compte exogène concerne la construction (90 % de la VA de la branche), toute la branche agriculture (100 % de la VA) et une partie de l'hôtellerie (27 %) alors que le cas des E.I (au forfait) concerne essentiellement le transport (59 %), le commerce (34 %), les autres services (30 %) et l'industrie (27 %) (voir tableau récapitulatif).

Graphique 20. Structure du PIB à Djibouti en 2009

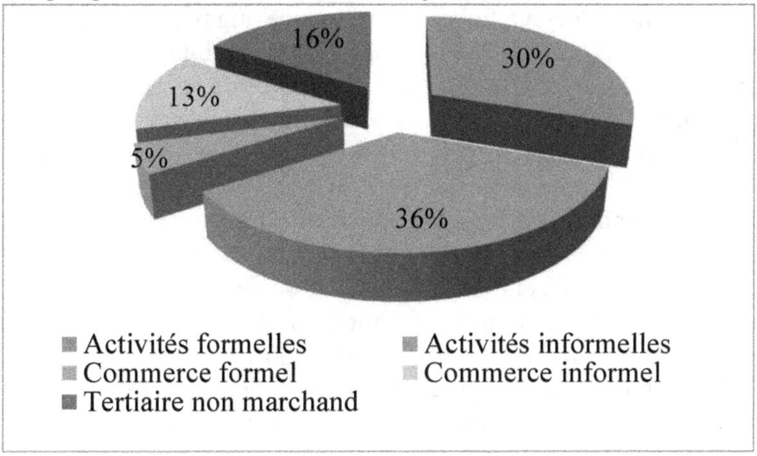

Sources : estimation à partir de l'enquête 2001 sur le secteur informel, et les comptes nationaux de Djibouti (2009).

Les enseignements que nous pouvons tirer de ce graphique sont de deux ordres :

- en matière de création de richesses, les activités informelles (hors commerce) sont plus productives (36 % de la valeur ajoutée nationale) que les activités formelles (30 % de la valeur ajoutée nationale) ;
- avec une contribution à la richesse nationale de 5 :%, le commerce formel reste en retrait par rapport au commerce informel qui représente 13 % (dont 7 % qui sont les données issues de l'enquête 2001, c'est-à-dire la production informelle non prise en compte par les comptes nationaux).

Le marché du travail est donc informel pour une bonne part, et le secteur formel ne comptait qu'environ 44 000 salariés en 2010, dont 44 % dans le secteur public.

3.1.2. La segmentation du marché du travail

La croissance économique récente n'a pas permis de créer suffisamment d'emplois pour réduire le chômage et la pauvreté. Environ 48 % de la population sont au chômage et, d'après certaines estimations, le taux de chômage dépasse 70 % chez les jeunes de moins de 30 ans.

Les rigidités sont nombreuses sur le marché du travail, notamment pour la partie haute, c'est-à-dire pour le segment où il y a un certain nombre de réglementations sur les statuts et les rémunérations des fonctionnaires et des cadres du secteur bancaire. Le salaire moyen d'un fonctionnaire est neuf à dix fois supérieur au PIB par habitant et il est de 5 à 10 fois le salaire moyen du secteur public en Éthiopie et au Yémen (Banque mondiale, 2005, 2014). Les salaires du secteur public sont utilisés comme référence pour les salaires du secteur privé, leur niveau élevé fait en conséquence augmenter les coûts de la main-d'œuvre dans l'économie en dépit d'une productivité du travail relativement faible, ceci freine en partie la croissance du secteur privé.

Lachaud (2004) montre, à travers une fonction de gains, la partie vulnérable qui relève du secteur privé informel pour l'essentiel, et la partie non vulnérable qui concerne la partie haute du marché du travail relativement bien rémunérée. Le marché du travail à Djibouti est ainsi segmenté. Une des raisons majeures de cette segmentation est le flux de main-d'œuvre important en provenance de l'Éthiopie et d'ailleurs. En cas de choc, le segment haut (les fonctionnaires et les cadres du secteur bancaire) étant rigide, c'est la partie inférieure du marché du travail, en grande partie informel, qui peut servir de variable d'ajustement. En ce cas la segmentation doit s'accroître, notamment dans l'hypothèse où l'économie informelle est contracyclique.

Tableau 22. Intensité en travail par branche[66]

	Distribution sectorielle du PIB 2012	Contribution à la croissance 2007-2012	Distribution sectorielle de l'emploi	Intensité relative en emploi	Élasticité empirique emploi/ croissance
Agriculture, élevage, pêche, forêt	3,5	2,5	2,3	0,66	0,017
Industrie, eau, énergie	7,3	5,5	5,2	0,71	0,039
Commerce et tourisme	18,9	18,1	15	0,79	0,144
Bâtiments et travaux publics	13,8	20,7	5,4	0,39	0,081
Transport et communication	28	30	5,8	0,21	0,062
Banques et assurances	14,1	15,4	2,1	0,15	0,023
Autres services marchands	1,7	1,4	2,5	1,47	0,106
Services non marchands[67]	12,7	6,3	54,9	-	-
Services domestiques	-	-	6,8	-	-
Total	100	100	100	-	0,386

Source : MEFI.

[66] L'intensité relative en emploi et l'élasticité empirique ne sont pas calculées pour les services non marchands, qui sont dominés par les administrations publiques dont l'emploi n'est pas toujours fonction de la création de richesse.

Le constat majeur est que les secteurs à forte corrélation croissance et emplois sont les secteurs « commerce et tourisme ». Le commerce est informel pour une bonne part.

3.1.3. Les finances publiques

La position financière du gouvernement représente une contrainte majeure sur la politique économique. Cette contrainte est imposée de façon rigide par le principe de caisse d'émission comme nous l'avons mentionné dans notre premier chapitre.

Les autorités djiboutiennes sont seulement en mesure de dépenser ce qu'ils reçoivent (sous forme de rente extérieure ou sous forme de fiscalité). Toute réduction des recettes provenant de ces sources conduirait directement à des dépenses publiques plus faibles ou à des taxes plus élevées, notamment en cas de faible croissance.

Durant les années 1990, en l'absence de financement extérieur (baisse substantielle de l'aide étrangère), le gouvernement de Djibouti qui n'a pu maintenir la discipline budgétaire qu'impose le *Currency Board* n'a pas eu d'autre choix que d'augmenter les impôts et de recourir aux arriérés de paiements. En 1995, les arriérés de paiement du gouvernement correspondaient à 10 % du PIB. Fin 1999, le stock total des arriérés budgétaires intérieurs s'élevait à 23 % du PIB (Unicef, 2001 ; Banque mondiale, 2004). Or, logiquement dans un régime de caisse d'émission, les paiements (comptants ou différés) doivent être assurés de la même façon que les liquidités devraient être assurées.

Lorsque l'on observe la structure fiscale, en 2009, les recettes de l'administration publique correspondent principalement aux transferts courants en provenance du reste du monde et l'ensemble des taxes indirectes sur les produits[67] (59,3 %), aux impôts directs payés par les ménages (11,3 %), à ceux sur les bénéfices des entreprises nationales (13,7 %), la rémunération du capital (revenus domaines etc.) et aux autres taxes (15,7 %).

Étant donné la dépendance relativement forte à l'égard des impôts perçus sur les importations (26,6 % des recettes), des dons (17,3 %) et des recettes militaires (15,3 %), une dévaluation aurait des effets directs positifs et importants sur le solde budgétaire[68]. Une dévaluation nominale du taux de

---

[67] Le pays a adopté en 2008 sa première législation qui a introduit la TVA, censée remplacer de façon progressive la TIC, de telle sorte que la pression de la fiscalité intérieure demeure inchangée. Les biens et services produits localement ainsi que les importations sont soumises à la TVA au taux standard de 7 %, tandis que les exportations de biens et services sont soumises au taux zéro.

[68] Selon Casero et Seshan (2006), qui sont les seuls à avoir étudié l'impact fiscal et social de la dévaluation du taux de change nominal à Djibouti, les économies budgétaires à court terme pourraient être réaffectées à des fins de réduction de la pauvreté. Il serait ainsi souhaitable

change pourrait générer des économies budgétaires à court terme, puisqu'en effet la plupart des dépenses du gouvernement sont libellées en monnaie nationale (les salaires et transferts internes représentent environ 43 % du total des dépenses). Les salaires et traitements représentent à eux seuls 13 % du PIB et 58 % des recettes fiscales, ce qui illustre le poids de l'État comme principal employeur du pays. Les dépenses en matériels et fournitures s'élèvent à 17 % des dépenses totales.

Tableau 23. Compte des APU 2009 (en millions de FDJ)

Dépenses		Recettes et dons		
Transferts ménages (bourses, APL enseignants)	3 003	**Recettes fiscales**	37 449	*54,3%*
Transferts aux entreprises (EDD)	600	Impôts directs	17 229	*25%*
Transferts aux organismes publics	4 349	*Impôts sur les revenus*	*7 804*	*11,3%*
Dépenses courantes (hors transferts et intérêts débiteurs)	3 6607	*Impôts sur les profits*	*9 425*	*13,7%*
dont salaires et traitements	*2 1634*	Impôts indirects (ou sur les produits)	18 330	***26,6%***
Intérêts débiteurs (banques étrangères)	665	Autres taxes	1 890	*2,7%*
Intérêts débiteurs intérieurs	138	**Recettes non fiscales (revenus domaines, etc.)**	8 973	*13%*
Dépenses d'investissement	32 121	**Transferts du reste du monde**	22 531	*32,7%*
Épargne	-8 530	Dons officiels	11 948	***17,3%***
		Loyers d'installation militaire	10 583	***15,3%***
Emplois totaux des APU	6 8953	**Ressources totales des APU**	68 953	*100%*

Source : budget de l'État, 2009.

Les dépenses d'investissement sont très significatives dans le budget et sont entièrement financées par des ressources extérieures. L'aide publique au développement (APD) continue d'avoir une grande incidence sur les recettes budgétaires [69]. Elle est versée sous forme de dons ou de prêts à taux préférentiels et correspond aux montants des programmes d'investissement publics. Ceci permet de renforcer le *Currency Board* en l'absence d'un budget fiscal suffisamment solide, notamment lorsque le renforcement des finances publiques est compliqué par les réductions et les exonérations des droits de douane en lien avec les accords de libre-échange.

d'utiliser une partie de ces économies budgétaires produites par la dévaluation pour réduire les taux d'imposition et limiter les effets négatifs, tels que par exemple la réduction du volume des importations qui neutraliserait quelque peu les effets positifs initiaux.

[69] Les transferts directs aux ménages représentent 4,3 % du PIB, dont 26,6 % sont consacrés uniquement aux subventions au logement des agents de l'État. Ces dépenses sont particulièrement importantes comparées aux autres pays africains.

3.1.4. Les échanges extérieurs et les IDE

La production nationale reste limitée en raison de la rigueur du climat, des coûts élevés des facteurs de production et du manque de travailleurs qualifiés. Les exportations de marchandises produites à Djibouti sont limitées et la subsistance du pays repose presque entièrement sur des produits importés.

Le solde des échanges de biens est structurellement déficitaire, mais le solde de services est toujours excédentaire et constitue de loin la plus importante source de devises étrangères. Le surplus de la balance des services résulte principalement de l'exportation non marchande de services géostratégiques, diplomatiques ou militaires sur lesquels repose l'économie de Djibouti. Jusqu'en 2006, les ressources rentières permettaient de financer un fort déficit commercial sans dommage pour l'équilibre de la balance courante. Depuis 2006, le déséquilibre du solde du compte courant (déficit courant de 20 % du PIB en 2007 et de 23 % en 2008 contre un excédent de 3 % en 2005) constitue une conséquence logique de la croissance impulsée par les investissements directs étrangers (IDE), qui ont considérablement augmenté. Le ratio IDE/PIB a progressé de 0,6 % en 2000 à 23 % en 2007. Les flux proviennent essentiellement des pays du Golfe et sont principalement destinés aux secteurs à haute intensité capitalistique (services portuaires, routiers, immobiliers et hôteliers). Ils ont atteint 108,28 millions de dollars en 2006, 195,35 millions en 2007 et sont estimés à près de 229 millions de dollars en 2008. Cela représente une progression très importante par rapport à une moyenne annuelle de 87 millions de dollars sur la période 2000 à 2013.

Graphique 21. IDE et dette extérieure en couverture du déficit courant

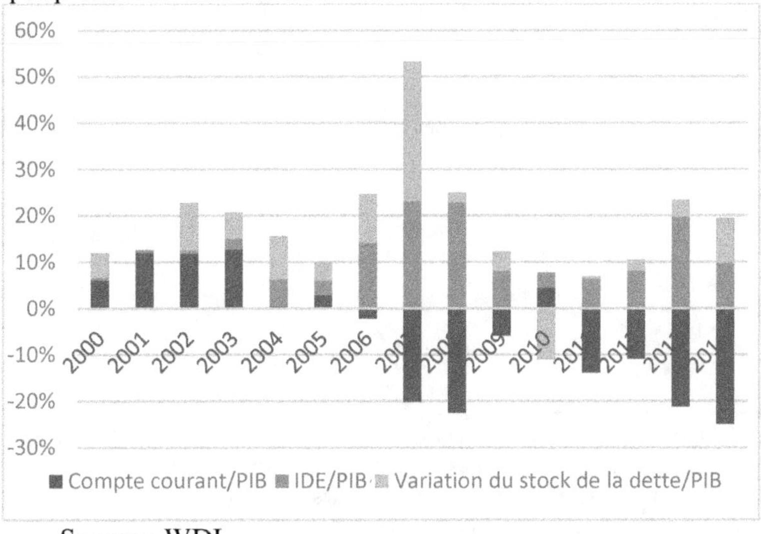

Source : WDI.

Dès lors que l'économie s'est révélée incapable de réaliser de forts excédents structurels de la balance courante, la persistance du déficit, en lien avec la hausse des IDE, entraîne en conséquence l'accumulation d'un endettement extérieur.

La majorité du financement de la dette extérieure, qui emprunte une trajectoire ascendante notamment depuis 2007, est contractée pour l'essentiel sur des conditions de faveur[70]. La capacité à obtenir des fonds à l'extérieur est néanmoins limitée par le caractère soutenable de l'endettement anticipé par les créanciers. Un endettement prolongé pourrait, à terme, remettre en question la capacité de l'État à assurer le service de la dette et porterait atteinte à la crédibilité du *Currency Board* en créant un risque de dévaluation. Tant que le gouvernement peut financer les déficits publics par l'emprunt extérieur, il n'y a pas d'ajustement douloureux induit par le *Currency Board*. Ainsi, la monétisation de l'économie est pour partie établie via une dollarisation de l'épargne liquide en lien avec la dette publique extérieure. Cette monétisation doit être analysée comme une voie de contournement de la règle monétaire.

La MCS de Djibouti pour l'année 2009, issue de l'ensemble des données ci-dessus, est présentée dans le point suivant.

[70] Le stock de la dette extérieure comprend la dette publique et la dette publique garantie et est estimé à 626 millions de dollars américains à la fin de l'année 2009 soit 60 % du PIB. Soixante-six pourcent de la dette extérieure sont détenus par des créanciers multilatéraux, les 34 % restants sont détenus à 12 % par les créditeurs du club de Paris, le reste est réparti entre le Koweït et l'Arabie Saoudite (BAD, 2011).

3.2. Une matrice de comptabilité sociale financière pour Djibouti

3.2.1. Principe et structure de la MCS

3.2.1.1. Rappel des principes

Dans la lignée des travaux sur le tableau des échanges interactivités (TEI) de Leontieff (1936) et de Stone (1961), la première MCS fut élaborée au milieu des années 1970 pour l'économie du Sri Lanka par Pyatt *et al.* (1977), pour une extension des TEI aux flux économiques incluant les ménages et l'État. La vocation de la MCS est double.

Dans un premier temps, elle permet d'offrir sous la forme d'un tableau entrées-sorties une présentation cohérente des transactions qui ont lieu au sein d'une économie au cours d'une année. Ces transactions se présentent sous forme de recettes en ligne et de dépenses en colonne. La cohérence comptable est garantie par l'égalité entre les recettes totales (ligne) et les dépenses totales (colonne) pour chaque compte. Ainsi, un chiffre à l'intersection d'une ligne et d'une colonne donnée indique les paiements du compte correspondant à la colonne au compte représentant la ligne.

Dans un second temps, la MCS fournit la base comptable d'un cadre analytique englobant une dimension économique réelle et une dimension sociale et financière, susceptible de faciliter les choix de politique économique. Son intérêt réside dans sa grande souplesse, notamment dans le type de désagrégation des activités, des unités institutionnelles et des facteurs productifs. Le degré de désagrégation peut varier selon les besoins de l'étude et la disponibilité des données.

3.2.1.2. Structure et contenu d'une MCS

D'une manière générale, une MCS standard est structurée en six différents comptes agrégés : un compte « Activité » regroupant les différentes branches productives de l'économie, un compte « Produit » composé des biens et services (produits importés et exportés) dans l'économie, un compte « Facteurs » qui regroupe les facteurs de production (travail et capital) utilisés par les activités et répartissant les rémunérations entre les agents, un compte « Institution » qui regroupe les agents économiques (ménages, État, entreprises, etc.) et présente leurs ressources (revenu) et leurs dépenses (consommation, investissement, etc.) , un compte « Capital » représentant l'épargne des agents et l'utilisation qui en est faite sous forme d'investissement , et enfin un compte « Reste du monde ».

Tableau 24. Structure et contenu d'une MCS

	Facteurs de production	Institutions	Branches	Produits	Capital	Reste du monde
Facteurs de production			Valeur ajoutée			Rémunérations
Institutions	Rémunérations	Transferts				Transferts
Branches				Production		
Produits		Demande de consommation	Consommations intermédiaires		Investissement	Exportations
Capital		Épargne				Solde des op. courantes avec l'extérieur
Reste du monde		Transferts		Importations		Transferts nets

Source : Moustapha Aman.

3.2.1.3. Pourquoi une MCS pour Djibouti ?

Malgré la petitesse de l'économie de Djibouti et les nombreuses contraintes liées à l'élaboration de la MCS (absence d'informations, rétention de données, etc.), doter le pays d'un tel outil a un intérêt sur trois points :

— fournir un diagnostic précis de la disponibilité des statistiques économiques permettant de dégager les pistes de recherche future pour compléter les informations manquantes (tableau des échanges intersectoriels, tableau des entrées-sorties, enquête-emploi, etc.) ;

— harmoniser l'ensemble des sources d'information : les statistiques d'entreprises privées, publiques et formelles, et les enquêtes auprès des ménages et des unités de production informelles ;

— permettre la construction d'un modèle d'équilibre général calculable (EGC) permettant d'analyser l'impact de divers « chocs » sur l'économie.

Un modèle EGC de base est un modèle qui décrit le flux circulaire des activités économiques, c'est-à-dire qui présente la production des biens et services, les activités de production qui rémunèrent le travail et le capital. Les budgets des agents économiques sont alloués entre la consommation de différents biens, ce qui génère le revenu des activités de production. On peut y ajouter une administration publique qui perçoit des taxes, des droits de douane, etc. Il n'y a pas de limitation dans la capacité à inclure des détails.

En revanche, le modèle de base se focalise sur les activités réelles de l'économie et non sur la sphère financière et monétaire. Nous avons intégré dans la MCS des données relatives aux transactions financières, car l'activité économique représentée par un modèle EGC est décrite avant tout dans une MCS. L'intégration des données relatives aux transactions financières permet, d'une part, d'expliquer le lien entre la sphère réelle et la sphère financière (Leung et Secrieru, 2010) et, d'autre part, de construire une base de données servant de structure à un modèle d'équilibre général calculable financier (Hubic, 2012). La particularité de la MCS réside dans sa flexibilité, et sa grande souplesse dans la désagrégation. En fonction des objectifs, le modélisateur choisit le découpage qui convient à l'analyse qu'il se propose de mener.

Pour l'année de base, plusieurs éléments ont motivé notre choix. Tout d'abord, nous souhaitions disposer de données postérieures à l'année 2006, année à partir de laquelle de nombreux changements sont intervenus (implantation de nouvelles banques commerciales, explosion de la dette publique extérieure, etc.). Dans le même temps, il fallait écarter les données trop récentes car insuffisamment consolidées au moment de notre recherche. Enfin, il était nécessaire d'avoir le plus de données disponibles pour une même année, quel que soit le domaine considéré l'année 2009 se présentait comme une année bien renseignée de ce point de vue (recensement de la population, enquête auprès des entreprises, commerce extérieur, etc.).

L'année 2009 choisie comme année de base ne nous a pas semblé poser de problème malgré un contexte international marqué par les incertitudes et les effets de la crise financière internationale. Les pays qui ont été le plus touchés par la récente crise étaient les pays les plus tributaires des exportations. Le produit intérieur brut (PIB) de l'économie nationale s'est maintenu à un niveau soutenu (5 %). Un léger ralentissement de la croissance réelle par rapport à 2008 (5,8 %) a été essentiellement imputé au recul des investissements directs étrangers (Banque centrale de Djibouti, 2009), mais les flux d'aide publique au développement sont restés à peu près au même niveau qu'en 2008, malgré la récession qui sévissait dans les pays avancés.

3.2.1.4. Spécificité de la MCS de Djibouti : les différents comptes

Les spécificités de la MCS de Djibouti résident dans la désagrégation réalisée pour le besoin de notre modèle EGC. Cette économie n'a jamais fait l'objet d'une telle analyse, il n'existe pas de TEI récent ni de TES. Par conséquent, nous avons retenu pour cette première analyse un nombre relativement limité de comptes. Nous détaillons ci-dessous le type de désagrégation que nous avons retenu pour les quatre premiers comptes : (1) les comptes d'activités de production, (2) les comptes « Produits », (3) les comptes « Facteurs », (4) les comptes « Institutions ».
Les distinctions propres à la problématique développée sont introduites au niveau de ces comptes.

Les comptes « Activités»

L'économie de Djibouti repose essentiellement sur les activités de services qui contribuent pour plus des deux tiers au PIB. Les comptes d'activités de production sont repris tels qu'ils sont décrits dans la comptabilité nationale djiboutienne, avec comme exception le regroupement dans la MCS des secteurs commerce et services marchands au sein du compte « Tertiaire marchand »[71], d'une part et, d'autre part, le regroupement du secteur de l'agriculture et de l'industrie (dont le BTP) au sein du compte « Non tertiaire marchand ». Pour que ces derniers puissent refléter l'informalité de l'économie de Djibouti, nous considérons les branches informelles pour chaque compte : tertiaire marchand formel/informel et non tertiaire marchand formel/informel. Ensuite, pour que la structure productive de l'économie toute entière puisse être reflétée, nous intégrons le tertiaire non marchand (TNM).

Le Service non Marchand a été spécifiquement intégré dans l'analyse pour deux raisons. En premier lieu, la contribution de l'administration et des services publics à la création de la valeur ajoutée (mais aussi en termes d'effectifs employés, 41,3 % en 2012) est relativement forte. Il était donc important que notre matrice représente explicitement la valeur ajoutée créée par ce secteur. En second lieu, les flux relatifs au compte « Service non marchand » nous ont paru intéressants à analyser dans une perspective d'évaluation des politiques publiques puisque les subventions officielles au pays consistent le plus souvent en la création d'infrastructures (réseaux de transport, réseaux d'assainissement, réseaux de télécommunication etc.) et en une offre accrue de services publics (enseignement et recherche, etc.). En 2009, l'aide étrangère a permis de financer 75 % des dépenses d'investissements publics.

La MCS recouvre en grande partie la désagrégation sectorielle de la valeur ajoutée. Par construction, le PIB dans la MCS est égal à la somme de la valeur ajoutée et des taxes indirectes frappant les différentes branches d'activité. La MCS a été calibrée autour d'un PIB (aux coûts des facteurs) que nous avons réestimé dans la section précédente.

---

[71] Bien que les marges commerciales méritent par leur ampleur d'être traitées à part, nous n'avons pas pu isoler la branche du commerce, il est agrégé à la branche tertiaire marchande.

Graphique 22. Structure du PIB à Djibouti en 2009.

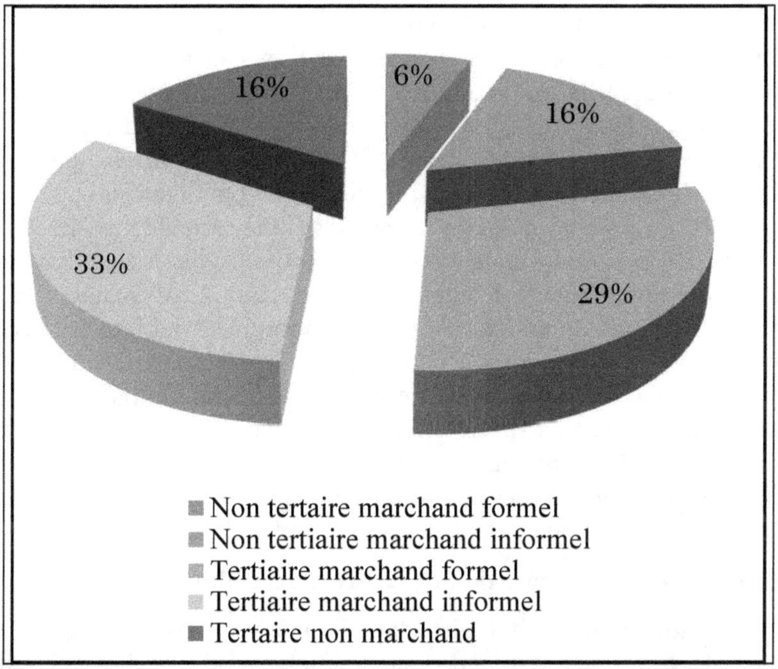

Sources : estimation à partir de l'enquête 2001 sur le secteur informel, et des comptes nationaux de Djibouti (2009).

Les comptes « Produits »

Les comptes « Produits » représentent les biens et services correspondant aux comptes d'activités présentées. Il y a donc cinq biens ou services produits dans l'économie. À l'intersection entre les lignes « Activités » et les colonnes « Produits » figure la production marchande de l'économie. À l'intersection entre les colonnes « Activités » et les lignes « Produits » figurent les consommations intermédiaires traduisant les relations inter sectorielles.

Les comptes « Facteurs »

Les comptes « Facteurs » couvrent le travail et le capital. Le compte « ravail formel » reçoit une rémunération (salaire) en provenance de tous les comptes « Activités » qu'il reverse ensuite au compte « Ménages ». Il en est de même pour le compte « Capital » (intérêts, profits, loyers) qui reverse la rémunération du capital utilisé dans les différents secteurs d'activités au compte « Ménages ».

Les comptes « Institutions »

Les comptes « Institutions » regroupent sept catégories de secteurs institutionnels, ventilées en sous-groupes : (i) ménages avec trois sous-groupes — ménages salariés, ménages formels non salariés (entreprises individuelles dont les professions libérales) et ménages informels ; (ii) sociétés et quasi-sociétés non financières; (iii) administrations publiques (l'État et les établissements publics) ; (iv) intermédiaires financiers avec deux sous-groupes (banques commerciales et BCD) ; (v) le reste du monde.

La MCS comporte ainsi cinq comptes d'activités de production, cinq comptes de produits, quatre facteurs de production, trois catégories de ménages représentatifs, un compte « Firme » (entreprises publiques/privées), un compte « APU », un compte « Banque commerciale », un compte « Banque centrale », un compte « Reste du monde », un compte « Capital » détaillé et un compte de flux financiers faisant le lien entre la sphère réelle et la sphère financière de l'économie.

En règle générale, deux types de problèmes se posent lorsque l'on travaille sur une MCS : un problème de données et un problème méthodologique.

3.2.2. Méthodologie d'élaboration de la MCS de Djibouti

Nous présentons la méthodologie relative à la construction de la MCS de Djibouti en décrivant les étapes de construction, ainsi que les différentes sources de données et le mode de calcul utilisé pour chaque étape, les arbitrages qui ont été effectués pour assurer la cohérence des données et les équilibres entre les ressources et les emplois.

À l'instar des travaux de Razafindrakoto et Roubaud (1997) relatifs à la construction de la MCS pour Madagascar, et de Cogneau et Roubaud (1993) pour la construction de la MCS au Cameroun, le principe de base retenu consiste à se caler sur les données du cadrage macroéconomique au niveau agrégé (PIB, consommation finale, investissement total, etc.). En outre, nous faisons l'hypothèse que les entreprises classées dans une branche ne peuvent pas produire de biens en dehors de ceux correspondant normalement aux activités de cette branche.

Nous supposons aussi que les branches formelles n'utilisent que du capital formel.

3.2.2.1. Partage de la valeur ajoutée des branches entre les facteurs de production

Pour les entreprises publiques, la répartition de la valeur ajoutée entre la rémunération du travail et du capital est issue des données du fichier du ministère des Finances. En 2009, la contribution des entreprises publiques à la création de la valeur ajoutée du pays est environ de 15 %.

En ce qui concerne les entreprises privées, nous appliquons le taux d'excédent brut d'exploitation (EBE) et le taux de rémunération du travail issu du fichier de la Caisse nationale de sécurité sociale (CNSS), qui répertorie par branche d'activité une partie des sociétés privées (financières et non financières). Ces entreprises privées contribuent à concurrence de 23 % du PIB en 2009. Les excédents bruts d'exploitation et les rémunérations du travail sont extrapolés selon leur branche d'activité à l'ensemble des sociétés.

3.2.2.2. Consommations intermédiaires et partage des produits en formel/informel[72]

Les consommations intermédiaires (CI) du secteur (c'est-à-dire la partie TEI de la MCS) sont présentes dans les comptes nationaux mais elles ne sont pas ventilées selon la nature des produits consommés. Au montant global des consommations intermédiaires du secteur, nous avons donc appliqué une clef de répartition issue du TEI de 1996. Il ne s'agit pas d'appliquer les mêmes coefficients techniques, mais partant du total des consommations intermédiaires de chaque branche, il s'agit de calculer la répartition de ces consommations intermédiaires par produit en utilisant la structure des CI des comptes nationaux de 1996. Ceci revient à considérer que les coefficients sont fixes.

En l'absence de données, le partage des produits formel/informel au niveau de la demande (pour les CI et la consommation des ménages) a été effectué à partir d'un certain nombre d'hypothèses :

— les CI des entreprises formelles sont des produits formels ;

— l'offre en biens intermédiaires du secteur informel est absorbée dans sa totalité par les branches d'activités informelles ;

— les biens d'investissements sont des produits formels.

Afin de respecter l'équilibre ressources-emplois, les clefs de répartition, qui ont été appliquées pour établir le partage formel/informel de la valeur ajoutée, ont été utilisées pour établir le partage des produits en formel/informel au niveau des CI et de la consommation des ménages. Par ailleurs, il est à noter ici que les produits intermédiaires excluent, par définition, les biens de capital, ou biens d'investissement (machines, bâtiments, etc.). La « consommation » ou la dépréciation de ces derniers est implicitement comptabilisée dans les revenus du capital qui sont donc

[72] Les produits informels sont les biens fournis par les branches informelles.

exprimés en termes bruts, c'est-à-dire incluant les provisions pour amortissement.

3.2.2.3. Les investissements publics et privés

Le montant total des investissements (privés d'un côté, publics de l'autre) est donné par les chiffres officiels du secteur réel. Ce montant est ventilé par branche d'activité (FBCF par branche d'activité) entre seulement deux types de biens d'investissement : équipements et construction. En conservant la même répartition, nous avons ventilé le montant des investissements par type d'institutions en utilisant l'enquête auprès des entreprises.

Cependant, dans la comptabilité nationale, on ne mesure pas l'investissement mais la formation brute de capital fixe, qui est une notion plus restrictive que la notion d'investissement. Ainsi, pour les APU, le montant total des dépenses d'investissements publics enregistrés dans le tableau des opérations financières de l'État (TOFE) est deux fois plus important que celui des chiffres officiels du secteur réel, notamment pour l'année 2009. Dans ce contexte, nous avons plutôt fait le choix de ne pas effectuer deux simulations, l'une sur les données réelles, l'autre sur le TOFE, mais d'utiliser ces investissements comme variable d'ajustement pour équilibrer la MCS.

3.2.2.4. Formation des revenus, consommation et épargne des ménages

3.2.2.4.1. La formation des revenus des facteurs

Les revenus des différentes branches sont affectés aux deux facteurs de production (travail et capital). Du côté des branches d'activité, nous considérons les valeurs ajoutées et les productions fournies par le secteur réel en 2009. Du côté des facteurs, la masse salariale est entièrement affectée à la sous-catégorie de ménages salariés.

En revanche, quant à la rémunération du capital, il faut décomposer l'EBE des entreprises individuelles (entrepreneurs, indépendants et aides familiales) de chaque branche (*i*). Ces entrepreneurs et indépendants n'étant pas salariés, il n'apparaît pas explicitement de rémunération de leur travail qui reste incluse dans leur revenu mixte. Or, les entreprises individuelles sont très importantes dans la construction, le transport et le commerce à Djibouti. Elles contribuent à concurrence de 42,3 % du PIB en 2009. Le secteur privé comprend environ 3 000 entreprises, dont environ les deux tiers ont un propriétaire privé et un seul salarié.

Selon son mode de rémunération, nous pouvons donc distinguer deux catégories du facteur travail : le travail salarié, cas où l'individu travaille pour un salaire et le travail non salarié ou autonome lorsqu'il travaille à son propre compte. Le coût du travail non salarié de l'individu est égal au volume de service travail offert par celui-ci au cours d'une période, en général une année, multiplié par son salaire implicite, c'est-à-dire le salaire potentiel auquel il aurait aspiré en offrant ses services à un employeur (Fofana, 2007).

Ainsi, il nous incombe de partager le revenu mixte des entreprises individuelles entre la rémunération du travail non-salarié et la rémunération du capital. En l'absence de données, notamment du coût du capital (ou rendement implicite du capital) et du revenu du travail non salarié (ou coût du travail autonome), la méthode utilisée s'inspire des travaux de Cogneau et Roubaud (1993) et de Fofana (2007).

Cette méthode consiste à imputer le revenu du travail non salarié en fonction du revenu moyen de cette catégorie de travail par branche et du nombre de non-salariés par branche, la rémunération du capital étant déterminée par solde. Rappelons qu'en soustrayant du revenu mixte la rémunération du travail non salarié pour estimer la rémunération du capital (productif), le profit est pris en compte dans la rémunération du capital. Les rémunérations négatives sont ainsi annulées (fixées à zéro) sous l'hypothèse suivante : les ménages concernés sous-estiment leurs revenus d'activité, ces derniers sont faiblement intensifs en capital (capital nul). C'est le cas pour le commerce, dont pratiquement les trois quarts sont semi-formels et informels.

Comme il n'existe pas de séries de revenu moyen des travailleurs non-salariés, nous nous sommes appuyé sur une estimation du salaire moyen par branche, et nous supposons, d'une part, qu'au sein de chaque branche la rémunération du travail des indépendants est égale au salaire moyen ; et d'autre part, les aides familiales et apprentis sont rémunérés sur le revenu de l'entrepreneur individuel.

$$TRAVNSAL_j = \frac{TRAVSAL_j}{Nsal_j} * Nindep_j$$

Avec :

$TRAVNSAL_i$: rémunération du travail non salarié dans la branche j

$TRAVSAL_i$: salaires versés dans la branche j

$Nsal_i$: nombre de salariés dans la branche i

$Nindep_i$: nombre d'indépendants dans la branche i

Tableau 25. Rémunération des facteurs de production

Facteurs	Travail			Capital		Total
	Formel		Informel	Formel		
	Non salarié	Salarié	Ménages informels	Non salarié	Salarié	
Agriculture-pêche			100%			100%
Industrie	1%	21%	50%	5%	23%	100%
Tertiaire marchand	1%	18%	50%	1%	30%	100%

Source : estimation à partir des données de la DISED (2009).

Dans l'agriculture[73] et dans l'ensemble des branches informelles, en l'absence d'informations adéquates pour estimer la rémunération des indépendants selon cette méthode et en l'absence d'information, spécifique, sur le capital, nous faisons l'hypothèse que la production des entreprises individuelles dans les branches informelles est principalement intensive en travail (55 % de l'emploi total) et moins intense en capital. Dans la MCS, nous faisons le choix d'affecter les revenus des branches informelles à un facteur composite (incluant le travail informel – capital informel).

3.2.2.4.2. La dépense de consommation et l'épargne des ménages

Nous avons réparti la consommation de chaque produit donnée par l'enquête sur la consommation des ménages (2009) entre les trois sous-catégories des ménages, en appliquant la répartition donnée par l'enquête EDAM3 (2012). Signalons ici que l'enquête auprès des ménages effectuée en 2009 (par le FMI) donne un niveau de consommation quasi identique à celui donné par les chiffres officiels du secteur réel (120 133[74] contre 1195 41 millions de FDJ) mais supérieur à celui de l'EDAM3 rétropolé (92,929 millions de FDJ). La stratégie qui a été adoptée a donc consisté à retenir le montant total de la consommation des ménages issue de l'enquête 2009, qui est déjà réparti entre les différents produits, et à nous appuyer sur cette consommation par produits afin de la répartir par catégorie de ménages en fonction des données de l'enquête EDAM3 (2012). Cette dernière nous fournit des clefs de répartition pour déterminer la partition entre ménages salariés (64,5 % du total) et non salariés (35,5 % du total) d'une part, et d'autre part, la répartition entre emplois du secteur formel (61 % du total) et emplois du secteur informel (39 % du total). L'enquête recensement (2009) nous fournit

[73] L'agriculture est essentiellement une agriculture de subsistance et les entreprises individuelles agricoles djiboutiennes emploient moins de capital machines (9 % de l'emploi total). Nous avons donc adopté la clef de répartition estimée à 100 % pour le travail non salarié.
[74] C'est-à-dire123 864,57 MFDJ auquel nous avons retiré les achats des véhicules et les achats nets à l'étranger.

aussi l'offre totale des emplois pour le secteur formel en 2009 (69 261), nous avons pu ainsi déterminer les actifs par catégorie de ménages.

À l'aide du coefficient de dépense moyenne par tête (soit 1,34 million de FDJ par an), nous avons estimé la consommation de chaque produit réparti entre ces sous-catégories de ménages (salarié, non salarié formel/informel) en nous appuyant sur la consommation par produit de l'enquête sur consommation des ménages de 2009. Ici, nous faisons l'hypothèse que la dépense moyenne par tête est identique, quelle que soit la catégorie.

Par ailleurs, comme « les achats nets à l'étranger » sont pris en compte dans les dépenses de consommation des ménages et non dans les circuits traditionnels d'importation, nous avons retiré de la dépense de consommation « les achats nets à l'étranger » (soit 2 076 millions FDJ) afin de les imputer aux importations pour assurer l'équilibre des ressources et des emplois.

Tableau 26. Dépenses de consommation des ménages, 2009

En millions de FDJ	Salariés	Non salariés	Ménages informels	Total
Non tertiaire marchand formel	19 999	3 314	4 111	27 424
Non tertiaire marchand informel	13 715	59	20 108	33 882
Tertiaire marchand formel	18 840	1 519	16 530	36 :889
Tertiaire marchand informel	10 763	2 657	8 516	21 936
Total	63 317	7 549	49 :265	120 133

Sources : estimations à partir des enquêtes sur les dépenses de consommation des ménages (FMI, 2009) et EDAM3 (2012).

Une fois calculée la consommation de chaque catégorie de ménages, le taux d'épargne résultant ne pouvait pas correspondre à la réalité dans le cas des ménages salariés et des ménages non salariés. En effet, nous trouvions une épargne négative pour ces deux sous-catégories. Par exemple, le même problème d'épargne négative des ménages a été identifié dès le début dans la compilation pour la MCS Malaisie (Pyatt et Round, 1984), pour la MCS Cameroun (Cogneau et Roubaud, 1993) et pour la MCS Ghana (Round, 2003). À chaque fois, la solution a été d'augmenter les revenus du travail par un facteur d'échelle suffisant pour générer des épargnes positives pour tous. En général, ces distorsions ont trois origines possibles.

L'évaluation de la consommation pour chaque catégorie de ménages. Dans la mesure où nous avions décidé de nous appuyer sur la consommation par produit de l'enquête sur la consommation des ménages (FMI, 2009) et de répartir la consommation par catégorie de ménages en fonction des données de l'EDAM3, l'évaluation de la consommation pour chaque catégorie de ménages ne pose pas de problème majeur[75].

La méthode utilisée pour calculer les revenus du travail par catégorie de ménages peut poser problème, en revanche. En effet, dans les enquêtes, la typologie des ménages est établie en fonction de l'emploi principal déclaré par le chef de ménage ; les activités secondaires, salariées ou non, qui peuvent être plus fréquentes (et par conséquent, les revenus d'activité qui en sont tirés) ne sont pas prises en compte. Ainsi, l'enquête sur le secteur informel en 2001 montre que 11,47 % des patrons des unités économiques interrogées déclarent exercer une deuxième activité dans le secteur public (phénomène de pluriactivité). Par conséquent, on peut supposer que la méthode utilisée pour calculer les revenus du travail uniquement à partir de l'activité principale sous-estime les revenus des facteurs des ménages provenant des branches d'activité. En l'absence d'informations à ce sujet et en l'absence d'informations sur l'épargne des ménages, nous avons choisi de considérer et d'appuyer cette possibilité par une troisième possibilité, à savoir l'existence d'importants transferts vers les ménages.

Sans qu'il soit possible d'opérer une répartition entre les types de ménages, les transferts (surtout internes) et les sources provenant des « autres membres du ménage » représentent respectivement environ 18 % et 11 % des sources de revenus des ménages (EDAM, 2002 ; Lachaud, 2004). Faute d'informations adéquates et pour ne pas alourdir la modélisation du thème de transferts entre les ménages, nous avons fait le choix d'augmenter dans les branches marchandes les parts du revenu du travail formel au détriment des parts du revenu du travail et du capital informels. Cela revient à effectuer un transfert des ménages informels vers la catégorie des ménages salariés et celle des ménages non salariés. Dans la limite de leur poids relatif dans les sources de revenus des ménages, le montant des transferts a été fixé de manière à ce que les revenus du travail des ménages salariés et non salariés permettent de générer des épargnes positives et aussi de manière à ce que les taux d'épargne

[75] Comme pour la plupart des petites économies en développement, la méthodologie pour l'élaboration de l'enquête EDAM consiste à supposer que les ménages sous-estiment leurs revenus et donc, on procède à une enquête sur les dépenses des ménages pour déterminer les revenus, avec l'hypothèse sous-jacente que les dépenses de consommation sont égales aux revenus. Ainsi, l'enquête EDAM3 (2012) n'ayant pas saisi les revenus, il est impossible de calculer l'épargne des différentes catégories de ménages.

entre les deux catégories soient homogènes (soit 2 %). Ainsi 30 milliards de FDJ ont été déplacés à raison de 22,35 milliards pour les ménages salariés et 7,65 milliards pour les ménages non salariés[76]. On suppose que ces deux catégories de ménages sont en partie rémunérées sur le revenu de l'entrepreneur individuel semi-formel/informel soit comme une activité secondaire, soit comme une aide familialle.

Par ailleurs, en l'absence d'informations quant à la répartition des billets entre ménages et entreprises, nous avons choisi d'imputer la totalité des flux de billets et pièces en circulation aux ménages informels.

[76] En outre, comme la proportion de sociétés sous contrôle familial est très importante à Djibouti, nous aurions pu affecter une partie des bénéfices des firmes sous forme de dividendes aux ménages non salariés ayant une activité d'entrepreneurs individuels, mais il n'existe aucune information à ce sujet.

Tableau 27. Compte des ménages

1. Compte des ménages salariés, 2009 (en millions de FDJ)			
Emplois		**Ressources**	
Intérêts débiteurs	1 542	Salaires	66 030
Impôts sur les salaires (nouvel ITS)	7 586	Transferts externes (Revenus du travail reçus du RdM) [77]	4 710
Consommation finale	63 317	Transferts des APU	3 003
Épargne	1 297		
Emplois totaux des ménages	73 743	Ressources totales des ménages	73 743
2. Compte des ménages non salariés, 2009 (en millions de FDJ)			
Emplois		**Ressources**	
Intérêts débiteurs (banques nationales)	974	Revenus mixtes	9 334
Impôts sur le revenu (BIC-BNC, patentes-licences)	836	*Revenus du travail*	6 992
Consommation finale	7 549	*Capital des EI*	2 342
Épargne	163	Intérêts sur dépôts (banques nationales)	188
Emplois totaux des ménages	9 522	Ressources totales des ménages	9 522

[77] Pour simplifier, dans la MCS nous supposons que les transferts du RdM vers les salariés des administrations publiques et privés passent par l'État.

Tableau 28. Compte des ménages

3. Compte des ménages informels, 2009 (en millions de FDJ)			
Emplois		**Ressources**	
Impôts sur le revenu (BIC-BNC, patentes-licences)	2 304	Revenus mixtes	55 817,5
Consommation finale	49 266		
Épargne	16 063	Intérêts sur dépôts	753
		Hawala	11 062,5
Emplois totaux des ménages	67 633	Ressources totales des ménages	67 633

Source : estimation à partir des données de la BCD, DISED, TOFE (2009).

3.2.2.5. Les revenus des facteurs perçus par les autres agents

3.2.2.5.1. L'administration publique

Les recettes de l'administration publique correspondent principalement aux transferts courants en provenance du reste du monde (aides étrangères, loyers d'installation militaire), aux impôts directs payés par les ménages, aux impôts sur les bénéfices des entreprises nationales, et à l'ensemble des taxes sur les produits et la rémunération du capital (revenus domaines, etc.). À l'exception des impôts et taxes indirects nets de subvention issus des comptes nationaux, tous les autres montants proviennent du TOFE de 2009, lequel couvre l'ensemble des opérations financières des administrations publiques. Cependant, aucune information relative à la ventilation de ces taxes indirectes par produit n'est disponible.

Nous avons donc été conduit à prendre comme point de départ les taux constatés à partir des comptes nationaux de 1996, en considérant comme constants les impôts, et en faisant l'hypothèse simplificatrice que les prix relatifs du travail et du capital sont stables, c'est-à-dire qu'il n'y a pas de substitution. Ainsi, nous trouvons la répartition du montant des impôts et des taxes indirects entre les branches en utilisant deux fichiers représentant tous deux 41,4 % du montant total.

Un fichier détaillé du ministère de l'Économie comprend les impôts et taxes indirects de l'ensemble des entreprises publiques (21 % du montant total) classées dans la branche industrie (EDD, ONEAD), transport (PAID, AID), communication (Djibouti télécom).

Un fichier détaillé de la CNSS comprend également les impôts et taxes indirects des sociétés privées et entreprises individuelles (20,4 % du montant total) classées selon leur branche d'activité. Ces taux d'imposition sont ensuite extrapolés, selon leur branche d'activité, en tenant compte de leurs statuts, à l'ensemble des secteurs et répartis de manière à aboutir au montant total des taxes.

Nous considérons que les taxes qui s'appliquent au niveau des branches représentent les impôts sur les biens et services et les autres recettes fiscales (les droits d'enregistrement et de timbre, et les droits d'accise). Les impôts sur les biens et services regroupent les recettes de la taxe intérieure de consommation (TIC, droit de porte). Cette taxe représente à elle seule la majeure partie des recettes indirectes du budget[78].

3.2.2.5.2. Les firmes

Les firmes perçoivent des revenus du facteur capital, dont une partie est reversée aux ménages non résidents. Elles reçoivent également des transferts du reste du monde (IDE).

Elles versent 14 % de leur revenu au gouvernement sous forme d'impôts sur les profits (les données sont issues du TOFE 2009), 12 % sous forme d'intérêts débiteurs aux banques nationales et 3 % aux banques étrangères et enfin 4% sous forme de dividendes versés au reste du monde. L'épargne constitue le reste.

3.2.2.5.3. Le reste du monde

Ce compte représente au sein de la MCS le solde courant de la balance des paiements. Les lignes indiquent ce que les agents Djiboutiens versent au reste du monde, c'est-à-dire les importations et les intérêts débiteurs versés aux banques étrangères. À l'inverse, les colonnes indiquent les exportations et les transferts versés par le reste du monde à destination des agents Djiboutiens (ménages, firmes et APU).

[78] Les impôts et taxes indirects sur les biens et services comprennent depuis le 1er janvier 2009 la TVA. Cette dernière est censée remplacer de façon progressive la TIC (qui s'apparente aux droits de douane) de telle sorte que la pression de la fiscalité intérieure demeure inchangée.

Commerce extérieur et ventes domestiques

L'analyse des statistiques du commerce extérieur de Djibouti, à l'importation comme à l'exportation, révèle une série de défis[79]. Le système de statistiques de Djibouti ne permet pas de distinguer les produits importés de manière définitive pour la consommation des produits en transit ou transbordés. Les échanges de biens tels qu'enregistrés dans la balance commerciale incorporent des importations de biens de pays voisins qui sont en réalité destinées à la réexportation ; environ 80 % des exportations de biens sont depuis toujours des réexportations qui passent par le port de Djibouti. Néanmoins, la dernière notification officielle à COMTRADE date de 2009 et des ajustements ont été effectués, notamment pour le compte « Non tertiaire Marchand», puisque la valeur des exportations des produits locaux ne représente que 20 % des exportations globales, le reste correspond à des situations de réexportation. Dans le cadre de la MCS, nous ne considérons que les exportations issues de la production domestique. Ainsi, les ventes domestiques représentent la différence entre les productions domestiques et les exportations de produits locaux (c'est-à-dire 20 % des exportations globales). De même, les importations de marchandises sont lestées de certains achats redirigés vers des pays de l'intérieur du continent (notamment l'Éthiopie). Là encore, des ajustements ont été effectués pour le même compte « Non tertiaire marchand ». Les importations destinées au marché intérieur sont représentées par la différence entre les importations globales et la partie résiduelle représentant les réexportations (soit 80 % des exportations).

Transferts non enregistrés

Pour les données officielles des échanges extérieurs, les chiffres de la Banque centrale sont ceux retenus, puisqu'ils ont l'avantage d'être en cohérence avec l'équilibre ressources-emplois établi par la DISED pour obtenir le PIB. Donc, les exportations, les importations et les transferts externes (ADP, IDE, etc.) sont issus de la balance des paiements de 2009. Officiellement, les envois de fonds enregistrés sont inclus dans les statistiques de la balance des paiements principalement sous trois rubriques : les envois de fonds des travailleurs, la rémunération des salariés, et les transferts des migrants.

Les résultats d'une enquête réalisée auprès des agences de transferts de fonds informels (Mahamoud, 2006) soutiennent l'idée que les données officielles de la balance des paiements sous-estiment l'ampleur des flux d'envois de fond : soit 340 millions de dollars US entre 2002 et 2006, tandis

---

[79]Aussi, les données sur les exportations de la zone franche sont problématiques dès lors qu'au niveau des douanes l'enregistrement des flux venant de cette zone n'est pas clair.

que les données de la balance des paiements ne présentent que 98 millions de dollars. Les flux non enregistrés en 2009 sont estimés suivant trois étapes.

Premièrement, nous estimons les flux annuels non enregistrés dans la balance des paiements (TNE_t) pour la période 2002-2006 en soustrayant des flux issus de l'enquête auprès des agences de transferts de fonds informels (TQ_t), les envois des fonds nets enregistrés dans la balance des paiements (TE_t). Deuxièmement, nous calculons le pourcentage de flux non enregistrés (TNE_t) par rapport aux flux de l'enquête(TQ_t). Enfin, nous déterminons les flux non enregistrés dans la balance des paiements à partir de la moyenne des pourcentages μ_t et des envois des fonds nets enregistrés dans la balance des paiements (TE_t) pour l'année 2009.

$$TNE_t = TQ_t - TE_t$$

On pose $\mu_t = \frac{TNE_t}{TQ_t}$,

$$TNE_{2009} = \frac{\mu * TE_{2009}}{(1-\mu)}$$

Avec :

TNE : flux annuels non enregistrés dans la balance des paiements

TQ : flux issus de l'enquête auprès des agences de transferts de fonds informels

TE : envois des fonds nets enregistrés dans la balance des paiements

$\boldsymbol{\mu}$: moyenne des rapports flux annuels non enregistrés/flux issus de l'enquête

Pour construire la MCS, nous avons fait appel à plusieurs sources de données. Une fois que les données sont rentrées dans la MCS, il n'était pas possible d'imaginer que le principe même d'une MCS, le total de la ligne qui doit être égal au total de la colonne pour chaque compte, soit respecté. Pour résoudre ce problème de déséquilibre entre les totaux des lignes et les colonnes, la MCS devait passer par une phase d'équilibrage qui avait essentiellement pour but de corriger les incohérences des données récoltées. Pour équilibrer la MCS de Djibouti, qui doit être considérée comme une première version, nous avons figé certaines cellules dont la source était considérée comme particulièrement fiable. À l'inverse, nous avons considéré d'autres cellules pour servir d'ajustement lors de l'équilibrage. Cependant, plusieurs techniques d'équilibrage sont disponibles (Round, 2003). La MCS de Djibouti pour l'année 2009, issue de l'ensemble des étapes ci-dessus, est présentée en annexe 3.

3.3. Conclusion du chapitre 3

La première section du chapitre a proposé une analyse descriptive de l'économie de Djibouti en soulignant principalement son informalité et sa faible diversification. Nous avons vu que l'effort financier en provenance du reste du monde demeure conséquent et joue a fortiori un rôle central dans l'économie.

À partir des données disponibles, nous avons ensuite présenté la première MCS de Djibouti pour l'année de référence 2009. La contribution majeure de cette MCS est de schématiser dans un cadre macroéconomique cohérent la structure de l'économie de Djibouti y compris un TEI sur cinq secteurs, une balance des paiements et les principaux flux économiques et financiers entre agents économiques et entre Djibouti et le reste du monde.

Cependant, l'exercice a été laborieux. En utilisant une variété de méthodes de réconciliation de données, des difficultés sont apparues, à savoir le manque d'informations statistiques et beaucoup d'incohérences entre les sources de données qui ne pouvaient pas facilement être éliminées. Nous avons donc été contraints de formuler des hypothèses et des estimations. Ce manque d'informations découle essentiellement de l'absence de mises à jour régulières des données statistiques et de mises en cohérence des comptes nationaux. Aucun travail préliminaire sur les comptes nationaux, en dehors du TEI datant de 1996, n'a été réalisé. L'enquête nationale emploi n'existe pas et l'enquête sur le budget des ménages (EDAM, 2012) ne saisit ni les revenus, ni les activités secondaires, alors que ces dernières sont des éléments essentiels pour déterminer l'épargne de chaque catégorie de ménage.

Les détails de notre modèle EGC sont ainsi contraints par la disponibilité des données qu'ils requièrent dans la matrice de comptabilité sociale (MCS). Cette contrainte peut amener à perdre une partie de l'information comptable et à rendre plus imprécise l'image de l'économie djiboutienne retracée par la MCS. Par exemple, bien que les marges commerciales méritent par leur ampleur d'être traitées à part, nous n'avons pas pu isoler la branche du commerce (il est agrégé à la branche « Tertiaire marchand »). Il en est de même pour la distinction entre les entreprises publiques et les entreprises privées ou encore la constitution d'un secteur public. Les informations détaillées disponibles sur les recettes de l'État présentes dans le TOFE n'ont pu être retraduites dans la MCS en distinguant particulièrement les impôts directs des sociétés privées et transferts des entreprises publiques à l'État.

Aussi, du fait de la qualité médiocre des données et des statistiques et notamment de l'absence de système de comptabilité nationale, certains résultats de notre travail demeurent hypothétiques. Il s'agit notamment de la clef de répartition entre rémunérations du travail et du capital dans les entreprises individuelles et du taux d'épargne des ménages.

Ainsi, cette MCS doit être considérée comme une première version et doit être complétée par des études complémentaires (enquête sur l'emploi, enquête sur les entreprises, etc.).

Cependant, compte tenu des informations disponibles, la MCS que nous avons élaborée fournit l'image la moins déformée possible de l'économie djiboutienne. Le suivi de son évolution peut permettre une meilleure compréhension des impacts socio-économiques des politiques gouvernementales et peut fournir aux analystes un socle empirique pour une modélisation appliquée à l'économie de Djibouti.

Chapitre 4. Construction d'un modèle d'équilibre général calculable pour Djibouti

Depuis le début des années 1980, les modèles d'équilibre général calculable (EGC) sont devenus des outils de plus en plus mobilisés pour analyser les conséquences des choix politiques et l'allocation de ressources dans les économies en développement, comme dans les économies développées.

Leur popularité croissante s'explique par leur aptitude à étudier, de manière concomitante, les impacts d'une modification d'offre ou de demande d'un marché sur l'ensemble de l'économie, contrairement aux modèles d'équilibre partiel. Ces derniers se concentrent sur un seul marché et le considèrent comme indépendant du reste de l'économie, tous les prix autres que le prix du bien à l'étude sont supposés rester fixes. Ainsi, toute modification d'un marché n'aura de conséquences que sur celui-ci alors que d'autres pourraient être affectés. Dans tel cas, les résultats économiques pourraient bien différer sensiblement de l'intention des décideurs politiques et les effets directs attendus par les modèles d'équilibre partiel, également.

À l'inverse, les modèles d'équilibre général tiennent compte de toutes les interactions entre les marchés ; tous les prix sont variables et l'équilibre exige que tous les marchés se compensent. Ainsi, leur récent engouement dans les pays en développement est dû au fait qu'ils ne recourent pas à des modèles économétriques et ils apportent une réponse plus satisfaisante que les analyses d'équilibre partiel.

De nos jours, les modèles EGC sont utilisés par les universités et instituts de recherche, mais aussi par les gouvernements dans le cadre de décisions de politique économique, car ils modélisent explicitement tous les aspects clefs d'une économie donnée. Parce que ces modèles mettent au premier plan les mécanismes de marché, la modélisation en équilibre général est d'autant plus justifiée pour le cas de Djibouti que son économie est régie par un *Currency Board* qui réduit considérablement les capacités de régulation du gouvernement et laisse ce rôle aux seuls mécanismes de marché.

En mobilisant différentes variables macroéconomiques importantes, notre objectif dans ce chapitre est d'identifier à travers un modèle EGC financier les processus de transmission à travers lesquels l'économie djiboutienne et son secteur informel répondraient si les flux de capitaux augmentaient[80]. La nouveauté de nos travaux réside dans la modélisation du secteur informel et dans la prise en compte de la sphère financière pour mettre en exergue les opérations financières qui constituent la contrepartie de l'activité réelle. La modélisation de la sphère financière dans le modèle EGC est essentiellement

[80] Des études portant sur la simulation des effets des flux de capitaux à l'aide d'un modèle EGC financier ont été élaborées par Vos (1994) pour le Pakistan et Dixon *et al.*, (2014) pour la Papouasie-Nouvelle-Guinée.

justifiée par le fait que la stabilisation monétaire représente le principal objectif d'un *Currency Board.* Un autre argument non moins convaincant est également lié à la possibilité d'étudier concomitamment les effets des entrées de capitaux sur le *Currency Board*, le PIB et l'évolution de la structure des échanges. Dans l'optique de l'étude de ce système monétaire, les règles particulières du fonctionnement des caisses d'émission sont introduites dans le modèle.

Après une brève revue de littérature des fondements théoriques et des principales analyses liées aux MEGC dans la première section, nous présentons le modèle EGC théorique d'analyse de l'économie djiboutienne. Enfin, nous analysons les résultats d'impact de l'afflux de capitaux sur les équilibres macroéconomiques et la performance sectorielle selon leur nature (rente géostratégique, *Hawala* et IDE).

4.1. Les MEGC : une revue de littérature

Le modèle EGC a pour cadre théorique le modèle d'équilibre général concurrentiel. Il est en général admis que Walras (1926) a largement contribué à la conceptualisation du modèle théorique concurrentiel, d'où le nom de l'équilibre général walrasien (Varian, 1992). Au cours du XXe siècle, la poursuite de cette conceptualisation se réalise principalement avec les travaux d'Arrow et Debreu (1954), et de Mac Kenzie (1954, 1981).

Après un rappel des grandes hypothèses et des propriétés du modèle d'équilibre général concurrentiel et une brève revue de la littérature sur les principales analyses auxquelles se prêtent les MEGC, nous proposons une présentation du modèle EGC théorique d'analyse de l'économie djiboutienne.

4.1.1. La littérature théorique sur l'équilibre général concurrentiel

4.1.1.1. Le modèle d'équilibre général concurrentiel

Le modèle d'équilibre général concurrentiel walrasien suppose qu'il existe dans une économie simple, un nombre fini de producteurs (m), de consommateurs (n) et de biens (r). Dans ce modèle standard, les biens peuvent être indifféremment des extrants (*output* ou consommation finale) ou des intrants de production (*input* ou consommation intermédiaire). Chaque producteur j (j =1, 2..., m) est confronté à un ensemble de possibilités de production V_j dont l'élément général v_j est un programme de production dans lequel les extrants ont un signe positif et les intrants ont un signe négatif. Les possibilités de production représentées par l'ensemble V_j ont les propriétés suivantes : les rendements d'échelle sont non croissants ; la production sans intrants est impossible (les facteurs de production sont compris dans les intrants) et le processus de production est irréversible. Si on produit de l'acier avec de la fonte, l'inverse est impossible. Dans le modèle walrasien, l'objectif de chacun des producteurs est de trouver pour un vecteur de prix p de dimension r qui lui est donné un programme de production v_j qui maximise son profit total (pv_j).

Parallèlement, chacun des consommateurs i (i =1, 2 ..., n) est censé avoir une dotation initiale de biens représentée par un vecteur w_i de dimension r. Cette dotation peut inclure soit des biens de consommation, soit des facteurs de production, comme la main d'œuvre et le capital, que le consommateur va pouvoir offrir aux producteurs contre rémunération.

L'objectif du consommateur i est de disposer au maximum des possibilités de consommation représentées par le panier de consommation X_i, dont l'élément général x_i est un vecteur de dimension r, sous deux hypothèses : la dotation initiale de biens w_i permet au consommateur de survivre et ce dernier n'est jamais saturé dans sa consommation de biens. Pour un vecteur donné de prix p de dimension r, le consommateur i a pour objectif de choisir le panier de consommation x_i qui maximise l'utilité $U_i(x_i)$, compte tenu de sa contrainte budgétaire. Cette dernière est constituée de sa dotation initiale et de la part des revenus de production qui lui échoit.

Compte tenu des propriétés des ensembles de production et de consommation, et du comportement des consommateurs et des producteurs, l'équilibre général concurrentiel est la solution du système d'équation, défini par le vecteur des prix p^* qui détermine les m programmes de production v_j^* et les n paniers de consommation x_i^*, tel que x_i^* est la consommation optimale en bien r de chaque consommateur i compte tenu de p^*.

L'équilibre obtenu par la solution du système (p^*, v_j^*, x_i^*) est un équilibre général garantissant que tous les marchés disposent d'un équilibre réalisable. On parle d'un « équilibre en économie décentralisée » qui assure la compatibilité des comportements individuels des consommateurs et des producteurs.

Le vecteur p^* des prix d'équilibre est une donnée pour chacun des producteurs et des consommateurs. Aucun d'eux ne peut à lui seul influencer ces prix, il s'agit d'une économie où tous les marchés sont en concurrence pure et parfaite. Ces consommateurs et producteurs sont ainsi des *price-takers*.

Dans ce système, seuls les prix relatifs (ou prix réels) ont de l'importance. Il s'agit de variations des prix qui entraînent des changements plus ou moins importants dans les quantités produites. Ces prix relatifs sont eux-mêmes exprimés par rapport au prix d'un bien en principe choisi arbitrairement et appelé le numéraire. Le prix du numéraire est égal à 1. Il n'y a pas de monnaie ou devise, c'est-à-dire pas de prix absolus/monétaires/nominaux. Par exemple, si tous les prix absolus varient dans la même proportion (exemple : inflation de 3 % sur tous les biens), alors les prix relatifs restent inchangés, ce qui n'a aucun impact sur les biens de consommation en quantité. Autrement dit, l'inflation, exprimée comme une variation générale des prix, est exogène au modèle qui nous préoccupe car il n'y a pas d'impact sur la sphère réelle. Ceci exclut les cas d'illusion monétaire et de maintien des encaisses monétaires réelles, c'est-à-dire des situations où la monnaie n'est pas neutre parce qu'elle ne joue plus simplement le rôle d'instrument d'échelle, mais également le rôle de moyen de paiement différé ou d'instrument de réserve de valeur.

4.1.1.2. Existence et optimalité de l'équilibre général concurrentiel

La question de l'existence de l'équilibre général concurrentiel peut être vue de deux manières. Nous pouvons nous demander si des économies ayant une existence réelle peuvent être dans une situation où tous les marchés sont en concurrence pure et parfaite. La réponse est négative, car certains marchés sont non concurrentiels (monopole, oligopole, monopsone, etc.) et, même s'il y a une concurrence pure et parfaite sur les marchés, il peut y avoir d'autres lacunes du marché (exemple : biens publics, externalités, etc.) ou de la fiscalité. En effet, l'État via la fiscalité peut introduire de la distorsion dans les prix et donc dans les échanges, de même pour les réglementations et les normes. Donc l'existence d'un équilibre général concurrentiel est irréaliste.

Mais la question de l'existence de l'équilibre général concurrentiel peut être interprétée d'une deuxième manière. Nous pouvons nous demander si à partir des propriétés rattachées au modèle, il existe une solution qui satisfasse le programme de maximisation de production et le système des prix. La littérature théorique sur l'équilibre général concurrentiel (Ginsburgh et Keyzer,1997) a démontré que c'est cette manière d'interpréter la question qui est la bonne, et que le système admet une solution unique et optimale au sens de Pareto, soit le point d'équilibre général. Ce dernier existe sous trois conditions (1) l'absence de rendements d'échelle croissants dans la production ; (2) la dotation initiale de biens pour les consommateurs ; (3) la convexité des préférences des consommateurs ; une hétérogénéité de biens dans le panier de consommation est préférée à l'homogénéité. En effet, les consommateurs préfèrent avoir dans leur panier de consommation des combinaisons par goût pour la diversité. Ceci suppose également que, suite à de fortes variations des prix, les consommateurs ne vont pas modifier complètement leur consommation d'un bien pour un autre.

De multiples efforts ont été réalisés pour appliquer ce cadre théorique standard à l'étude de problèmes économiques dans des économies réelles en introduisant différents paramètres [81] qui permettent le passage du cadre théorique de Walras à une version plus en adéquation avec la réalité.

Le désir de combiner les informations microéconomiques des modèles d'équilibre général concurrentiel avec un cadre global d'analyse économique dans un cadre analytique (unique) a permis le développement de nouveaux modèles macroéconomiques. C'est dans ce contexte que les modèles d'équilibre général calculable (MEGC) ont été développés dans la seconde moitié du XXe siècle.

[81] Ces paramètres sont les lacunes du marché, les imperfections du marché, la poursuite d'objectifs non économiques, l'ouverture aux relations économiques avec l'extérieur (Decaluwé, 2001).

4.1.2. Du cadre théorique à la réalité

4.1.2.1. Typologie des MEGC

À ses débuts, la modélisation a été principalement réalisée suivant une typologie des modèles en quatre grandes familles issus de la théorie néo-classique de l'équilibre général de Walras, et très utilisés aujourd'hui dans des domaines divers. (i) Johansen (1960) effectue la modélisation avec des rendements sectoriels différenciés du capital et une règle de bouclage keynésienne. (ii) Harberger (1962), Scarf (1967,1973), Shoven et Walley (1984) procèdent à une modélisation de l'évaluation des politiques fiscales et de commerce international. (iii) Jorgenson (1984) effectue une approche économétrique et dynamique des MEGC. (iv) Adelman et Robinson (1976) évaluent les politiques économiques des pays en développement (iv).

Comme les modèles walrasiens s'intéressent particulièrement au problème d'allocation optimale des ressources, la plupart de ces modèles ont été construits pour les pays développés. C'est pourquoi des chercheurs de la Banque mondiale ont initié une nouvelle orientation pour la construction de modèles EGC pour les pays en développement afin d'étudier les problèmes de distribution des revenus et la pauvreté. Parmi les premiers d'entre eux, le modèle d'Adelman et de Robinson (1978) a permis d'étudier les problèmes de distribution de revenus en Corée du Sud. Généralement, ces modèles s'affranchissent du cadre de concurrence pure et parfaite pour être plus réalistes. Ils accordent une place particulière aux rigidités sur le marché des produits, sur le marché du travail, ils distinguent parfois un secteur formel et informel, etc. La plupart des applications sont des modèles multisectoriels qui prennent en compte les caractéristiques structurelles des pays en développant leurs blocages microéconomiques et leurs mécanismes macroéconomiques (Dervis, De Melo et Robinson, 1982 ; Devarajan, Lewis et Robinson, 1986 ; Decaluwé et Martens, 1989). Souvent, ces modèles incluent beaucoup de catégories de ménages.

Les MEGC macroéconomiques peuvent inclure des éléments *ad hoc*. Selon Robinson (1989), trois directions éloignent progressivement les modèles EGC du cadre néoclassique initial walrasien :

— la substitution imparfaite entre les facteurs de production et entre les produits composant la demande (*elasticity-structuralist models*) ;

— les rigidités (sur les prix relatifs) qui peuvent exister sur certains marchés : rigidité des salaires nominaux, taux de change, prix des produits, application d'un taux de marge par les entreprises pour garantir un profit minimal (*micro-structuralist models*) ;

— enfin, la prise en compte des mécanismes macroéconomiques en étudiant les liens éventuels entre les parties réelles et nominales (courant *macro-structuralist*). Ces modèles adoptent une règle de bouclage proche de la règle keynésienne dans laquelle le salaire nominal est fixe (introduction des rigidités nominales sur les salaires) et le niveau des prix s'ajuste (Taylor, 1990).

Ainsi, les modèles EGC incorporent des caractéristiques structurelles qui établissent des relations entre les variables réelles et les variables nominales, rendant plausible le cadre initial néoclassique d'allocation des ressources en présence de rigidités. Cependant, les limites des modèles d'équilibre général calculable sont essentiellement (i) qu'ils reposent sur un a priori quant à l'organisation du marché ; (ii) que le résultat est très lié aux choix de la valeur de l'élasticité de substitution (des produits consommés ou entre travail et capital) ; (iii) la situation de l'économie est supposée être initialement en équilibre même pour les pays en développement.

4.1.2.2. La modélisation financière dans un modèle EGC

Traditionnellement, les modèles EGC ne comprennent pas les équations modélisant le secteur financier d'un pays. La monnaie est neutre dans les modèles d'équilibre général standards et elle affecte seulement les prix nominaux. Il n'y a donc aucune satisfaction théorique pour étudier l'inflation, la rigidité des salaires nominaux ou des politiques de taux de change nominal avec des modèles d'équilibre général traditionnels. Les taux d'intérêt sont fixés de manière exogène et, souvent, le taux de change nominal est fixé comme numéraire. C'est pourquoi certains économistes ont développé « les modèles d'équilibre général financier ». Ils essayent d'intégrer la monnaie et des actifs financiers dans la structure multisectorielle des modèles d'équilibre général[82]. En introduisant les actifs financiers aux actifs de capital réel, l'épargne ne se traduit plus automatiquement par de l'investissement mais est allouée en fonction du comportement financier des agents économiques qui est construit sur un modèle d'allocation de portefeuille. Le modèle répartit la richesse financière entre les différents actifs. Cette répartition s'effectue sur la base des rendements attendus et sur d'autres facteurs. Dans ce cas, la sphère réelle permet tout d'abord de dégager l'épargne de chaque agent. Son utilisation et son mode d'allocation entre les différents actifs sont ensuite décrits dans la sphère financière. Dans une telle approche, ce sont le taux d'intérêt et les prix qui relient les deux sphères du modèle, une nouvelle forme de rigidité pouvant

[82] Depuis la publication de l'article de Robinson (1991), tous les modèles avec actifs financiers, sauf celui de Fargeix et Sadoulet (1994), sont formulés en termes de stocks d'actifs et non de flux (dans ce dernier cas, la gestion de portefeuille ne se fait qu'à la marge, par l'allocation du flux d'épargne). La formulation en termes de stocks d'actifs est indispensable si l'on veut pouvoir prendre en compte des implications de réaménagements de portefeuille, du paiement des intérêts et des effets de richesse (Emelin et Decaluwé, 2007).

être introduite à partir des taux d'intérêt. Le programme d'ajustement structurel a ainsi fait l'objet de modélisation dans le cadre des MEGC financiers et de l'analyse de la distribution, car les modèles d'équilibre général standards se sont révélés inadaptés pour analyser les programmes de stabilisation dans un contexte de réformes structurelles (Branson, Bourguignon et De Melo, 1989 ; Fargeix et Sadoulet, 1990).

Selon Thissen (2000), les modèles EGC financiers sont les seuls capables de rendre compte des interactions entre les sphères réelles et financières d'une économie. Elle passe en revue plusieurs MEGC financiers qu'elle décrit, à l'exception de Feltenstein (1980, 1984, 1995), comme des MEGC macroéconomiques financiers (*Financial macro CGE models*) : Bourguignon, Branson et de Melo (1989, 1992), Rosensweig et Taylor (1990), Easterly (1990), Fargeix et Sadoulet (1990, 1994) Lewis (1992, 1994), Decaluwé et Nsengiyumva (1994), Souissi et Decaluwé (1997), Yeldan (1997), Vos (1998) et Naastepad (1998).

Malgré ces tentatives, il n'y a pas encore de consensus sur l'introduction de la monnaie et des actifs financiers dans la théorie de l'équilibre général. Nous pouvons citer McMahon (1994) qui, reprenant certains de ces modèles, s'est intéressé à la problématique de l'intégration de la monnaie (et autres actifs financiers) dans le modèle EGC à des fins d'analyses du problème de stabilisation et d'ajustement structurel. McMahon soutient l'idée que les modèles EGC financiers n'apportent pas plus de résultats à l'analyse des chocs externes que les modèles réels traditionnels. Il précise néanmoins que la modélisation de la sphère financière dans un modèle EGC est justifiée lorsque la stabilisation monétaire est le principal enjeu ; ce serait le cas des économies sujettes à de fortes inflations ou qui connaissent de nombreux chocs externes. Ainsi, il reconnût trois apports principaux à la modélisation financière dans un modèle EGC : (i) l'introduction de la substituabilité entre les actifs domestiques et étrangers ; (ii) la possibilité de simuler une fuite de capitaux de manière explicite ; (iii) la possibilité de simuler les conséquences de différents plans de stabilisation monétaire en termes de distribution des revenus (à travers les réallocations des portefeuilles).

4.1.2.3. La modélisation du secteur informel dans un modèle EGC

Bien que le modèle dit « Maquette » de Bourguignon, Branson et de Melo (1989) prenne également en compte le secteur informel, les tentatives de modélisation du secteur informel s'inspirent généralement de trois autres modèles le plus souvent cités dans la littérature.

L'étude la plus citée est celle de Kelley (1994). Ce dernier examine les implications macroéconomiques du secteur informel au Pérou à travers un modèle d'équilibre général multisectoriel. L'approche retenue consiste à considérer l'hypothèse d'une différenciation de la production des secteurs formels et informels, aussi bien sur le marché des facteurs de production que sur celui de l'*output*. Le dualisme observé sur le marché du travail postule le plein emploi qui est entretenu par le secteur informel. C'est le manque d'emplois dans le secteur formel qui maintient les activités informelles, bien que la production formelle et la production informelle soient traitées comme des substituts imparfaits. La différenciation de produits selon leurs origines (c'est-à-dire formelles/informelles) est intégrée via une fonction Armington (1969). Les simulations réalisées montrent essentiellement que l'activité informelle réduit le multiplicateur keynésien et complique les questions de répartition, car le revenu des travailleurs formels et informels peut varier en sens opposé. De plus, en désagrégeant la production informelle, l'auteur met en évidence les réactions du secteur informel suite à un ou plusieurs changements de la politique économique.

La deuxième modélisation du secteur informel, réalisée au Cameroun, a été effectuée par Cogneau *et al.* (1996) qui ont construit un MEGC afin d'évaluer l'impact de l'ajustement budgétaire et monétaire mis en œuvre dans le cadre du programme d'ajustement structurel et de la dévaluation de 1994. Les choix de modélisation sont comparables à ceux de Bourguignon, Branson et de Melo (1989) ou de Kelley (1994). En effet, bien qu'ils s'en éloignent par le traitement de la consommation, ils supposent que les secteurs formel et informel constituent deux secteurs de production bien différents même s'ils produisent des biens et services imparfaitement substituables. La particularité de leurs travaux repose essentiellement sur deux caractéristiques. Tout d'abord, l'appréhension du secteur informel dans un cadre concurrentiel : sur le marché des biens et services de consommation finale, la concurrence entre les deux secteurs (formel et informel) est imparfaite car les deux secteurs ne produisent pas tout à fait les mêmes biens et services. Ensuite, la segmentation du marché du travail urbain comprend trois types d'actifs : les salariés du secteur formel (privé et public), les indépendants du secteur informel, et les chômeurs. L'équilibre sur le marché est obtenu en sommant ces trois choix. Les actifs ont en effet le choix entre la création de leur entreprise informelle ou le salariat (privé et public) sur le marché du travail, avec le risque de se retrouver au chômage. Suite à la simulation d'un choc macroéconomique réduisant les dépenses publiques, les auteurs arrivent à la conclusion que la production et l'emploi du secteur informel camerounais sont sans ambiguïté contracycliques, tandis que le revenu réel par tête se révèle peu sensible à la conjoncture des revenus publics et formels.

Enfin, Montaud (2000) analyse les réactions de l'économie équatorienne et de son secteur informel face aux chocs macroéconomiques. L'originalité de ses travaux repose sur la prise en compte de deux conceptions dans la modélisation du secteur informel : une conception concurrentielle et une conception dualiste. La première considère un secteur de large taille, relativement bien inséré dans le reste de l'économie et s'inscrivant dans une logique concurrentielle. La seconde envisage un secteur plus restreint, faiblement inséré et inscrit dans une logique de subsistance. Bien qu'il arrive à un résultat mitigé quant à l'incidence des simulations de politiques économiques sur la vision dualiste par rapport à la vision concurrentielle, l'auteur révèle que, dans l'économie équatorienne, les activités informelles n'ont pas comme simple rôle de pallier la pauvreté ou de permettre une meilleure distribution verticale des revenus. En effet, parce que le secteur informel est affecté substantiellement par les chocs macroéconomiques et qu'il affecte lui-même l'efficacité des politiques économiques, l'auteur plaide en faveur de l'incorporation du secteur informel dans la conception des politiques macroéconomiques.

Le modèle EGC que nous élaborons est un mélange de plusieurs modèles théoriques dans sa conceptualisation car il s'inscrit dans la tradition des modèles d'équilibre général calculable financiers initiée par Bourguignon, Branson et De Melo (1989) dont l'originalité est de prendre en compte les comportements des agents dans le secteur financier. Nous utilisons donc un modèle EGC étendu qui comprend un secteur financier et incorpore la problématique du secteur informel, en s'inspirant des modèles EGC construits par Cogneau *et al.* (1996) et Montaud (2000).

4.2. Description du modèle EGC appliqué à Djibouti

Le modèle EGC théorique que nous étudions comporte une branche « Tertiaire non marchand » qui produit des services administratifs et quatre branches de production marchande dont deux « Tertiaire marchand » (formel/informel) et deux, « Non tertiaire marchand » (formel/informel). Ces différentes branches utilisent, pour le compte de leurs opérations de production, deux facteurs de production. Le facteur « capital » est considéré internationalement comme immobile et le facteur « travail » se différencie à chaque fois par son origine formelle/informelle.

Sept types d'agents économiques domestiques sont distingués : les firmes ; les ménages avec trois sous-groupes (salariés, non salariés et les ménages informels), l'administration publique (qui regroupe l'État et les établissements publics), les intermédiaires financiers avec deux sous-groupes (banques commerciales et Banque centrale) ; ainsi qu'un agent représentatif du reste du monde. Les groupes de ménages retenus sont définis par le statut de leurs actifs. Les ménages salariés regroupent les fonctionnaires et les salariés du secteur privé formel. Les ménages non salariés regroupent les indépendants ou employeurs qui disposent d'une protection sociale et les entreprises individuelles déclarées. Les ménages informels regroupent les travailleurs indépendants non affiliés à une caisse de sécurité sociale, les entreprises individuelles assujetties à un impôt forfaitaire ou non déclarées, les apprentis et les aides familiales. Un ménage sera considéré comme « formel » respectivement « informel » si son chef exerce une activité formelle (respectivement informelle) comme activité principale. Le salariat est faible dans le secteur informel. La sphère réelle de notre modèle décrit la structure de la partie réelle de l'économie djiboutienne : les activités de production, les produits, les facteurs de production et les agents économiques. L'intégration de la dimension monétaire et financière est une extension du modèle standard. La modélisation reste fidèle au modèle de base, nous y ajoutons simplement un compte capital détaillé faisant le lien entre la sphère réelle et la sphère financière de l'économie.

Pour la modélisation de la sphère financière, nous nous inspirons des travaux de Laffiteau et Montaud (2009) qui analysent les liens existants entre les mécanismes imposés par un système tel que le *Currency Board* et les modes d'ajustements de l'économie, notamment le marché du travail. Ce modèle et ses applications seront réalisés à partir du logiciel d'exploitation GAMS (*General Algebraic Modeling System*).

4.2.1. La modélisation de la sphère réelle

Comme pour la plupart des pays en développement, les élasticités de substitution et de transformation sont indisponibles pour Djibouti. Ainsi, pour plus de commodité, les fonctions Cobb-Douglas et de Leontieff sont principalement utilisées pour les fonctions de production et de consommation car leur calibrage est aisé, et que leur utilisation ne demande pas de fixer a priori des valeurs aux paramètres libres du modèle (calcul à partir des informations contenues dans la MCS). Par ailleurs, la modélisation de la sphère réelle demeure standard. Dans l'ensemble, sa structure générale est basée sur le modèle Exter (Decaluwé, 2001). Dans ce modèle, le travail est mobile entre les secteurs tandis que le capital va être spécifique à chaque branche. Les cinq branches (*j*) produisent des produits (*i*) : tertiaire marchand (TM) formel/informel, non tertiaire marchand (NTM) formel/informel, et tertiaire non marchand. La plupart des biens et services sont classés comme des biens échangeables (*tradables*), les biens et services qui sont classés comme des biens non échangeables (*non-tradables*) comprennent exclusivement ceux de l'administration publique.

4.2.1.1. La production

Pour modéliser la production des branches d'activité, deux hypothèses sont posées :

— dans le cas des activités produisant des produits marchands (*j* = 1,2, 3,4), les facteurs de production (l_j et k_j) sont substituables dans la détermination de la valeur ajoutée selon une relation Cobb Douglass à élasticité de substitution technique unitaire (EST=1) et où les rendements d'échelle sont constants ;

— ensuite, il existe une parfaite complémentarité à la Leontief, c'est-à-dire à élasticité de substitution technique nulle (EST= 0), entre d'une part les intrants intermédiaires et, d'autre part, entre ces derniers et l'ensemble des facteurs de production ou de valeur ajoutée.

La production de chaque secteur est caractérisée par une technologie de type Leontief à facteurs complémentaires entre la consommation intermédiaire (*CI*) et la valeur ajoutée (VA).

$$XS_j = min \ [\frac{CI_j}{io_j}, \frac{VA_j}{v_j}] \qquad (1)$$

Avec io_j et v_j représentant les coefficients techniques de la fonction de Leontief.

La valeur ajoutée des secteurs marchands *tr* (*tradable*) est modélisée par une fonction de type Cobb-Douglas et dépend du facteur « Capital », du facteur « Travail » et d'un paramètre d'échelle représentant le progrès technique. La valeur ajoutée du secteur non marchand *ntr* (*non-tradable*) est égale à sa demande de travail.

$$VA_{tr} = A_{tr} \, LD_{tr}^{\alpha_j} \, KD_{tr}^{1-\alpha_j} \qquad (2)$$

$$VA_{ntr} = LD_{ntr} \qquad (3)$$

La demande de facteur travail se déduit de la maximisation de la valeur ajoutée du secteur *j*. Nous faisons l'hypothèse que le travail est mobile entre les secteurs (les taux de salaire (*s*) sont appliqués en fonction de l'appartenance au secteur) tandis que le facteur « Capital » est utilisé par le secteur marchand et est spécifique dans chaque secteur avec un rendement sectoriel différencié. L'administration publique n'exprime en effet aucune demande de capital. De ce fait, sa demande de travail valorisée au taux de salaire correspond à la différence entre sa production et sa consommation intermédiaire en valeur.

$$LD_{tr} = \frac{\alpha_{tr} PV_{tr} VA_{tr}}{s} \qquad (4)$$

$$LD_{ntr} = \frac{P_{ntr} XS_{ntr} - \sum_{tr} PC_{tr} DI_{tr,ntr}}{s} \qquad (5)$$

Où PC_{tr} : prix du marché du produit composite *i*[83].

La consommation intermédiaire (en volume) se déduit de la matrice des coefficients techniques. Elle est partagée entre les différents produits de l'économie suivant une fraction fixe déterminée.

$$CI_j = io_j \, XS_j \qquad (6)$$

(*j*= 1,2, 3, 4,5)

La demande intermédiaire d'un produit donné dans l'économie est donc égale à la somme de la consommation intermédiaire de chaque secteur de ce produit.

$$DI_{tr,j} = aij_{tr,j} \, CI_j \qquad (7)$$

(*tr*= 1,2, 3,4 ; j= 1,2, 3, 4,5)

La demande intermédiaire totale en biens marchands (*tr*) est égale à la somme de tous les coefficients techniques de production multipliée par la consommation intermédiaire de la branche.

$$DIT_{tr} = \sum_{j=1}^{5} aij_{tr,j} \, CI_j \qquad (8)$$

Le système des prix est l'élément central de transmission des chocs sur les différents agrégats économiques. Étant donné l'existence d'un grand nombre de prix différents dans le modèle, il est plus simple de poursuivre la présentation du modèle par le bloc des équations des prix.

4.2.1.2. Les prix

Comme affichée dans la MCS (en valeur), la production est égale à la somme de la valeur ajoutée et de la consommation intermédiaire. Ceci suppose qu'il y a des prix qui multiplient le volume de ces trois éléments, d'où les prix de la valeur ajoutée (PV_j) dépendent des prix à la production ($P_j \, XS_j$) et des prix des consommations intermédiaires en produits composites (PC_{tr}).

$$PV_j = \frac{P_j \, XS_j - \sum_{tr} PC_{tr} \, DI_{tr,j}}{VA_j} \qquad (9)$$

Nous pouvons ensuite déterminer le rendement du capital :

$$r_{tr} = \frac{(PV_{tr} \, VA_{tr} - s \, LD_{tr})}{KD_{tr}} \qquad (10)$$

[83] Le prix composite est celui qui détermine l'équilibre de l'offre totale du produit (Q_j), qu'elle soit d'origine locale ou étrangère, et la somme de ses utilisations domestiques.

Les prix internationaux des biens importés/exportés sont exprimés en dollar (le dollar est la monnaie d'ancrage 1 $ = 177,721 FDJ) et sont supposés exogènes selon l'hypothèse du petit pays.

Les équations ci-dessous permettent de faire passer le prix international en devise du produit importé (PWM_{tr}) à son prix local de marché PM_{tr}. La différence entre les deux prix est en principe liée au taux de change extérieur nominal (e), aux taux (nets) de taxe indirecte sur le produit (tx_{tr}) et aux taux de tarif à l'importation (tm_{tr}). Les taxes indirectes frappent les importations à leur prix domestique, c'est-à-dire en incluant les droits de douane.

Djibouti n'applique pas officiellement de tarif douanier. La TIC étant une taxe intérieure de consommation qui s'apparente aux droits de douane, elle représente à elle seule la majeure partie des recettes indirectes du budget[84].

Dans ce cas de figure, la différence des prix entre le prix international en devise du produit importé (PWM_{tr}) et le prix intérieur de marché PM_{tr} est donc essentiellement liée au taux de change extérieur nominal et aux taux (nets) de taxe indirecte sur le produit (tx_{tr}). Ainsi, le prix du produit importé se calcule :

$$PM_{tr} = e\ PWM_{tr}\ (1 + tx_{tr}) \qquad (11)$$

De même, le prix reçu par le producteur à l'exportation du produit (PE_{tr}) est égal au prix international en monnaie nationale ($ePWE_{tr}$) divisé par $(1 + te_{tr})$, où te_{tr} est le taux net de taxation à l'exportation. Cependant, les taux tarifaires sont nuls dans une petite économie ouverte comme Djibouti.

$$PE_{tr} = \frac{e\ PWE_{tr}}{(1+te_{tr})} \qquad (12)$$

L'offre de produits sur le marché a deux composantes : l'offre de produits locaux sur le marché intérieur et les importations de ce produit ($PC_{tr}Q_{tr} = PD_{tr}D_{tr} + PM_{tr}M_{tr}$). Ainsi, le prix du marché du produit local vendu sur le marché intérieur (PD_{tr}) est égal à la différence entre la valeur de l'offre totale du produit au prix composite(PC_{tr}) et celle de l'importation de ce produit à son prix intérieur, par unité vendue localement. D_{tr} est le produit local écoulé sur le marché intérieur.

$$PD_{tr} = \frac{(PC_{tr}Q_{tr} - PM_{tr}M_{tr})}{D_{tr}} \qquad (13)$$

Pour obtenir le prix reçu par le producteur pour ses ventes sur le marché local (PL_{tr}), il suffit de diviser (PD_{tr}) par $(1 + tx_{tr})$. Ceci correspond au prix du produit local *tr* hors taxe.

$$PL_{tr} = \frac{PD_{tr}}{(1+tx_{tr})} \qquad (14)$$

[84] Nous considérons que les taxes qui s'appliquent au niveau des branches correspondent aux impôts sur les biens et services et aux autres recettes fiscales (les droits d'enregistrement et de timbres, et les droits d'accise). Depuis 2009, les impôts sur les biens et services regroupent les recettes de la taxe intérieure de consommation (TIC) et la TVA. La différence entre les prix des produits formels et les prix des produits informels est principalement liée à la TVA. La TIC frappe tous les produits (y compris les produits informels) alors que la TVA est supportée par les produits formels.

On peut finalement déterminer le prix global :

$$P_{tr} = \frac{(PL_{tr}D_{tr}+PE_{tr}EX_{tr})}{XS_{tr}} \quad (15)$$

Enfin, l'indice général des prix PINDEX qui est le prix du PIB au coût des facteurs, c'est-à-dire la somme des prix de la valeur ajoutée PV_j, pondérée par les parts de la valeur ajoutée des branches d'activité dans le PIB total (les δ_j) est défini par l'équation :

$$PINDEX = \sum_{j=1}^{5} PV_j \, \delta_j \quad (16)$$

Où δ_j= part de la valeur ajoutée de la branche de l'activité j dans le PIB au coût des facteurs à la situation de référence, avec $\sum_{j=1}^{5} \delta_j = 1$

4.2.1.3. Revenu et épargne des institutions

4.2.1.3.1. Ménages

Les trois catégories de ménages (salariés formels, non salariés et informels) tirent leurs revenus principalement des deux facteurs de production travail (*L*) et (*K*), de la rémunération des dépôts à terme qu'ils ont effectués à la période précédente ainsi que des revenus de transfert de la part de l'État et du reste du monde. Les transferts du reste du monde sont essentiellement les « transferts de migrants » estimés (notamment les *Hawalas*)[85] et à moindre mesure les revenus du travail (salaires versés par les bases militaires, ambassades, ONG aux travailleurs nationaux) et les envois des travailleurs.

$$YH_h = YHL_h + YHK_h + (TRANSF_{h,g} + e.TRANSF_{h,row}).PINDEX + \sum_h rdc_{t-1}.TDEP_h^{t-1} \quad (17)$$

$(h = h_s , h_{ns}, h_{inf})$

Avec :

YH_h : revenu total du ménage de type *h*

YHL_h : revenu de travail du ménage de type *h*

YHK_h: revenu de capital du ménage de type *h*

$TRANSF_{h,g}$: transferts en volume versés par l'État aux ménages *h*

$TRANSF_{h,row}$: transferts du reste du monde vers les ménages *h*

rdc_{t-1} : taux d'intérêt domestique créditeur à la période précédente.

$TDEP_h^{t-1}$: total des dépôts des ménages à la période précédente

Les taux de salaire sont appliqués en fonction de l'appartenance au secteur. Chaque catégorie de ménages reçoit le taux de salaire (*w*) du secteur, multiplié par le volume de travail employé par ledit secteur.

$$YHL_h = \sum_l [\lambda_h^{wL} (w_l \sum_j LD_{l,j})] \quad (18)$$

Le revenu du capital est réparti entre les agents, y compris les ménages.

$$YHK_h = \sum_k [\lambda_h^{rK} \sum_{tr} (r_{tr} KD_{tr})] \quad (19)$$

[85]Les transferts de migrants ne figurent pas dans la balance des paiements et sont estimés à partir de l'enquête sur les *Hawalas*.

W_l : taux de salaire du secteur j
$r_{k,tr}$: taux de rendement du capital dans la branche *tr*
λ_h^{rK}: part des revenus du capital de type *K* payée à l'agent économique *h*
λ_h^{wL}:Part des revenus du travail du type *L* payée au ménage de type *h*
LD_j : demande de travail de la branche *j*
KD_{tr}: demande de capital de la branche *tr*

Le revenu disponible des ménages est égal à leur revenu total diminué du paiement de l'impôt sur le revenu et des intérêts débiteurs domestiques.

$$YDH_h = YH_h - TDH_h - rdd_{t-1}.TCD_h^{t-1} \quad (20)$$

Les ménages épargnent une proportion fixe de leur revenu disponible. Elle est donnée pour chaque groupe de ménage par l'expression :

$$SH_h = \psi_h YDH_h \quad (21)$$

Avec :
SH_h : épargne des ménages de type *h*
ψ_h : propension moyenne à épargner des ménages
TDH_h : taxe directe prélevée sur les ménages de type *h*
YDH_h : revenu disponible des ménages de type *h*
rdd_{t-1} : taux d'intérêt domestique débiteur à la période précédente
TCD_h^{t-1} : encours des emprunts domestiques détenus par les ménages

4.2.1.3.2. Firmes

Le revenu des firmes est constitué principalement des revenus du capital non distribués et des transferts provenant de l'État.

$$YF_f = YFK_f + TRANSF_{f,g}.PINDEX \quad (22)$$

$$YFK_f = [(1 - \textstyle\sum_k \lambda_h^{rK} - \lambda_{row}^{rK}).\sum_{tr}(r_{tr}KD_{tr})] \quad (23)$$

Où :
YF_f : revenu total des firmes
YFK_f: revenu du capital des firmes
$TRANSF_{f,g}$: transferts en volume versés par l'État aux firmes

L'épargne des firmes est égale à leur revenu total diminué du paiement de l'impôt sur le revenu des entreprises et des intérêts débiteurs domestiques et étrangers.

$$SF_f = YF_f - TDF - rdd_{t-1}.TCD_f^{t-1} - rrd_{t-1}.TCR_f^{t-1} \quad (24)$$

Où :
SF_f : épargne des entreprises
TDF : taxe prélevée sur le revenu des entreprises

rdd_{t-1} : taux d'intérêt domestique débiteur à la période précédente

TCD_f^{t-1} : encours des emprunts domestiques détenus par les firmes à la période précédente

rrd_{t-1} : taux d'intérêt étranger débiteur à la période précédente

TCR_f^{t-1} : encours des crédits étrangers détenus par les firmes à la période précédente (volume)

4.2.1.3.3. APU

Les recettes des administrations publiques correspondent essentiellement aux prélèvements obligatoires et aux transferts reçus par l'État en provenance du reste du monde (dons au titre de l'aide au développement, rente militaire, diplomatique et publique). L'ensemble des données dans notre modèle définit l'aide internationale comme les aides étrangères reportées dans le budget du gouvernement. La plupart des études macroéconomiques ne font pas de distinction entre les différentes formes d'aide parce que les données sous-jacentes à leur utilisation spécifique ne sont pas disponibles. Ainsi, notre modèle EGC couvre seulement l'aide publique au développement versée aux administrations publiques et reportée dans le budget. Certes, ceci couvre une partie de l'aide internationale, mais en 2009 c'est la majorité de l'aide officielle octroyée à Djibouti (environ 70 %)[86].

$$YG = \sum_h TDH_h + TDF + \sum_{tr} TIC_{tr} + e.PINDEX\,.TRANSF_{gvt,row} \quad (25)$$

Le gouvernement reçoit les différents impôts : des taxes directes sur les revenus des ménages (TDH_h) et entreprises (TDH_f), des taxes indirectes sur les produits (notamment la *TIC*).

$$TDH_h = ty_h YH_h \quad (26)$$

$$TDF = ty_f YFK_f \quad (27)$$

$$TIC_{tr} = tx_{tr}(P_{tr}XS_{tr} - PE_{tr}EX_{tr}) + \frac{tx_{tr}}{(1+tx_{tr})} PM_{tr}\, M_{tr} \quad (28)$$

L'État verse des subventions (aux enseignants), des prestations et retraites, et subventionne certaines entreprises publiques comme l'Électricité de Djibouti (EDD). Son niveau d'épargne est égal au revenu total diminué des transferts vers les autres agents (ménages et firmes), diminué du total des dépenses de consommation courantes des administrations publiques et des intérêts débiteurs domestiques.

$$SG = YG - (TRANSF_{f,g} + e.TRANSF_{h,g}) - G - rdd_{t-1}.TCD_g^{t-1} - rrd_{t-1}.TCR_g^{t-1} \quad (29)$$

Où :

86 Ainsi, la variable de l'aide n'inclut pas l'aide privée, l'aide humanitaire, l'aide à l'assistance technique, elle ne tient pas compte non plus de l'aide militaire, etc.

YG : revenu total du gouvernement

TIC : taxe indirecte prélevée sur le produit *tr* (volume)

tx_{tr}: taux de taxation indirecte sur le produit *tr*

M_{tr}: importation du produit *tr* (volume)

EX_{tr}: exportation du produit *tr*

G : consommation totale en volume de l'État (valeur)

rdd_{t-1} : taux d'intérêt domestique débiteur à la période précédente

TCD_g^{t-1}: encours des emprunts domestiques détenus par l'État à la période précédente

rrd_{t-1} : taux d'intérêt étranger débiteur à la période précédente

TCR_g^{t-1}: encours des crédits étrangers détenus par l'Etat à la période précédente

ty_h : taux d'imposition sur le revenu du ménage *h*

ty_f : taux d'imposition sur le revenu des entreprises

$PINDEX$: indice des prix

e : taux de change

4.2.1.3.4. Banques commerciales

Les revenus des banques sont déterminés par leur activité d'intermédiation de la période précédente et des intérêts reçus de l'étranger.

$$SBQ = rdd_{t-1}\,(TCD_g^{t-1} + TCD_h^{t-1} + TCD_f^{t-1}) - \sum_h rdc_{t-1} \cdot TDEP_h^{t-1} \qquad (30)$$

4.2.1.4. La demande finale intérieure

La demande de produits locaux ou importés provient de trois sources potentielles : la consommation des ménages et des administrations publiques, la demande d'investissements (publics et privés) et la demande intermédiaire totale.

Les dépenses de consommation finale des ménages sont représentées par une fonction Cobb Douglas (à EST=1 et à rendement constant). Si la concurrence est parfaite, les parts budgétaires allouées aux consommations des différents produits par les trois catégories de ménages sont constantes. Suite à la résolution du programme de maximisation de la consommation sous contrainte de revenu, nous obtenons les demandes de consommation $C_{tr,h}$ de la forme suivante :

$$C_{tr,h} = \frac{\gamma_{tr,h}\,YD_h}{PC_{tr}} \qquad (31)$$

$(h = h_s\,, h_{ns}, h_{inf})$

En plus des dépenses de consommation finale des ménages, nous avons la consommation des administrations publiques. Le budget de consommation des administrations publiques est entièrement dépensé à l'achat de biens et services non marchands pour un montant donné de budget de dépenses (*G*).

$$G = XS_{ntr}\,P_{ntr} \qquad (32)$$

Le compte de capital ou compte d'investissement est désagrégé suivant les secteurs institutionnels résidents.

Les demandes d'investissements publics en produit *tr* (INV_{tr}^{g}) sont déterminées en valeur à partir d'une clef de répartition (μ_{tr}^{g}) et d'un niveau global de l'investissement total de l'État supposé exogène (IVT_g)

$$INV_{tr}^{g} = \frac{\mu_{tr}^{g} IVT_g}{PC_{tr}} \qquad (33)$$

Les demandes d'investissements des firmes en produit *tr* (INV_{tr}^{f}) (dont le montant est déterminé par solde à partir des conditions d'équilibre) se répartissent entre les différents produits selon une clef de répartition (μ_{tr}^{f}) et un niveau global d'investissements supposés exogènes (IVT_f)

$$INV_{tr}^{f} = \frac{\mu_{tr}^{f} IVT_f}{PC_{tr}} \qquad (34)$$

La demande intermédiaire totale en bien *tr* est égale à la somme de tous les coefficients techniques de production, multipliée par la consommation intermédiaire de la branche.

$$DIT_{tr} = \sum_{j=1}^{5} aij_{tr,j}\, CI_j \qquad (35)$$

(*tr* = 1,2, 3,4)

4.2.1.5. Commerce extérieur

Dans les différentes branches de l'économie, les biens domestiques sont destinés exclusivement à la consommation locale (D_{tr})et sont considérés comme substituables avec les biens importés (M_{tr}). Pour l'utilisateur du produit *tr*, le choix entre les deux sources d'approvisionnement est exprimé par une fonction à élasticité de substitution constante (CES) appliquée à la demande de produits, imparfaitement substituables dans leur utilisation et différenciés selon l'origine géographique de leur lieu de fabrication suivant l'hypothèse d'Armington (1969). C'est la formulation la plus utilisée pour modéliser le commerce international dans les MCEG. La fonction d'offre en volume de produit composite (Q_{tr}) est caractérisée par :

$$Q_{tr} = A_{tr}^{M}[(1 - \alpha_{tr}^{M})D_{tr}^{-\rho_j^M} + \alpha_{tr}^{M}(M_{tr})^{-\rho_{tr}^{M}}]^{\frac{-1}{\rho_{tr}^{M}}} \qquad (36)$$

Où:

$\rho_{tr}^{M} = \frac{1-\sigma_{tr}^{M}}{\sigma_{tr}^{M}}$, *avec -1*< ρ_{tr}^{M}< <∞ *et 0*<σ_{tr}^{M}<∞ ;

$$M_{tr} = \left[\left(\frac{\alpha_{tr}^{M}}{1-\alpha_{tr}^{M}}\right)\left(\frac{PD_{tr}}{PM_{tr}}\right)\right]^{\sigma_{tr}^{M}} D_{tr} \qquad (37)$$

De même, il est supposé que le producteur du produit *tr* peut affecter sa production totale XS_{tr} en proportion variable, à des ventes à l'exportation EX_{tr} et à des ventes locales D_{tr}. Cette transformation entre EX_{tr} et D_{tr} est exprimée par une fonction à élasticité de transformation constante (*CET*) et finie (τ_{tr}^{E}) qui prend une forme similaire à celle de la CES.

$$XS_{tr} = B_{tr}^{E}\left[(1-\beta_{tr}^{E})D_{tr}^{\ -k_{tr}^{E}} + \beta_{tr}^{E}\ EX_{tr}^{\ -k_{tr}^{E}}\right]^{\frac{-1}{k_{tr}^{E}}} \qquad (38)$$

$k_{tr}^{E} = (1-\tau_{tr}^{E})/\tau_{tr}^{E}$, *avec* $-\infty < k_{tr}^{E} < -1$ *et* $-\infty < \tau_{tr}^{E} < 0$

4.2.2. La modélisation de la sphère financière

Dans l'optique de l'étude du système monétaire, les règles particulières du fonctionnement des caisses d'émission sont introduites dans le modèle. L'ensemble des équations ci-dessous formalisent les comportements des agents concernant leurs actifs monétaires et financiers.

Une partie de l'épargne des ménages est convertie en encaisses monétaires. Le reste est déposé auprès des banques commerciales.

$$\Delta MON_h = \xi_h SH_h \qquad (39)$$

$$\Delta DEP_h = SH_h - \Delta MON_h \qquad (40)$$

Les ménages financent leurs investissements grâce aux crédits domestiques.

$$\Delta CD_h^D = \sum PC_{tr} . INV_{tr}^h \qquad (41)$$

Le besoin de financement des firmes est déterminé par la différence entre les dépenses d'investissements et leur épargne. Il est financé selon une proportion fixe grâce aux transferts venant du reste du monde (notamment les investissements directs étrangers qui permettent de satisfaire le besoin d'investissement des firmes) et par un crédit domestique.

$$BESF_f = \sum PC_{tr} . INV_{tr}^f - SF_f \qquad (42)$$

$$PINDEX . e . TRANSF_{f,row} = \eta_f \ BESF_f \qquad (43)$$

$$\Delta CD_f^D = (1-\eta_f) BESF_f \qquad (44)$$

De même pour les administrations publiques, le besoin de financement est déterminé par la différence entre les dépenses d'investissement et leur épargne. Ce besoin d'investissement public est satisfait par les prêts FMI et les prêts consentis au titre de l'aide publique au développement (APD).

$$e . \Delta CE_g^D = \sum PC_{tr} . INV_{tr}^g - SG \qquad (45)$$

Dans un tel régime, la base monétaire dépend de la monnaie fiduciaire en circulation et du montant des réserves des banques commerciales. Cette base monétaire dépend ainsi du montant des réserves officielles de change de la Banque centrale de Djibouti (FCB).

$$\Delta BM = \sum_h \Delta MON_h \qquad (46)$$

$$\Delta BM = \Delta FCB \qquad (47)$$

Dans un tel système où les dépôts font les crédits, l'octroi des crédits est limité par l'acquisition et le maintien de ressources suffisantes.

$$\Delta DEP_h + SB = \sum_h \Delta CD_h^D + \Delta CD_f^D + \Delta FB \qquad (48)$$

Le montant de l'épargne étrangère est égal en valeur absolue au solde de la balance des opérations courantes (*BOC*). La position de l'économie (déficit ou excédent) vis-à-vis du reste du monde est vue à travers ce solde de la balance des opérations courantes. Un solde positif correspond à un déficit de l'économie et vice versa.

$$BOC = \sum_{tr}(PWM_{tr} . M_{tr} - PWE_{tr} . EX_{tr}) . e + PINDEX . e . (\sum_{h} TRANSF_{h,row} + TRANSF_{g,row}) - rrd_{t-1} . \left(TCR_{g}^{t-1} + TCR_{f}^{t-1}\right) + \lambda_{row}^{rK} \sum_{tr}(r_{tr} . KD_{tr}) \quad (49)$$

Avec :
BOC : solde de la balance des opérations courantes
PWM_{tr}: prix mondial à l'importation de *tr*
PWE_{tr}: prix mondial à l'exportation de *tr*

La balance des capitaux est déterminée par l'offre de crédits en provenance de l'étranger ; ce sont essentiellement les prêts consentis au titre de l'aide publique au développement, et les investissements directs étrangers, diminués des avoirs extérieurs nets des banques commerciales (ΔFB).

$$BK = e . \Delta CE^{s} + PINDEX . e . TRANSF_{f,row} - \Delta FB \quad (50)$$

Nous récapitulons l'ensemble des équations précédentes décrivant les comportements des agents dans les comptes suivants, selon les travaux de Hanke et Schuler (1994) sur la représentation de la sphère financière en régime de *Currency Board.*

Ménages

ΔMON_h ΔDEP_h	S_h

APU

$BESF_g$	ΔCE_g^D

BCD

ΔFCB_h	ΔMON_h

Firmes

$BESF_f$	ΔCD_f^D IDE

Banques commerciales

ΔCD^s	ΔDEP_h SBQ

RDM

ΔCE_g ΔFB IDE	BOC ΔFCB

Source: adaptée de Hanke et Schuler (1994).

4.2.3. Condition d'équilibre sur les marchés et bouclage macro-économique

Le bouclage macroéconomique d'un MEGC est une façon d'identifier les variables endogènes et exogènes ainsi que les paramètres. Pour réaliser les chocs de simulation, les transferts du reste du monde aux agents économiques résidents sont considérés comme exogènes. Ceci nous permet de fixer la rente extérieure, les IDE et les autres transferts du reste du monde (notamment les *Hawalas*).

4.2.3.1. Bouclage réel du modèle

L'équilibre des marchés des biens et services se détermine grâce aux variations des prix. Nous considérons que les prix sont flexibles.

$$Q_{tr} = DIT_{tr} + \sum_h C_{tr,h} + (INV_{tr}^{g} + INV_{tr}^{f} + \sum INV_{tr}^{h}) \qquad (51)$$

Sur le marché du travail, le salaire réel est supposé flexible et l'économie est toujours au plein emploi.

$$LS = \sum_j LD_j \qquad (52)$$

L'égalité entre l'épargne et l'investissement total (IT) est assurée par l'équation suivante :

$$IT = \sum_h SH_h + SF + SG - BOC \qquad (53)$$

4.2.3.2. Bouclage financier du modèle

Dans un premier temps, le bouclage financier du modèle s'effectue à travers l'égalité entre le niveau des réserves de change officielles avec la somme des soldes des opérations courantes et de la balance des capitaux.

$$BOC + BK = \Delta FCB \qquad (54)$$

Il se détermine ensuite à travers l'égalisation des différentes demandes et offres de crédits.

$$\Delta CD^{S} = \sum_h \Delta CD_h^{D} + \Delta CD_f^{D} \qquad (55)$$

$$\Delta CE^{s} = \Delta CE_g^{D} \qquad (56)$$

Le taux de change du franc Djibouti avec le dollar est le numéraire du modèle.

$$e_{Fdj/\$} = 1 \qquad (57)$$

4.3. Étude des effets macro-économiques des flux de capitaux

Dans cette section, nous présentons les résultats obtenus à partir de quatre simulations retraçant l'effort financier en provenance du reste du monde. Les entrées supplémentaires en devises représentent une source majeure de financement de la balance des paiements et influent sur le fonctionnement du *Currency Board* et l'économie djiboutienne. La première simulation porte sur la hausse de la rente géostratégique par le biais des loyers d'installation militaire. La rente géostratégique est versée à l'État et s'apparente à une augmentation de ressources provenant des ressources naturelles du secteur public. La deuxième simulation que nous abordons est liée à la hausse des transferts *Hawalas* et la troisième porte sur les IDE. Nous procédons *in fine* à une quatrième simulation qui rend compte des effets cumulés. Les résultats des simulations sont présentés dans l'annexe 4.

4.3.1. Simulation d'une hausse de la rente géostratégique de l'État

Nous simulons une situation pour laquelle une hausse de 10 % de la rente géostratégique est utilisée pour une augmentation des dépenses publiques[87]. Le gouvernement, étant le seul acquéreur de biens publics, l'offre de services publics doit augmenter (+11,00 %), et pour se faire, l'administration publique a besoin de recruter (+11,03 %).

Le principal effet de cette simulation est d'augmenter la production de services non marchands tandis que la production de biens et services marchands (à l'exception du tertiaire marchand informel) se contracte sous l'effet de l'augmentation des prix des facteurs de production locaux, y compris de celle de la main d'œuvre (+3.10%). La baisse de la production marchande implique la nécessité de libérer une partie de la main d'œuvre (chômage) qui va être, en effet, employée dans le secteur non marchand, car notre modèle est construit sur une économie proche du plein emploi.

Si la production de biens et de services non marchands est assez grande consommatrice de main d'œuvre, comme c'est souvent le cas, la situation des salariés s'améliore dans notre situation sous l'effet d'une demande accrue de main d'œuvre et non d'une augmentation de leurs salaires.

On note aussi que ce choc est assez favorable aux détenteurs du facteur « capital » puisque la rémunération du capital augmente dans les branches concernées, c'est-à-dire les branches marchandes formelles. La rentabilité du capital augmente plus vite dans la branche non tertiaire formelle que dans la branche tertiaire formelle parce que la production est plus demandeuse de main d'œuvre. Le capital devenant ainsi relativement rare, sa rémunération augmente plus que celle de la branche tertiaire formelle (2,8 % contre 1,7 %).

---

[87] Avec le *Currency Board*, il existe un ajustement fiscal qui passe par la maîtrise des dépenses publiques et des investissements publics, au moins un des deux est exogène.

Ceci se reflète sur les variations des prix à la valeur ajoutée comme le taux de salaire varie de la même façon — l'évolution des prix à la valeur ajoutée est en effet influencée par le taux de salaire et le taux de rendement du capital. La variation du prix à la valeur ajoutée du secteur non tertiaire formel est donc relativement plus importante que celle du secteur tertiaire formel, parce que le taux de rendement du secteur non tertiaire formel est plus important.

Par ailleurs, rappelons que les dépenses d'investissement se font sur des produits formels. L'augmentation de l'investissement (0,85 %) génère une pression à la hausse plus importante sur les prix des produits formels. C'est pourquoi on observe une consommation de produits informels relativement plus importante que de produits formels, dès lors que leurs prix augmentent moins vite (+1,10 % et 1,90 % contre 2 % et 2,2 % pour les produits formels).

Il est à noter aussi que le risque posé par la rente géostratégique à Djibouti est davantage associé à des symptômes du « paradoxe du transfert » plutôt qu'au diagnostic souvent établi du syndrome hollandais (centré sur la désaffection des ressources pour le secteur dynamique des biens échangeables)[88]. L'idée de « paradoxe du transfert » suggère que, du fait des distorsions que présente la structure des échanges, les transferts de ressources de la rente peuvent porter les termes de l'échange suffisamment loin des intérêts du pays pour aggraver sa situation par rapport à ce qu'elle était avant ce transfert (Adam, 2005).

La hausse des prix des biens et services domestiques décourage l'exportation et encourage davantage l'importation. Les exportations baissent pour la branche non tertiaire formelle et tertiaire formelle respectivement de 1,71 % et 2,41 % alors que les importations augmentent de 1,74 % et 2,47 %. Cela équivaut à une perte de compétitivité de l'économie, mais la détérioration de la balance commerciale est largement compensée par la balance des transferts, ce qui diminue le déficit du solde du compte courant de 6,11 %.

Avec l'augmentation des revenus des ménages, des recettes provenant des taxes directes sur les revenus agrégés des ménages (+4,35 %), de celles provenant de la taxation indirecte sur le produit (+2,65 %) et des recettes fiscales provenant des firmes (+1,79 %), les revenus du gouvernement augmentent en conséquence de 6 % ainsi que l'épargne publique (2,29 %). Ce qui amène le gouvernement à moins faire appel à l'emprunt extérieur (-6,6 %). L'État demeure en effet le plus grand bénéficiaire de ces transferts avec un

---

[88] Selon la théorie du syndrome hollandais, c'est l'appréciation du taux de change effectif réel qui favorise les importations en les rendant moins chères en monnaie locale. L'accroissement des importations djiboutiennes serait donc la conséquence de la surévaluation de la monnaie locale due à la rente géostratégique. Mais l'accroissement des importations est aussi dû à des facteurs autres que les prix relatifs. La principale raison qui empêcherait d'accréditer la thèse de l'existence du syndrome hollandais à Djibouti est simple. La structure économique a toujours été très peu diversifiée et le pays n'a pas de tradition agricole. Les mauvaises performances des exportations du secteur échangeable ne peuvent pas s'expliquer uniquement à partir des mouvements des prix relatifs et en particulier du taux de change effectif réel.

revenu qui augmente de 6% alors que celui des firmes augmente de 1,79 % et celui des ménages de 4,24 %. Le PIB s'accroît de 0,25 % suite à la hausse de la valeur ajoutée dans le secteur public non marchand qui domine l'économie.

Dans la sphère financière, selon la règle de fonctionnement du *Currency Board*, la hausse de la rente géostratégique augmente la base monétaire (3.99%) et, par extension, les liquidités destinées aux agents. Pour maintenir un ratio de liquidités fixe, le total des dépôts bancaires des ménages augmente (+3.45%) et en définitive c'est leur épargne qui s'ajuste à la hausse (4.04%).

L'épargne des firmes augmente aussi de 2,18 % et, en conséquence l'épargne domestique augmente de 2,49 % mais la demande de crédits des firmes baisse de 1,89 %. Et, comme le poids de la demande de crédits de la part des firmes représente 55 % du total des crédits utilisés à des fins d'investissements privés, la demande de crédits domestiques baisse de 1,04 %.

En résumé de cette simulation, il ressort que la rente géostratégique a un impact positif sur le taux de croissance réel du PIB, bien qu'elle détériore la compétitivité djiboutienne. Les résultats confirment le rôle majeur du secteur des biens non marchands sur la dynamique de la croissance à long terme, conformément à l'idée de « paradoxe du transfert ». Le rôle stabilisateur du secteur informel (notamment du tertiaire informel) constitue néanmoins un frein à la diffusion des effets de ce mal dans le pays et permet d'éviter les hausses excessives et généralisées des prix intérieurs.

Il ressort également de ces résultats que l'augmentation de la rente géostratégique contribue à un déficit « mécanique » de la balance commerciale sans dommage sur le solde du compte courant, ce qui explique l'augmentation des réserves de change. Mais la hausse des entrées supplémentaires en devises ne se traduit pas par un accroissement de l'offre monétaire.

4.3.2. Simulation d'une hausse des transferts Hawalas

Nous faisons ici l'hypothèse d'un choc sur le montant des transferts *Hawalas* reçus par les ménages informels pour simuler le comportement de l'économie djiboutienne subissant une hausse des transferts de fonds du reste du monde vers les ménages. Nous gardons le même bouclage que dans la simulation précédente. Les tendances sont à peu près les mêmes que pour la simulation précédente parce que les opérations *Hawalas* ne sont par nature pas très différentes de transferts unilatéraux et constituent donc à la fois des éléments du compte courant, et en net une entrée ou une sortie de capitaux potentielle qui devrait participer à l'équilibrage de la balance des paiements.

La hausse des transferts *Hawalas* conduit à une hausse des revenus agrégés des ménages de 0,83 %. Cette hausse implique directement une augmentation proportionnelle du budget alloué à la consommation. La consommation globale des ménages augmente de 0,77 %, mais, n'entraîne pas la demande globale (en agrégée) car les autres composantes de la demande diminuent. En effet, la demande intermédiaire totale baisse de 2 % ainsi que les investissements (en volume) en raison de la hausse des prix.

La production des biens et services marchands se contracte sous l'effet de l'augmentation des prix des facteurs de production locaux, y compris de celle de la main d'œuvre (+0,80 %), tandis que la production des services non marchands augmente (+5,35 %). Ceci se traduit par une baisse de la demande de travail du secteur marchand (à l'exception du secteur tertiaire marchand informel) et une hausse de la demande de travail dans le secteur non marchand de 5,35 %.

La hausse des prix internes décourage les exportations qui baissent dans le non tertiaire et tertiaire formels respectivement de 0,45 % et 0,64 % alors que les importations augmentent d'autant (0,45 % et 0,65 %). La détérioration de la compétitivité qui en résulte dégrade la balance commerciale, mais le déficit est compensé par la balance des transferts. Ceci améliore légèrement la situation du solde du compte courant (le déficit baisse de 0,62 %).

Dans la sphère financière, la hausse des transferts *Hawalas* augmente la base monétaire de 1,70 % et, par extension, les liquidités destinées aux agents. Pour maintenir un ratio de liquidités fixe, le total des dépôts bancaires des ménages augmente de 1,32 % et en définitive c'est leur épargne qui s'ajuste à la hausse (1,57 :). Mais les crédits des firmes baissent de 0,49 % et, par là même, les crédits domestiques (0,27 %).

En résumé, comme nous avons observé au travers des résultats sur la sphère réelle et monétaire, la simulation effectuée par le canal des *Hawalas* témoigne de l'impact relativement faible des transferts de fonds informels sur la balance des opérations courantes (-0,62 %) et sur le PIB (0,07 %).

4.3.3. Simulation d'une hausse des IDE

Les IDE (91,2 M$ en moyenne par an ces dix dernières années) représentent une ressource importante pour l'économie de Djibouti. Ces flux ont atteint 108,28 millions de dollars en 2006, 195,35 millions en 2007; et sont estimés à près de 229 millions de dollars en 2008. Cela représente une progression très importante par rapport à une moyenne annuelle de 87 millions de dollars sur la période 2000 à 2013. Ces augmentations ont été à l'origine de tensions inflationnistes avec un pic de hausse des prix à la consommation de près de 12 % en 2007. Leur dynamisme s'est affaibli avec le report de certains investissements durant la crise financière mondiale, avant de repartir à la hausse à partir de 2012 et 2013. En 2012, le flux entrant s'est élevé à 100 M$ soit 7,4 % du PIB tandis que le stock atteint 1,056 Md$.

Les flux d'IDE proviennent principalement des pays du Golfe et particulièrement de l'Émirat de Dubaï. Il faut cependant noter l'arrivée récente d'investisseurs chinois, notamment à travers la prise de participation en janvier 2013 à hauteur de 23,5 % par China Merchants Holdings International dans le capital du Port de Djibouti SA pour un montant de 185 M$.

Compte tenu de l'impact important de ces flux d'IDE sur la dynamique de la croissance du pays, la structure d'exportation et l'investissement intérieur, etc., la simulation d'une hausse des entrées d'IDE est intéressante.

Pour simuler l'augmentation des flux IDE sur la période 2006 et 2016 qui sont au centre du moteur de croissance, on suppose que les transferts du reste du monde vers les firmes augmentent de 10 % et que ces transferts permettent d'augmenter de 10 % le capital productif (investissement de capacité). Nous gardons le même bouclage que dans les simulations précédentes.

Les effets de premier ordre se traduisent par une augmentation de la production dans le secteur recevant le capital productif, c'est-à-dire les branches formelles. En effet, cet investissement concerne uniquement les produits formels et permet de générer des gains d'efficacité de manière différenciée selon les branches. Par exemple, la branche du tertiaire formel utilisant intensivement le capital bénéficiera davantage de cet investissement que la branche du non tertiaire formel utilisant peu ce service. Ainsi, alors que la production non tertiaire formelle demeure constante car intensive en travail, la production tertiaire formelle augmente de 0,43 %.

Le secteur marchand formel augmente donc sa production mais diminue la demande de travail de 7,07 % du fait de l'apport supplémentaire en capital, ce qui leur permet de réaliser des gains de productivité. Ceci produit des effets sur les prix du marché de ces biens ainsi que des effets indirects sur les secteurs qui consomment plus intensivement ce bien comme intrant dans leur production. C'est pour cela qu'on observe une hausse de la production non marchande (9 %) et du secteur informel (0,52 %).

De plus, les gains de productivité générés dans le secteur formel recevant le capital supplémentaire ont permis de libérer la main-d'œuvre nécessaire à l'essor de la production non marchande et du secteur informel. La main d'œuvre libérée sur le marché du travail devant être absorbée par le secteur non marchand à hauteur de 9 % et le secteur informel de 0,38 %.

Nous observons une augmentation du PIB de 1,68 % venant de la hausse de la valeur ajoutée marchande et non marchande (formelle et informelle)

Par ailleurs, on observe que les flux d'IDE se déplacent en tandem avec le déficit de la balance courante (+24,52 %).

Dans la sphère financière, les déséquilibres du solde courant impliquent une diminution des réserves de change de la Banque centrale et donc entraîne une contraction de la base monétaire de 4,18 % et, par extension, les liquidités destinées aux agents. Pour maintenir un ratio de liquidités fixe, le total des dépôts bancaires des ménages diminue de 3.54% et, en définitive, c'est leur épargne qui s'ajuste à la baisse (-4,15 %), l'épargne des firmes aussi (-1,10 %).

L'épargne domestique baisse donc de 6,74 % et la demande des crédits domestiques utilisés à des fins d'investissements privés augmente (+0,53 %) ainsi que la demande de crédits étrangers de l'État (41,11 %). En effet, il y a une forte demande des crédits étrangers de l'État qui a vu son épargne chuter

(-14,15 %) en raison de la baisse des revenus du gouvernement (-5,78 %). Les recettes de l'État baissent car le revenu du ménage agrégé diminue de 3,96 % et le revenu des entreprises diminue de 0,91 % ainsi que la taxe indirecte sur les produits de 1,23 %.

En résumé, l'effet de ce choc est d'augmenter la capacité de production dans l'ensemble des branches formelles et informelles de l'économie ainsi que dans la production non marchande. Le PIB s'accroît suite à la hausse de la valeur ajoutée dans le secteur marchand et non marchand. Mais les déséquilibres de la balance courante résultant des flux de capitaux diminuent la base monétaire et, par extension, les liquidités destinées aux agents. Il s'ensuit notamment une baisse des prix intérieurs dans la branche du tertiaire formel bénéficiant davantage des IDE car utilisant intensivement le capital, donc une compétitivité accrue qui entraîne une hausse des exportations des produits tertiaires formels (+1,43 %), et une réduction de la demande intérieure qui a pour effet de ralentir les importations (-1.41%). L'ajustement automatique de la balance des paiements repose sur le mécanisme induit par le *Currency Board.*

Mais le creusement du déficit courant entraînant en conséquence une accumulation importante de la dette extérieure (+41,11%) pourrait développer à terme une défiance des investisseurs étrangers en raison d'un défaut de paiement et porterait atteinte à la crédibilité du *Currency Board* en créant un risque de dévaluation.

4.3.4. Simulation des effets cumulés

Au terme de notre analyse d'impact des différents flux de capitaux, il est à noter la vulnérabilité de l'économie djiboutienne. Pour chacun des canaux de transmission, nous avons pu quantifier les effets économiques. Mais pour parler d'incidence globale des entrées massives de capitaux, il faut voir à présent les effets cumulés des différents canaux que nous avons identifiés dans les précédentes simulations.

La simulation d'une hausse de l'ensemble des flux a conduit à une expansion de la production du secteur non marchand et une contraction du secteur marchand qui devient moins compétitif. En conséquence, les importations augmentent au détriment des exportations et donc le déficit de la balance commerciale s'accroît, ainsi que le solde du compte courant.

Dans la sphère financière, selon la règle de fonctionnement du *Currency Board*, la hausse de l'ensemble des flux augmente la base monétaire (1,25 %) et, par extension, les liquidités destinées aux agents. Pour maintenir un ratio de liquidités fixe, le total des dépôts bancaires des ménages augmente (1,01 %) et, en définitive, c'est leur épargne qui s'ajuste à la hausse (1,19 %).

L'offre de crédit étant liée au volume des dépôts en régime de *Currency Board*, la baisse de la demande de crédits domestiques (- 0,38 %) principalement due à la contraction de la production marchande, redirige les crédits vers les marchés étrangers. Ainsi, les réserves internationales des banques commerciales augmentent de 18,25 %. L'accumulation des actifs en devises des banques permet de diminuer l'excédent du compte de capital et, par là même, d'atténuer les déséquilibres excessifs des soldes courants[89].

4.4. Conclusion du chapitre 4

L'afflux de capitaux étrangers à Djibouti au cours de ces dernières années a conduit à entreprendre des études poussées sur leurs effets macroéconomiques. Nous avons développé une version statique d'un modèle d'équilibre général calculable destinée à apprécier les effets globaux des mouvements de capitaux sur l'économie djiboutienne.

Nous avons rappelé en amont la littérature des principales analyses auxquelles se prêtent les MEGC, les grandes hypothèses et les propriétés du modèle d'équilibre général concurrentiel qui sont les éléments fondateurs des modèles d'équilibre général calculable.

La nouveauté de nos travaux réside dans la modélisation de l'économie djiboutienne et de son secteur informel et la prise en compte de la sphère financière pour mettre en exergue les opérations financières qui constituent la contrepartie de l'activité réelle.

Le taux de change nominal envers le dollar étant donné, nous avons observé que les ressources rentières et, dans une moindre mesure, les *Hawalas* peuvent susciter le blocage de la production marchande et l'expansion de la production non marchande. Ceci est une démonstration des symptômes du « paradoxe du transfert ».

Le rôle stabilisateur du secteur informel (notamment du tertiaire informel) constitue néanmoins un frein à la diffusion des effets de ce « paradoxe du transfert » dans le pays et permet d'éviter les hausses excessives et généralisées des prix intérieurs.

Les transferts de la rente géostratégique et des *Hawalas* dans une moindre mesure impactent positivement le solde du compte courant et la base monétaire, mais les crédits domestiques n'augmentent pas.

Les mécanismes d'ajustement ne répondent pas car la hausse des entrées supplémentaires en devises ne se traduit pas par un accroissement de l'offre monétaire, notamment lors d'un excédent du compte courant : les banques commerciales conservent les réserves de change en excès de la base monétaire ou les utilisent pour augmenter leurs placements à l'étranger.

À l'inverse, les flux d'IDE accentuent le déséquilibre des soldes courants et diminuent la base monétaire. Le creusement du déficit courant entraîne en conséquence une hausse de la demande de crédits domestiques et une forte augmentation de la demande de crédits étrangers de l'État.

---

[89] En termes d'aggravation du déficit courant, on note que le scénario avec un actif en devises des banques endogène a des répercussions plus fortes que le scénario avec un actif en devises des banques exogènes.

En définitive, quelle que soit la nature des flux de capitaux, l'accroissement du PIB à Djibouti témoigne d'une activité économique en plein essor sous l'influence de l'expansion de la production non marchande. Pour maximiser les avantages des flux massifs de capitaux tout en limitant les risques, le gouvernement est de plus en plus souvent sollicité à baisser ses dépenses publiques. La simulation d'une baisse des dépenses publiques permet d'apprécier l'impact de la politique d'austérité budgétaire. La diminution de la dépense publique réduit le besoin de financement de l'État, mais à cette baisse pourrait être associée une baisse de l'activité économique.

Le MEGC que nous avons développé permet de fournir des résultats intéressants quant aux effets macroéconomiques des flux de capitaux sur l'économie de Djibouti. Mais ces résultats sont très liés aux choix des formes fonctionnelles, des valeurs des paramètres et des modes de bouclage macroéconomique et restent difficiles à valider et à tester. Le modèle étudié est statique et ne peut être réellement observé ; la situation de l'économie est supposée être initialement en équilibre. En outre, en conservant l'hypothèse de l'agent unique, appelé « agent représentatif », il semble abusif de parler d'équilibre général quand il y a un agent qui décide de tout. Le modèle ne considère pas les changements de distribution intragroupe. Cependant, l'approche en microsimulation permet de s'affranchir de cette dernière contrainte. Dans une perspective de recherche axée sur les effets distributifs intra-groupe d'une politique économique ou d'un choc externe, une approche de type multiménages intégrés (microsimulation) peut s'avérer utile et pertinente pour appréhender les effets en termes d'emploi et de pauvreté des mécanismes de stabilisation et d'ajustement induits par un *Currency Board*.

Conclusion générale

À l'heure où même le Fonds monétaire international qui, jusqu'à ces dernières années, appuyait l'idée de mobilité quasi-parfaite des flux de capitaux défend le contrôle des capitaux, l'objectif de cette recherche a été de comprendre la longévité du *Currency Board,* un régime monétaire extrêmement rigide ne permettant pas de neutraliser les effets des mouvements internationaux de capitaux.

Le *Currency Board* de Djibouti est entièrement déterminé par les mouvements internationaux de capitaux. Sa longévité est expliquée par des facteurs institutionnels et politiques, par des pratiques monétaires informelles et par la capacité du système bancaire à traiter les risques associés aux mouvements de capitaux.

Les déterminants de la longévité du *Currency Board* de Djibouti

Les transferts *Hawalas*

Avec une approche économétrique, nous nous sommes intéressés au lien existant entre le *Currency Board* et les pratiques monétaires informelles en vue d'améliorer notre connaissance empirique sur la relation entre les transferts *Hawalas* (c'est-à-dire les transferts de fonds via les individus), la balance des paiements, et l'offre de monnaie. Au terme de notre étude, d'abord macrocomptable et ensuite économétrique, nous sommes parvenus aux conclusions suivantes. Premièrement, les *Hawalas* modifient concurremment la composition de la structure de la masse monétaire et son volume et le comportement des ratios de liquidité. Deuxièmement, sans les *Hawalas,* il n'existe pas de relation univoque à long terme entre la balance des paiements et la base monétaire. Un des atouts souvent mis en avant du *Currency Board*, le prétendu mécanisme automatique, ne s'impose pas du tout. Les résultats se modifient sensiblement lorsqu'on inclut les *Hawalas* dans le mécanisme d'ajustement. Dans ce cas, on voit clairement la présence d'une relation d'équilibre à long terme entre le secteur externe et le secteur monétaire. Nous pouvons donc supposer qu'en régime de *Currency Board*, les *Hawalas* aident l'ajustement de la balance des paiements. Ainsi, les pratiques monétaires informelles se développent en harmonie avec le régime monétaire, extrêmement rigide. L'interaction du secteur formel et informel permet d'obtenir un équilibre macromonétaire dès lors qu'il n'y a pas de fuites de capitaux significatives par le canal des *Hawalas*. Ces derniers suivent principalement les flux commerciaux et visent à éviter la taxation. Sur le plan empirique, les *Hawalas* étant difficilement mesurables, les méthodes d'approximation de ces pratiques doivent être perfectionnées et revues, éventuellement de nouvelles approches pourront être élaborées et testées.

L'absence de fuite de capitaux

Nous avons mesuré la fuite de capitaux en utilisant la méthode résiduelle élaborée par la Banque mondiale (1985) et Erbe (1985) et aussi en prenant en compte, selon Guaranty (1986), la variation des avoirs détenus à l'étranger par les banques commerciales domestiques. Sur la période 1993-2016, les fuites de capitaux réels demeurent en moyenne négatives, atteignant un niveau record des sorties nettes de 484 millions de dollars en 2014 (363 millions de dollars en 2007) et un creux record de 353 millions de dollars en 2010. De 2006 à 2016, les sorties nettes des capitaux ont été estimées à 1,5 milliard de dollars (soit 91 % du PIB et 155 % du stock de la dette en 2016), en lien essentiellement (à l'exception de 2010) avec les IDE (dont la cession partielle des parts sociales du port de Djibouti au cours de l'année 2013) et la dette extérieure (notamment en 2007, 97 % du PIB) ; ceci peut produire à long terme des effets négatifs sur la stabilité du *Currency Board.*

Nous avons donc évalué l'impact des fuites de capitaux sur la stabilité du régime monétaire pour la période 1993-2016. Pour cela, nous avons construit des indicateurs d'instabilité monétaire pour le *Currency Board* de Djibouti, et testé différents modèles économétriques en tenant compte du cadre institutionnel et de la corruption. La fuite des capitaux étant en moyenne négative au cours de la période sous revue, les résultats de l'évaluation d'impact montrent le bien-fondé de notre hypothèse de base suivant laquelle le *Currency Board,* dans le cas de Djibouti, est entièrement déterminé par les mouvements internationaux de capitaux, à la différence des autres *Currency Boards* où les flux commerciaux jouent un rôle non négligeable.

Ainsi, dès lors qu'il n'y a pas de fuites de capitaux significatives ni par le canal des *Hawalas* ni par un autre canal informel (en dehors de la période 2006-2016), force est de constater que le taux de change libre s'aligne sur le taux officiel, que la monnaie locale est détenue volontairement (et indifféremment à des dollars), et donc que la couverture par les réserves de change officielles est adéquate. Il n'y pas de cotation informelle du franc djiboutien qui pourrait déstabiliser le taux de change fixe. Les flux financiers illicites sont principalement liés aux transactions commerciales éthiopiennes et somaliennes et ne nécessitent pas l'arbitrage de taux de change du franc Djibouti par rapport au dollar parce que, non seulement, les flux sont essentiellement en billets de banque, mais aussi parce que les sorties de capitaux sont compensées par les entrées de capitaux (licites ou illicites). Les dépôts demeurent liquides et transitoires.

La rente géostratégique comme vecteur de la longévité du *Currency Board*

L'analyse d'économie politique du système monétaire djiboutien explique enfin l'inertie du *Currency Board* comme le produit d'un compromis monétaire(un arrangement institutionnel) permettant de garantir l'extraction, la reproduction et la distribution de la rente géostratégique dans un réseau composé de différents acteurs, de coalitions d'acteurs et de flux de ressources circulant entre eux. Cette inertie du *Currency Board* est dans l'intérêt d'une forte coalition gagnante, composée pour l'essentiel d'acteurs étrangers et d'un groupe minoritaire local (État et élites nationales). La partie principale de la rente extérieure, provenant pour l'essentiel des bases militaires étrangères, est recyclée hors de Djibouti par la construction même du *Currency Board* et par la forte présence de banques étrangères, qui favorisent la détention de réserves étrangères au détriment des investissements domestiques.

Quel retour à l'équilibre du mécanisme du *Currency Board* ?

L'objectif second de l'ouvrage était d'évaluer les effets globaux des flux de capitaux entrants au cours des deux dernières décennies. Malgré une disponibilité de données assez réduite, il a été possible, en s'appuyant sur la construction d'une version statique d'un modèle d'équilibre général calculable financier, de simuler numériquement différents chocs liés aux entrées supplémentaires en devises représentant une source majeure du financement de la balance des paiements.

Dans la théorie, le mécanisme automatique permettant d'adapter l'offre de monnaie à la dynamique de la balance des paiements a fait l'objet de quelques hypothèses simplificatrices ; or, les conditions réelles ne sont pas si simples notamment lors d'un excédent du compte courant. Les résultats obtenus selon la nature des données (actif en devises des banques endogène) montrent que, lors d'un excédent du compte courant, les banques commerciales peuvent vouloir conserver les réserves de change en excès de la base monétaire ou les utiliser pour augmenter leurs placements à l'étranger. Les chocs simulés liés aux transferts *Hawalas* et la rente géostratégique assurée par les bases militaires étrangères ont révélé ainsi que les mécanismes d'ajustement ne répondent pas, car la hausse des entrées supplémentaires en devises ne se traduit pas par un accroissement de l'offre monétaire; les banques commerciales opérant à Djibouti utilisent les réserves de change en excès pour augmenter leurs placements à l'étranger. Cette accumulation de réserves de change au détriment des crédits domestiques modère tout excédent du compte de capital et diminue les déséquilibres excessifs des soldes courants. Inversement, les déséquilibres des soldes courants s'accentuent et les crédits domestiques croissent lorsque l'excédent du compte de capital, notamment grâce aux flux des investissements directs étrangers (IDE) et la dette extérieure, est significativement supérieur au déficit courant.

Pour parler d'incidence globale des entrées massives de capitaux, il est démontré que les flux massifs de capitaux rendent moins compétitifs les secteurs marchands et favorisent la production dans le secteur public non marchand. La hausse du prix des biens marchands entrave en effet la compétitivité de la production djiboutienne, provoquant un creusement du déficit courant et ce, malgré la hausse de la rente géostratégique et les transferts *Hawalas*. Mais grâce aux importantes entrées d'investissements directs étrangers et la hausse de la dette extérieure, l'excédent du compte de capital est significativement supérieur au déficit courant pour accroître *in fine* le montant des réserves à l'actif de la caisse d'émission et celui des banques commerciales, bien que cela prive l'économie locale de capitaux utiles au développement. Ainsi, la variation des réserves de change n'entraîne plus une variation de la masse monétaire qui permet, à son tour, de faire fléchir sensiblement les taux d'intérêt pour réaliser les ajustements attendus par le système de *Currency Board* ; les dépôts ne font pas les crédits.

Bibliographie

Adair, P. (2009), « Économie non observée et emploi informel dans les pays de l'Union européenne ; Une comparaison des estimations et des déterminants », *Revue économique*, Presses de Sciences-Po, 60(5) : 1117-1153.

Adam, C. (2005), « Flux exogènes et taux de change réels : Hypothèse d'école ou réalité empirique? », Séminaire du Fonds monétaire international sur la gestion de l'aide extérieure et la gestion macroéconomique, Maputo, Mozambique.

Adelman, I. and Robinson, S. (1976), *Income Distribution Policy in Developing Countries: A Case Study of Korea*, Oxford University Press, New York.

AfDB and GFI (2013), «Illicit Financial Flows and the Problem of Net Resource Transfers from Africa: 1980-2009», Washington, DC and Tunis.

Allegret, J-P (2007), « Quels régimes de change pour les marchés émergents ? Les solutions de coins en questions », *Panoeconomicus*, 4: 397-427.

Aman, M., Nenovsky, N. and Mahamoud, I. (2014), "The Informal System of Remittances and *Currency Board*: Complementarity or Antagonism? The Case of *Hawala* Transfers in Djibouti", *Savings and Development*, Special issue 38(1): 133-154.

Aman, M. et Nenovsky, N. (2016), « Stabilité du *Currency Board* et fuite des capitaux. Modèle théorique et application empirique au cas de Djibouti », *Mondes en Développement (en cours de publication).*

Aman, M. et Nenovsky, N. (2016), « Géopolitique du régime monétaire. Rente et longévité du *Currency Board* de Djibouti », *Revue de la régulation (en cours de publication).*

Armington, P. S. (1969), "A Theory of Demand for Products Distinguished by Place of Production", *Staff Papers*, International Monetary Fund, 16(1): 159-178.

Arrow K.J. and Debreu G. (1954), "Existence of an Equilibrium for a Competitive Economy", *Econometrica,* 22(3): 265–290.

Azam, J. P. (2010). *A State is Born: Transport Infrastructure and Democracy in Somaliland*, Draft

Balino, T. and Enoch, C. (1997), "*Currency Board* Arrangements: Issues and Experiences" , *Staff Papers*, International Monetary Fund, 151:1-52.

BAD (2011), « Djibouti. Document de stratégie-pays 2011-2015 », Banque africaine de développement.

Barro, R. and Gordon, D. (1983), "Rules, Discretion and Reputation in a Model of Monetary Policy", *Journal of Monetary Economics*, 12(1): 101-121.

BCD (2013), *Rapports annuels (1999-2013),* Banque centrale de Djibouti, Djibouti.

BCD (2013), *Rapports d'audit (1999-2010),* Banque centrale de Djibouti, Djibouti.

BM (2005), "Country Assistance Strategy for the Republic of Djibouti", Rapport 31613, Djibouti.

BM (2009), "Country Assistance Strategy for the Republic of Djibouti", Rapport 47273, Djibouti.

BM (2011), « Outil d'évaluation de la performance en matière de gestion de la dette (DeMPA) », Djibouti.

BM (2014), « Stratégie de partenariat avec la République de Djibouti », Rapport 83874, Djibouti.

Bennett, A. (1994), "Currency Boards: Issues and Experiences". *IMF Papers* on Policy Analysis and Assessment 92(3).

Blanc, J. et Ponsot, J.-F. (2004), " Crédibilité et *Currency Board* : le cas de la Lituanie", *Revue d'économie financière*, 75(2) : 113-127.

Bloch-Lainé, F. (1956), *La Zone franc*, PUF, Paris.

Bourguignon, F., Branson, W. and De Melo, J. (1989), "Macroeconomic Adjustment and Income Distribution: A Macro-Micro Simulation Model", OECD Development Centre, Working Paper, Paris.

Bourguignon, F., De Melo, J. and Suwa, A. (1991), "Modelling the Effects of Adjustment Programs on Income Distribution", *World Development*, 19(11): 1527-1544.

Boyce, J. K. and Ndikumana, L. (2001), "Is Africa a Net Creditor? New Estimates of Capital Flight from Severely Indebted sub-Saharan African Countries, 1970–1996'', *Journal of Development Studies*, 38(2): 27-56.

Boyce, J. K. and Ndikumana, L. (2012), "Capital Flight from Sub-Saharan African Countries: Updated Estimates 1970-2010'', *PERI Research Report,* Political Economy Research Institute.

Brass, J. N. (2008), "Djibouti's unusual resource curse''. *Journal of Modern African Studies*, 46(4): 523–545.

Camilleri, M. T. (2004), ''An Institutional Framework for Comparing Emerging Markets Currency Boards'', IMF Working Paper, WP/04/180, International Monetary Fund, Washington, DC.

Casero, A. and Seshan, G. (2006), "Fiscal and social impact of a nominal exchange rate devaluation in Djibouti", Working Paper 4028, World Bank.

Charmes, J. (2002), « Les origines du concept de secteur informel et la récente définition de l'emploi informel », Document de travail, World Bank.

Charmes, J. (2003), « Secteur informel, emploi informel, économie non observée : méthodes de mesure et d'estimation appliquées aux économies en transition. L'exemple de la Moldavie », Document de travail, Centre d'économie et d'éthique pour l'environnement et le développement, Université de Versailles, Saint Quentin en Yvelines.

Chauleur, P. (1955), « L'inutile création du franc de Djibouti n'a pas résolu les problèmes qui conditionnent l'avenir de la Côte française des Somalis », *Marchés coloniaux*, avril, 1049-1051.

Chauvin, S. et Villa, P. (2003), « Le *Currency Board* à travers l'expérience de l'Argentine », Document de travail du CEPII.

CNUCED (2012), « Examen de la politique d'investissement de Djibouti », *Rapport*, New York et Genève.

Cogneau, D. et Roubaud, F. (1993), « Une matrice de comptabilité sociale pour le Cameroun : méthode et résultats », *Stateco*, 75-76 : 83-105.

Cogneau, D., Razafindrakoto, M. et Roubaud, F. (1996), « Le secteur informel et l'ajustement au Cameroun », *Revue d'économie du développement*, 3 : 27-63.

Cohen, B. (1998), *The Geography of Money*, Cornell University Press, Ithaca.

Cooper, F. (2002), *L'Afrique depuis 1940*, Payot, Paris, 2012.

Corden, W. M (1997), "The Dilemmas of Currency Boards," in Guillermo E. Perry (ed.), *Currency Boards and External Shocks: How Much Pain, How Much Gain*? World Bank Latin American and Caribbean Studies, pp.3-7.

De Boyer, J. (2002), « Le haut prix du lingot, conséquence ou cause du déficit des paiements ? », Contribution aux 19e Journées internationales d'économie monétaire et bancaire, Université Lumière Lyon 2, 6-7 juin.

De Boyer, J. (2008), « Le rejet par Ricardo du mécanisme des points d'or », *Cahiers d'économie politique*, 55 : 35-48.

Decaluwé, B., Martens, A. et Monette, M. (1986), « Comment construire un modèle calculable d'équilibre général ? Une illustration », *L'Actualité économique*, 62 (3) : 442-473.

Decaluwé, B., Martens, A. et Savard, L. (2001), *La politique économique du développement et les modèles d'équilibre général calculable*, Presses de l'Université de Montréal, Montréal.

De Janvry, A., Sadoulet, E. and Fargeix, A. (1991), "Adjustment and Equity in Ecuador", OECD Development Center, Working Paper, Paris.

De Melo, J. and Robinson, S. (1980), "The Impact of Trade Policies on Income Distribution in a Planning Model for Colombia", *Journal of Policy Modelling*, 2(1): 81–100

Dervis, K., De Melo, J. and Robinson, S. (1982), *General Equilibrium Models for Development Policy*, Cambridge University Press, New York.

Desquilbet, J. B. et Nenovsky, N. (2005), « Confiance et ajustement dans les régimes d'étalon-or et de caisse d'émission », *Mondes en développement*, 33(2) : 77-95.

Devarajan, S. and De Melo, J. (1987), "Adjustment with Fixed Exchange Rate: Cameroon, Côte d'Ivoire and Sénégal" *World Bank Economic Review*, 1(3): 447-487.

Diatkine, S. (1998), « Banque centrale et structure du système bancaire : les enseignements des débats monétaires anglais au début du XIX e siècle », *Revue française d'économie*, 13(2) : 201-230.

Diatkine, S. (2003), « Théorie bancaire, théorie monétaire et prêteur ultime chez Thornton », *Cahiers d'économie politique*, 45 : 41-61

Diatkine, S. (2008), « La politique monétaire selon Ricardo : Une comparaison avec l'école de la circulation », *Cahiers d'économie politique*, 55 : 35-48.

Dixon, P., Rimmer, M. and Roos, L. (2014) "Adding Financial Flows to a CGE Model of PNG", Working Paper, Centre of Policy Studies, Victoria University, Melbourne.

Dreher, A., Eichenauer, V. and Gehring, K. (2013), "Geopolitics, Aid and Growth" CESifo, Working Paper 4299.

Dubois, C. (1999), « De la réussite d'une intégration monétaire à son échec. La Corne de l'Afrique, un champ expérimental (circa 1800-1950) », *Revue française d'histoire d'outre-mer,* 86(322-323) : 269- 289.

Dubois, C. (2007), « Charles Michel-Côte et la construction de l'espace économique de Djibouti-ville durant la première moitié du XXe siècle », Document de travail: http://espritimperial.free.fr/documents/Dubois, mars 2007.

Edwards, S. (1988), "Exchange Rate Misalignment in Developing Countries", *The World Bank Occasional Paper,* John Hopkins University Press, Baltimore and London, 2: 25-53.

El Qorchi, M., Maimbo, S. M. and Wilson, J. F. (2003), ''Informal Funds Transfer Systems: An Analysis of the Informal *Hawala* System'', Staff Papers, International Monetary Fund, Washington D.C.

El Qorchi M. (2002), « *Hawala* : comment fonctionne ce système informel de transfert de fonds et faut-il le réglementer ? »', *Finance et development*, 39(4), 31-33.

Emini, C. A. and Fofack, H. (2004), "A Financial Social Accounting Matrix for the Integrated Macroeconomic Model for Poverty Analysis: Application to Cameroon with a Fixed Multiplier Analysis", Policy Research, Working Paper 3219, World Bank.

Enoch, C. and Gulde, A. M. (1997), "Making a Currency Board Operational", *IMF Paper on Policy Analysis and Assessment,* International Monetary Fund, november: 1-29.

Enquête djiboutienne auprès des ménages pour les indicateurs sociaux (EDAM3-IS) (2012), République de Djibouti, Direction de la statistique et des études démographiques, Djibouti.

Enquête djiboutienne auprès des ménages-indicateurs sociaux, (EDAM-IS2), (2002), République de Djibouti, Direction de la statistique et des études de population, Djibouti.

Erbe, S. (1985), "The Flight of Capital from Developing Countries'', *Intereconometrics*, 20(6): 268-275.

Fargeix, A. and Sadoulet, E. (1990), "A Financial Computable General Equilibrium Model for the Analysis of Ecuador's Stabilization Programs'', *OECD Development Centre Technical Papers*, February, Paris.

Fargeix, A. and Sadoulet, E. (1994), "A Financial Computable General Equilibrium Model for the Analysis of Stabilization Programs", in *Applied*

General Equilibrium and Economic Development: Present Achievements and Future Trends, ed. by Mercenier J. and Srinivasan T. N., University of Michigan Press, Ann Arbor, Michigan.

FATF (2011), "Organised Maritime Piracy and Related Kidnapping for Ransom'', Paris

Feldmann, M. (2013). From the Ruble Zone to the Euro Zone: The Political Economy of Estonian Macroeconomic Policy, *Post-Soviet Affairs*, 29(4): 354-370

Flandrin, P. (1997), *Les Héritiers de Crésus. Histoire d'une monnaie commune,* Le Félin, Paris, 2003.

FMI (2013). "Sixième revue de l'accord au titre de la facilité élargie de crédit et demande de dérogations pour non observation de critères de réalisation'', International Monetary Fund. Washington D.C.

Fofana, I. (2007), « Élaborer une matrice de comptabilité sociale pour l'analyse d'impacts des chocs et politiques macroéconomiques », PEP, Document de travail, Université Laval, octobre : 1-22.

Gascon, A. (2005), « Djibouti : Singapour sur mer Rouge. Un confetti d'empire futur dragon africain », *Outre-Terre*, 2(11): 451-466

Gascon, A. (2012), « Djibouti, un port entre continent et grand large. Base militaire, port de l'Éthiopie, de l'Afrique de l'Est, de l'océan Indien ? » *in* Said Chiré, A. (dir.), *Djibouti contemporain*, éd. Karthala, pp. 121-142.

Gedeon, S. (2013), "Stability Properties of the Currency Boards: Case Study of Bosnia and Herzegovina 2004-2010", *Banks and Bank systems*, 8(3): 87-99.

Gérigny, P. (1949). L'opportunité discutable de la création du franc de Djibouti, *Marchés coloniaux*, mars.

Ghosh, A., Gulde, A. M., Ostry, J. D. and Wolf, H. (1997), "Does the Nominal Exchange Rate Regime Matter?", NBER ,Working Paper, 5874:185-220.

Ghosh, A., Gulde, A. M. and Wolf, H. (2000), "*Currency Board*s: More than a quick fix?" *Economic Policy*, 31(1): 269-335.

Ginsburgh, V. and Keyser, M. (1997), *The structure of Applied General Equilibrium Models*, MIT Press.

Ginsburgh, V. and Waelbroeck, J. (1981), *Activity analysis and general equilibrium modeling*, North-Holland Press, Amsterdam.

Guillaumont-Jeanneney, S. et Tapsoba, S. J. (2009), « Pro cyclicité de la politique budgétaire et surveillance multilatérale dans les Unions monétaires africaines », CERDI, Document de travail.

Hanke, S. and Schuler, K. (1994), "Currency Boards for Developing Countries", International Center for Economic Growth, *ICS Press*, San Francisco, 2000.

http://scholar.googleusercontent.com/scholar?q=cache:a0vWVGnplm8J:scholar.google.com/&hl=fr&as_sdt=0&as_vis=1

Hanke, S. (2002), “On Dollarization and *Currency Boards*: Error and Deception”, *Policy Reform*, 5(4): 203-222.

Harberger, A. (1962), “The incidence of the corporate income tax”, *Journal of Political Economy*, 70(3): 215–240.

Ho, C. (2002), “A Survey of the Institutional and Operational Aspects of Modern-Day Currency Boards’’ Working Paper, 110:1-21, Bank for International Settlements.

Honohan, P. (1997), ‘‘Currency Board or Central Bank? Lessons from the Irish Pound’s Link with Sterling, 1928–1979’’ *Banca Nazionale de Lavoro Quarterly Review*, 50(200): 39–67.

Hubic, A. (2012), “A financial Social Accounting Matrix (SAM) for Luxembourg”, Central Bank of Luxembourg, 72: 1-100.

Humpage, O. F. and Mclntire, J. M. (1995), “An Introduction to *Currency Boards*”, Federal Reserve Bank of Cleveland, *Economic Review*, Quarter 2, 31(2): 2-11.

Ibrahim, O. M. (2011), *La fiscalité de Djibouti : de 1900 à 2000, un siècle d'évolution,* Éditions universitaires européennes, Allemagne.

IMF (2013), « Sixième revue de l’accord au titre de la facilité élargie de crédit et demande de dérogations pour non-observation de critères de réalisation », International Monetary Fund. Washington D.C.

Johansen, L. (1960), *A Multi-Sectoral Study of Economic Growth*, North-Holland Press, Second edition, Amsterdam.

Jorgenson, D. W. (1984), “Econometric methods for Applied General Equilibrium Analysis”, in Scarf H. and Shoven J. editors, *Applied General Equilibrium Analysis*, Cambridge University Press, Cambridge, pp. 139-203.

Kaminsky, G., Lizondo, S. and Reinhart, C. (1998) “Leading Indicators of Currency Crises’’, *Staff Papers*, International Monetary Fund, 45(1): 1-44.

Kelley, B. (1994), ‘‘The Informal Sector and the Macroeconomy: A CGE approach for Peru”, *World Development*, 22(9):1393:1411.

Kenen, P. (1969), “The Theory of Optimum Currency Areas: an Eclectic View”, in Robert Mundell and Alexander Swoboda (eds), *Monetary problems of the International Economy*, University of Chicago Press, pp.41-60.

Kydland, F.E and Prescott, E. (1977), “Rules rather than discretion: the inconsistency of optimal plans”, *Journal of Political Economy*, 85(3): 473-492.

Lachaud, J. P. (2004), « Pauvreté et marche du travail en République de Djibouti », Institut International d’études sociales, OIT, Genève.

Laffiteau E. (2006), Régime de change, ajustements macroéconomiques et pauvreté des ménages : les leçons de l'expérience du Currency Board argentin, Thèse de doctorat en Sciences économiques, Université de Pau et des Pays de l'Adour.

Laffiteau E., Montaud J. M. (2009) « La pauvreté comme variable d’ajustement : l’exemple du *Currency board* argentin », *Revue d’économie politique*, 3(119): 451-484.

Laudouze, A. (1989), *Djibouti : nation carrefour*, 2e éd., Karthala, Paris.

Le Maux, L. (1999), « Le *Currency Board* : fondements théoriques, réalités et suggestions », communication aux XVIe. Journées internationales d'économie monétaire et bancaire, Poitiers.

Le Maux, L. (2006), « *Banking Board* versus *Currency Board* », *Revue d'économie politique*, 116(4): 575-599.

Lemelin, A. et Decaluwé, B. (2007), « Questions de modélisation : l'investissement par destination, l'épargne et la dette publique dans un MÉGC dynamique séquentiel », Document de travail, CIRPÉE et INRS-UCS.

Leung, D. and Secrieru, O. (2010), "Real-Financial Linkages in the Canadian Economy: An Input-Output Approach", Bank of Canada.

Lucas, R. (1972), "Expectations and the Neutrality of Money", *Journal of Economic Theory*, 4(2): 103-124.

Mahamoud, I. et Adair, P. (2006), « Les enquêtes sur le secteur informel à Djibouti : une analyse comparative 1980-2001 », Communication aux VIIe Journées scientifiques du réseau Analyse économique et développement, Paris.

Mahamoud, I. (2008), Contraintes institutionnelles et réglementaires et le secteur informel à Djibouti, Thèse de doctorat de sciences économiques, Université Paris 12—Val de Marne.

Mautte, J. (2002), "Stabilization via Currency Board", Working Paper 18, Universitat Hohenheim, Stuttgart.

Matsunaga, Y. (2000), « L'État rentier est-il réfractaire à la démocratie ? », *Critique internationale*, 8 (1) : 46-58.

McKinnon, R. (1963), "Optimum currency areas", *American Economic Review*, 53: 717-724.

McMahon, G. (1994), "Financial Computable General Equilibrium Models of Developping Countries : A Critical Assessment" Working Paper, International Development Research Center (IDRC), Ottawa, Canada.

Mesfin, B. (2011), "Elections, Politics and External Involvement in Djibouti'', Situation Report, Institute for Security Studies.

Mauri, A. (2009), ''The Re-establishment of the National Monetary and Banking System in Ethiopia 1941-1963'', *South African Journal of Economic History*, 24(2): 82-130.

Mauri, A. (1997), ''The Rise of Banking in Ethiopia'', *African Review of Money, Finance and Banking*, 1/2: 39-56.

Mauri, A. (1998), ''The First Monetary and Banking Experience in Eritrea'', *African Review of Money, Finance and Banking*, 1/2: 67-84

Ministère de l'économie, des finances et de l'industrie (1998), « La France et l'outre-mer. Un siècle de relations monétaires et financières », Colloque tenu à Bercy les 13, 14 et 15 novembre 1996, Comite pour l'histoire économique et financière de la France, Paris.

Montaud, J.M. (2000), « Deux approches macroéconomiques du secteur informel en Équateur », Document de travail CED, Université de Montesquieu-Bordeaux-IV, France.

Mundell, R. (1961), "A Theory of Optimum Currency Areas", *American Economic Review*, 51:657-665.

Ndikumana, L. and Boyce, J. K. (2011b), "Capital Flight from sub-Saharan African Countries: Linkages with External Borrowing and Policy Options'', *International Review of Applied Economics*, 25(2): 149-170.

Ndikumana, L., Boyce, J. K. and Ndiaye, A. S. H. (2014), "Capital Flight: Measurement and Drivers'', *PERI Research Report*. Political Economy Research Institute.

Nenovsky, N., Hristov, K. and Mihailov, M. (2001), "Comparing *Currency Board* Automatic Mechanism in Bulgaria, Estonia, and Lithuania" *Journal des économistes et des études humaines*, 11(4): 575–616.

Nenovsky, N. and Hristov, K. (2002), "The new *Currency Boards* and discretion: empirical evidence from Bulgaria", Working Paper, Bulgarian National Bank (BNB).

Nenovsky, N. and Rizopoulos, Y. (2003), ''Extreme Monetary Regime Change. Evidence from *Currency Board* Introduction in Bulgaria'', *Journal of Economic Issues*, 37(4): 909-941.

Nenovsky, N. et Rizopoulos, Y. (2004), « Peut-on mesurer le changement institutionnel du régime monétaire ? », *Revue d'économie financière*, 75(2) : 17-36.

Nenovsky, N., Peev, E. et Yalamov, T. (2003), « La liaison banques-entreprises sous le régime de Currency Board : étude empirique pour la Bulgarie », *Revue d'études comparatives Est-Ouest,* 34 (2) : 53-81.

Nenovsky, N. and Hristov, K. (1997) "Criteria for Evaluation of the Systemic Risk under Currency Board'', Occasional Papers, Institute for Market Economics, Sofia.

North, D. (1990), *Institutions, Institutional Change and Economic Performance*, Cambridge University Press, Cambridge.

OCDE (2000), « Système de comptabilité nationale, 1993 », Paris, OECD.

OCDE (2002), "Handbook for Measurement of the Non Observed Economy'', Paris, OECD.

OMC (2014), « Examen des politiques commerciales-Djibouti », Rapport du secrétariat, Genève.

Pankhurst, R. (1963b), "The Maria Theresa Dollar in Pre-War Ethiopia", *Journal of Ethiopian Studies*, 1(1): 8-26.

Pankhurst, R. (1963a), "Ethiopian Monetary and Banking Innovations in the Nineteen and the early Twentieth Centuries", *Journal of Ethiopian Studies*, 1(2): 64-120

Passas, N. (2005), "Informal Value Transfer Systems, Terrorism and Money Laundering", A Report to the National Institute of Justice, North eastern University.

Patinkin, D. (1956), *Money, Interest, and Prices: An Integration of Monetary and Value Theory*, Evanston: Row, Peterson and Company.

Perroux, F. (1950) ''Economic Space: Theory and Applications'', *The Quarterly Journal of Economics*, 64(1): 89-104.

Petit, B. (1965) « Le chemin de fer franco-éthiopien de Djibouti à Addis-Abeba », *Revue des marchés tropicaux et méditerranéens,* 25 : 329-332.

PNUD (2002), « Profil de la pauvreté à Djibouti », République de Djibouti.

PNUD (2013), Rapport sur le développement humain 2013. L'essor du sud: le progrès humain dans un monde diversifié, Washington, DC.

Poirine, B. (1993), « Le développement par la rente dans les petites économies insulaires », *Revue économique*, 44(6): 1169-1199.

Ponsot, J.-F. (2000), « Le *Currency Board*, le carcan de la convertibilité intégrale au nom de la stabilité et de la crédibilité monétaire », *Revue techniques financières et développement,* 61: 39-48.

Ponsot, J.-F. (2002), Le *Currency Board* ou la négation de la Banque Centrale : une perspective historique du régime de caisse d'émission, Thèse de Doctorat de Sciences économiques, Université de Bourgogne.

Institut d'études et de recherche Afran (2012), Profil Djibouti, http://www.afran.info/francais/modules/publisher/item.php?itemid=110

Pyatt, G., and Round, J. (1985), "Social Accounting Matrices: a Basis for planning", World Bank, Washington DC.

Pyatt, G. and Round, J. (1977), "Social Accounting Matrices for Development Planning", *Review of Income and Wealth,* 23(4): 339-364.

Razafindrakoto, M. et Roubaud, F. (1997), « Une matrice de comptabilité sociale pour Madagascar », Document de travail, DIAL.

République de Djibouti (2011), « Loi n° 118/AN/11/11/6e L portant modifications des statuts de la Banque centrale de Djibouti ».

République de Djibouti (2011), « Loi n°119/AN/11/6e L relative à la constitution et à la supervision des établissements de crédit et des auxiliaires financiers ».

République de Djibouti (2005), « Bilan du programme d'ajustement structurel et les perspectives de croissance économique », Document de travail.

République de Djibouti (2014), « Étude diagnostique sur l'intégration du commerce –Djibouti », Document de travail.

Ricardo, D. (1810), « Le haut prix du lingot : une preuve de la dépréciation des billets », traduit in *Écrits monétaires, 1809-1811 »*, Éd. Association des Amis du Musée de l'Imprimerie et de la Banque, Université Lumière Lyon 2, 1991.

Roba, P. (2015), « Djibouti : quelle situation politique ? », Note 287, Fondation Jean Jaurès, Paris

Robinson, S. (1989), "Multisectoral Models", In *Handbook of Development Economics*, edited by Hollis Chenery and T.N. Srinivasan. Amsterdam: North-Holland, 2: 885-947.

Rodrik, D. (2014), ''When Ideas Trump Interests: Preferences, Worldviews, and Policy Innovations '', *Journal of Economic Perspectives*, 28(1): 189-208.

Salin, P. (1968), « Le rôle des actifs financiers dans le système monétaire international », *Revue économique*, 19(6) : 1020-1041.

Santiprabhob, V. (1997), "Bank Soundness and Currency Board Arrangements: Issues and Experience" Working Paper 97/11, International Monetary Fund, Washington, DC.

Sachs, J., Warner A. (2001), ''Natural Resources and Economic Development. The Curse of National Resources'', *European Economic Review*, 45: 827-838.

Scarf, H (1973), *The Computation of Economic Equilibria*, Yale University Press, New Haven/London.

Schaefer, C. (1992), ''The Politics of Banking: The Bank of Abyssinia, 1905-1931'', *The International Journal of African Historical Studies*, 25(2): 361-389.

Schneider, B. (2003), "Measuring Capital Flight: Estimates and Interpretations'', Working Paper, Overseas Development Institute.

Schobert, F. (2003). "Euroisation: Assessing the Loss of Seigniorage and the Impact on the Interest Premium in Central European Countries'', *Revue Economique*, 54(5):915-935

Schuler, K. (1991), Currency Boards, Ph.D, George Mason University Fairfax, Virginia.

Séruzier, M. (1995), « Le tableau entrées-sorties, élément central de l'élaboration des comptes nationaux », *Stateco*, 81-82: 5-16.

Séruzier, M. (2009), « Mesurer l'économie informelle dans le cadre de la comptabilité nationale, le point de vue du comptable national », *Stateco*, 104: 45-66

Shoven, J. B. and Whalley, J. (1992), "Applied General Equilibrium'', *Cambridge University Press*, Cambridge.

Tanzi, V. (1999), "Uses and Abuses of Estimates of the Underground Economy", *The Economic Journal*, 109(456), 381-389.

Tardieu, L. (2007), "Informal Sources of Credit and the Soft Information Market (Evidence from Sofia)", Bulgarian National Bank, *Discussions Papers*, 58: 5-18.

Taylor, L. (1990), *Socially Relevant Policy Analysis — Structuralist Computable General Equilibrium. Models for the Developing World*, MIT Press, Cambridge.

Thissen, M. (2000), *Building Financial CGE Models: Data, Parameters, and the Role of Expectations – A Financial CGE Model for Egypt,* Theses on systems, organization and management, University of Groningen, Groningen.

Thornton, H. (1811), "Two Speeches of Henry Thornton on the Bullion Report" Augustus M. Kelley, 1991 - Traduction de la première conférence dans *Cahiers d'économie politique*, (38): 141-55, Paris, L'Harmattan, 2001.

Thornton, J. (2008), "Explaining Procyclical Fiscal Policy in African Countries", *Journal of African Economies*, 17(3): 451-464.

Tranap, A. (1984), « Micro-États, pays insulaires », *Économie Internationale*, pp.21-23.

Tuccimei, E. (1999), *La Banca d'Italia in Africa*, Editori Laterza, Roma-Bari.

Uche, Ch-U. (1995), ''From Currency Board to Central Banking: The Gold Coast Experience'', *South African Journal of Economic History*, 10(2): 80-94

UNDP (2011) ''Illicit financial flows from the Least Developed Countries: 1990–2008''. New York: UNDP.

UNICEF (2009) La pauvreté et les disparités chez les enfants à Djibouti, République de Djibouti.

Varian, H.R. (1995), *Analyse Microéconomique*, Troisième édition, De Boeck Université, Bruxelles.

Veyrune, R. (2005), « Le prix de la fixité : Application à l'Union monétaire des Caraïbes orientales et à la zone franc », *Mondes en développement*, 33(130): 63-76.

Vos, R. (1994), "Aid Flows and Dutch Disease in a General Equilibrium Framework for Pakistan", *Journal of Policy Modeling*, 20(1): 77–109.

Wagner, C. (1993), « La prise en compte de l'économie au noir : l'exemple de la méthode italienne », *Économie et statistique*, 285(1): 81-87.

Wasserman, M. (1946), "The New Ethiopian Monetary System", *Journal of Political Economy*, 54(4): 358-362.

Wilkins M. (2004), *The History of Foreign Investment in the United States, 1914–1945*, Harvard University Press, Cambridge.

Williamson, J. (1995), "What Role for Currency Board?" *Policy Analyses in International Economics*, Institute for International Economics, http://www.piie.com/publications/chapters_previewc/20/2iie2229.pdf

Williamson, J. (1997), "Features and Implications of Currency Boards: Thoughts about the Argentine Situation," in Guillermo E. Perry (ed.), *Currency Boards and External Shocks: How Much Pain, How Much Gain*? World Bank Latin American and Caribbean Studies, pp.7-9.

Williamson, J. (2000), "What Should The World Bank Think About The Washington Consensus", *The World Bank Research Observer*, 15(2): 251-264.

Wolf, H. C, Gnosh, A. R, Berger, H. and Gulde, A. M. (2008), *Currency Boards in Retrospect and Prospect*, MIT Press, Cambridge.

World Bank (1985). "World Development Report 1985'', World Bank, Washington, DC.

World Bank, (2014) "Doing Business 2014'', World Bank, Washington, DC.

World Bank, (2014) "World Development Indicators'', World Bank, Washington, DC.

Annexes

Annexe 1. Liste des *Currency Boards*

Pays	Date	Durée d'activité	Ancrage
Les *Currency Boards* non pérennes			
Argentine	1991- 2002	11 ans	1 peso = 1 $
Bulgarie	1997- 2016	19 ans	1 lev = 1 DM (0,5 euro)
Bosnie	1997- 2016	19 ans	1 mark BZ = 1 DM
Estonie	1992- 2011	19 ans	8 kroon = 1DM (0,5 euro)
Lituanie	1994- 2015	18 ans	1994-2002: 4 litas = 1 $ 2002-2004: 4 litas = 1 euro
Les *Currency Boards* pérennes			
Bermudes	1915		1 dollar bermudien = 1 $
Brunei	1952		1 dollar de brunei = 1 dollar de Singapour
Djibouti	1949		177,72 Dj Franc = 1 $
Gibraltar (GB)	1927		1 livre de gibraltar pound = 1 livre sterling
Hong-kong	1983		7,8 dollar HK = 1 $
Îles Caïmans	1972		1 dollar des îles caimans = 1,2 $
Îles Faeroe (DK)	1940		1 couronne féroïne = 1 couronne danoise
Îles Malouines (ou Îles Falkland)	1899		1 livre des Îles maloïnes =1 livre sterling
UMCO (Union monétaire des Caraïbes orientales)	1950		2,7 dollar des Caraibes orientales = 1 $

Source*:* Moustapha Aman

Le *Currency Board* peut exister soit comme régime durable parce qu'il y a un afflux de capitaux (Hong Kong) ou parce qu'il correspond à des solutions appropriées, notamment pour les petites économies ouvertes ayant une expertise de gestion monétaire relativement limitée (Brunei, Djibouti, les Caraïbes) ou soit comme expédient conjoncturel en réponse à une crise économique (Argentine, Bulgarie, Estonie, Lituanie). Dans le premier cas (logique de pérennisation), l'ajustement se fait sans douleur et sans difficulté, tandis que dans le second cas (logique d'assainissement), l'ajustement est immédiat et brutal mais on peut espérer que la période de convalescence viendra plus tôt.

Annexe 2. Résultats des différentes spécifications de la demande de billets

Variable dépendante : billets (monnaie) en circulation, toutes les variables prises en logarithmes

	Modèle 1	Modèle 2	Modèle 3	Modèle 4
Constante	9.33 (19.62)	7.32 (2.64)	0.33 (2.64)	4.5 (63.18)
y	-0.14 (-1.92)	1.01 (1.71)	1.00 (1.81)	
y (-1)	0.12 (1.97)	10.14 (1.89)	0.91 (1.73)	
y (-2)	0.09 (1.87)	5.14 (1.91)	0.01 (3.43)	
y (-3)			-0.11 (-1.56)	
y (-4)			-0.13 (-1.98)	
y (-5)			-0.02 (-1.34)	
y (-6)			-0.01 (-178)	
y/p				-5.52 (-6.10)
y/p (-1)				4.94 (3.4)
y/p (-2)				0.65 (1.91)
π				0.64 (8.16)
Billets (-1)		0.95 (39.19)		
R2	0.67	0.91	0.71	0.86
R2 ajusté	0.66	0.90	0.70	0.85
DW	1.82	2.03	1.84	1.75
Observations	116	115	116	116

On y dénote l'activité portuaire, p – indice des prix à la consommation, base 2000:01, et π – l'inflation (mesurée toujours à travers l'indice de la consommation).

Annexe 3. La matrice de comptabilité sociale et financière de Djibouti au cours de l’année 2009.

2009, En milliards de FDJ		Facteurs			Agents							Branches					Produits composites					Taxes indirect	Produits exportés					Capital								Flux financiers							
		LD	LDINF	KD	HS	HNS	HINF	Firmes	APU	BC	RdM	NTMF	NTMNF	TMF	TMNF	TNM	NTMF	NTMNF	TMF	TMNF	TNM	TI	NTMF	NTMNF	TMF	TMNF	TNM	HS	HNS	HINF	Firmes	APU	BC	BCD	RdM	Monnaie	Dépôts	CD	FCB	FB	IDE	CE	Total
Facteurs	LD	0										8		34		31																											73
	LDINF												19		37																												56
	KD											5		30		0																											35
Agents	HS	66					0		8	3																																	74
	HNS	7		2				0		3																																	10
	HINF		56							1	11																																68
	Firmes			32					1																																		32
	APU				8	1	2	5	0		50											17																					82
	BC				2	1		4	0																																		7
	RdM			1				1	1								82	0	22	0	0																						106
Branches	NTMF																26						3																				29
	NTMNF																	51						0																			51
	TMF																		58						25																		83
	TMNF																			60						0																	60
	TNM																				44						0																44
Produits composites	NTMF				20	3	4	0	0	3	0	10	0	11	0	9												2	3	1	31	20											112
	NTMNF				14	0	20					0	5	0	12	0																											51
	TMF				19	2	17	0	0	3	0	5	0	9	0	5												1	3	1	18	19											93
	TMNF				11	3	9					0	28	0	10	0																											60
	TNM							0	44	3	0																																44
Taxes indirectes	TI																4		13		0																						17

Annexe 3. La matrice de comptabilité sociale et financière de Djibouti au cours de l'année 2009 (suite).

2009, En milliards de FDJ		Facteurs			Agents							Branches					Produits composites					Taxes indirect	Produits exportés					Capital								Flux financiers							
Produits exportés	NTMF										3																																3
	NTMNF																																										0
	TMF										25																																25
	TMNF																																										0
	TNM																																										0
Capital	HS				1																																1						3
	HNS					0																															6		0				6
	HINF						16																														0						16
	Firmes							23																													9			18			49
	APU								29																																	10	39
	BC									6																										18							24
	BCD																																		2								2
	RdM										18																											2	8				28
Flux financiers	Monnaie																												2														2
	Dépôts																											0	6	12		0											18
	CD																																16										16
	FCB																																	2									2
	FB																																8		0								8
	IDE																																		18								18
	CE																																		10								10
	Total	73	56	35	74	10	68	32	82	7	106	29	51	83	60	44	112	51	93	60	44	17	3	0	25	0	0	3	6	16	49	39	24	2	28	2	18	16	2	8	18	10	1455

Source : Calculs réalisés par Aman Moustapha

Note: Les abréviations des intitulés des comptes sont expliqués ainsi : NTMF Non tertiaire marchand formel ; NTMNF Non tertiaire marchand informel ; TMF Tertiaire marchand formel ; TMNF Tertiaire marchand informel ; TNM Tertiaire non marchand ; HS Ménages salariés ; HNS Ménages non salariés ; HINF Ménages informels ; LD Demande de travail; LDINF Demande de facteur composite (travail informel - capital informel); KD Demande de capital; APU Administration publique; BC Banques commerciales ; BCD Banque centrale de Djibouti ;RdM Reste du monde ; CD Demande de crédits domestiques ; CE Demande de crédits étrangers ; FB Actif en devises des Banques commerciales ; FCB Réserves de changes officielles ; IDE Investissements directs étrangers.

Annexe 4.Résultats macroéconomiques

Variables	Branches/ agents	Base	+10% Rente de l'Etat	+10% *Hawalas*	10% IDE	Effets cumulés	Effets cumulés (FB exogène)
Importations	AF	81538	1,74	0,45	0,02	2,21	1,57
	TF	21957	2,47	0,65	-1,41	1,66	0,76
Exportations	AF	2750	-1,71	-0,45	-0,02	-2,16	-1,54
	TF	25225	-2,41	-0,64	1,43	-1,63	-0,76
Indice des prix	INDEX	1,	-1,90	-0,50	-8,20	-10,30	-9,70
Balance courante	BOC	-1.766E+4	-6.12	-0.62	24.52	19.76	11.95
Balance des capitaux	BK	19821	-5,01	-0,38	21,39	17,74	10,76
Réserves de change officielles	FCB	2157	3,99	1,70	-4,18	1,27	1,25
Actif en devises des banques	FB	7783					18,25
Demande de crédits étrangers des APU	DEMCRG	9898	-6,65	0,13	41,11	38,00	37,13
Demande de crédits domestiques	DEMCD	15866	-1,04	-0,27	0,53	-0,76	-0,38
Demande de crédits domestiques des firmes	DEMCDF	8731	-1.90	-0.49	0.96	-1.38	-0.69
Epargne domestique (en valeur)	SD	74902	2,49	0,52	-6,74	-4,25	-4,38
Epargne des firmes (en valeur)	SF	23002	2,18	0,56	-1,10	1,59	0,79
Revenu des firmes	YF	32475	1,79	0,46	-0,91	1,31	0,65
Revenu du capital des firmes	YFK	31875	1,86	0,48	-0,77	1,53	0,85
Investissement total	IT	92566	0,85	0,30	-0,78	0,33	-1,27
Revenu du gouvernement	YG	82241	6,00	-0,06	-5,78	-0,22	-0,06
Déficit public /Epargne publique	SG	28760	2.29	-0.04	-14.15	-13.08	-12.78
Revenu total des ménages	Salarié	73743	4,47	0,11	-3,93	0,54	0,46
	Non-salarié	9522	4,29	0,25	-2,71	1,70	1,42
	Informel	67633	3,99	1,70	-4,18	1,27	1,25
Revenu total	Ménages	150898	4,24	0,83	-3,96	0,94	0,87
Epargne des ménages	Salarié	1298	4,58	0,11	-4,02	0,55	0,47
	Non-salarié	163	4,83	0,28	-3,05	1,92	1,60
	Informel	16064	3,99	1,70	-4,18	1,27	1,25
Revenu du capital	Non-salarié	2342	1,86	0,48	-0,77	1,53	0,85
Taux de rendement du capital	AF	1	2,80	0,70	-8,70	-5,40	-6,40
	TF	1	1.70	0.40	-10.00	-8.10	-8.70
Productions marchandes	AF	28661	-0,16	-0,04	0,00	-0,20	-0,15
	ANF	50950	-15,57	-8,10	1,13	-23,02	-5,52
	TF	83391	-0,72	-0,19	0,43	-0,49	-0,23
	TNF	59587	0,00	0,00	0,00	0,00	0,00
Productions non marchandes	TNT	44365	11,03	5,35	9,00	25,53	14,37
Production	Formel	112052	-0.58	-0.16	0.32	-100.00	-0.21

Annexe 4. Résultats macroéconomiques (suite)

Variables	Branches/ agents	Base	+10% Rente de l'Etat	+10% *Hawalas*	10% IDE	Effets cumulés	Effets cumulés (FB exogène)
Production	Informel	110537	-7,18	-3,73	0,52	-100,00	-2,55
Prix à la production des biens marchands	AF	1	2,00	0,50	0,00	2,50	1,80
	ANF	1	1,10	0,30	2,50	4,00	3,60
	TF	1	2,20	0,60	-1,20	1,50	0,70
	TNF	1	1,90	0,50	4,30	6,80	6,10
Prix à la production des biens non marchands	TNT	1	-15,00	-3,90	-37,30	-55,40	-50,10
Valeur ajoutée du secteur marchand	AF	13602	-0,16	-0,04	0,00	-0,20	-0,15
	ANF	18736	-15,57	-8,10	1,13	-23,02	-5,52
	TF	63987	-0,72	-0,19	0,43	-0,49	-0,23
	TNF	37082	0,00	0,00	0,00	0,00	0,00
Valeur ajoutée du secteur non marchand	TNT	30812	11,03	5,35	9,00	25,53	14,37
PIB	PIB	1,8154E+5	0,25	0,07	1,68	1,97	1,88
Demande de travail du secteur marchand	Formel	42210	-1,14	-0,31	-7,07	-8,42	-8,04
	Informel	55818	-5,23	-2,72	0,38	-7,73	-1,85
Demande de travail du secteur marchand	AF	8271	-0,27	-0,07	-5,96	-6,27	-6,19
	ANF	18736	-15,57	-8,10	1,13	-23,02	-5,52
	TF	33939	-1,36	-0,36	-7,34	-8,94	-8,49
	TNF	37082	0,00	0,00	0,00	0,00	0,00
Demande de travail du secteur non marchand	TNT	30812	11,03	5,35	9,00	25,53	14,37
Salaire	wf	1	3,10	0,80	6,90	11,00	9,80
	winf	1	3,10	0,80	6,90	11,00	9,80
	wntr	1	-22,10	-5,70	-53,50	-80,20	-72,30
	wtr	1	3,10	0,80	6,90	11,00	9,80
TIC	AF	4437	1,85	0,48	0,02	2,34	1,66
	TF	12886	2,93	0,76	-1,66	1,96	0,90
	Total	17323	2,65	0,69	-1,23	2,06	1,10
TDH	Salarié	7586	4,47	0,11	-3,93	0,54	0,46
	Non-salarié	836	4,29	0,25	-2,71	1,70	1,42
	Informel	2304	3,99	1,70	-4,18	1,27	1,25
	Total	10726	4,35	0,46	-3,89	0,79	0,70
TDF	TDF	4538	1,79	0,46	-0,91	1,31	0,65

Annexe 5. Programmation GAMS[90] .

```
*Modèle Djibouti
*Modèle d'une petite économie ouverte (avec gouvernement) produisant
5 biens et utilisant 3 facteurs détenus par 3 types de ménages.
*===========CALIBRAGE=================*
*Section 1:
SET I Secteurs   / NTMF   Non tertiaire marchand formel
                   NTMNF  Non tertiaire marchand informel
                   TMF    Tertiaire marchand formel
                   TMNF   Tertiaire marchand informel
                   TNM    Tertiaire non marchand  /
TR(I) Tradable   / NTMF   Non tertiaire marchand formel
                   NTMNF  Non tertiaire marchand informel
                   TMF    Tertiaire marchand formel
                   TMNF   Tertiaire marchand informel /
NTR(I) Non-tradable     / TNM   Tertiaire non marchand  /
FO(TR) Secteur formel   / NTMF  Non tertiaire marchand formel
                          TMF   Tertiaire marchand formel  /
NF(TR) Secteur informel  /NTMNF Non tertiaire marchand informel
                          TMNF  Tertiaire marchand informel /
SET H Ménages              / HS   Ménages salaires
                             HNS  Ménages non salaries
                             HINF  Ménages informels /
ALIAS (I, J)
ALIAS (TR, TRJ)
ALIAS (NTR, NTRJ)
ALIAS (FO, FOJ)
ALIAS (NF, NFJ)
ALIAS (H, HJ);
*----------------Définition des paramètres-------------------*
 A(I)              Coefficient d'échelle (fonction Cobb-Douglas)
 alpha (I)         Élasticité (fonction Cobb-Douglas)
 io (I)            Coefficient technique (fonction Leontief)
 v(i)              Coefficient technique (fonction Leontief)
 aij(TR,J)         Coefficients entrées-sorties
 gamma (TR, H)     Part (en valeur) du produit tr dans la consommation
                   totale des ménages H
 psi (H)           Propension à épargner des ménages H
 mu_g (TR)         Clefs de répartition de l'investissement des APU
```

[90] Bien que GAMS (en anglais) ne reconnaisse pas les accents et les apostrophes, nous les ajoutons pour nous conformer à l'usage du français dès lors qu'il s'agit des définitions.

entre les produits TR

mu_f (TR) Clefs de répartition de l'investissement des entreprises entre les produits TR

mu_h (TR, H) Clefs de répartition de l'investissement des ménages entre les produits TR

thetha (H) Part de la rémunération du travail reçue par les ménages H

THETHAF(H) Part de la rémunération du travail reçue par les ménages formels H

THETHANF(H) Part de la rémunération du travail reçue par les ménages informels H

lambda_RK(H) Part de la rémunération du capital reçue par les ménages H

lambda_row Part de la rémunération du capital reçue par le reste du monde

OMEGAG(I) Part de la consommation APU en bien I dans le total de consommation des APU

delta (I) Part de la branche j dans la valeur ajoutée totale

tx (I) Taux de taxe indirecte sur le produit I

tyh (H) Taux d'imposition sur le revenu des ménages H

tyf Taux d'imposition sur le revenu des entreprises

B_E(TR) Coefficient d'échelle

A_M(TR) Coefficient d'échelle (fonction CES)

kappa_e (TR) Paramètre de la fonction de transformation commerciale des produits TR

beta_e (TR) Paramètre distributif de la fonction CET commerciale des produits TR

tau_e (TR) Élasticité de transformation commerciale des produits TR

rho_m (TR) Paramètre de la fonction de substitution commerciale des produits TR

alpha_m (TR) Paramètre distributif de la fonction CES commerciale des produits TR

sigma_m (TR) Élasticité de substitution commerciale des produits TR

**********Paramètres sphère financière**********

xi(H) Part du revenu des ménages sous forme monétaire

eta Ratio de partage du financement des firmes entre IDE et crédits domestiques.

--------------Variables de l'année de base----------------

*Prix

wo (I) Taux de salaire

wtro Taux de salaire dans le secteur échangeable

wntro Taux de salaire dans le secteur non échangeable

wfo · Taux de salaire du travail formel
winfo Taux de rendement du facteur composite informel
ro (FO) Taux de rendement du capital de la branche FO
PO (I) Prix à la production dans la branche I
PFO (FO) Prix à la production dans la branche FO
PINFO (NF) Prix à la production dans la branche NF
PVO (I) Prix à la valeur ajoutée dans la branche I
PVFO (FO) Prix à la valeur ajoutée dans la branche FO
PVINFO (NF) Prix à la valeur ajoutée dans la branche NF
PDO (I) Prix du bien domestique I vendu sur le marché intérieur (incluant la taxe)
PDFO (FO) Prix du bien domestique FO vendu sur le marché intérieur (incluant la taxe)
PDINFO (NF) Prix du bien domestique NF vendu sur le marché intérieur
PLO (I) Prix du bien domestique I vendu sur le marché intérieur (excluant la taxe)
PLFO (FO) Prix du bien domestique FO vendu sur le marché intérieur (excluant la taxe)
PLINFO (NF) Prix du bien domestique NF vendu sur le marché intérieur
PCO (I) Prix du marché du produit composite I (taxes incluses)
PCFO (FO) Prix du marché du produit composite FO (taxes incluses)
PCINFO (NF) Prix du marché du produit composite NF
PMO (I) Prix du bien I importé (en monnaie nationale)
PMFO (FO) Prix du bien FO importé (en monnaie nationale)
PMINFO (NF) Prix du bien NF importé (en monnaie nationale)
PEO (TR) Prix du bien TR exporté (en monnaie nationale)
PEFO (FO) Prix du bien FO exporté (en monnaie nationale)
PEINFO (NF) Prix du bien NF exporté (en monnaie nationale)
PWMO (I) Prix du bien I importé (en devises)
PWMFO (FO) Prix du bien FO importé (en devises)
PWMINFO (NF) Prix du bien NF importé (en devises)
PWEO (TR) Prix du bien TR exporté (en devises)
PWEFO (FO) Prix du bien FO exporté (en devises)
PWEINFO (NF) Prix du bien NF exporté (en devises)
PINDEXO Indice des prix
eo Taux de change

*Production
XSO (I) Production totale de la branche I (volume)
XSFO (FO) Production totale de la branche FO
XSINFO (NF) Production totale de la branche NF
VAO (I) Valeur ajoutée de la branche I (volume)

VAFO (FO) Valeur ajoutée de la branche FO (volume)
VAINFO (NF) Valeur ajoutée de la branche NF (volume)
OFFDO (TR) Offre intérieure pour le produit TR
DIO (TR, J) Demande intermédiaire pour le produit tr par la branche j (volume)
CIO (I) Consommation intermédiaire de la branche I (volume)
PIBO Produit intérieur brut

*Facteurs
KDO (TR) Demande de capital du secteur TR (volume)
LSO Offre totale de main d'œuvre
LSFO Offre totale de main d'œuvre formelle
LSINFO Offre totale de facteur composite
LDO (I) Demande de travail de la branche I (volume)
LDFO (TR) Demande de travail formel de la branche TR
LDINFO (TR) Demande de facteur composite (travail informel - capital informel)

*Demande
CO (TR, H) Consommation des ménages H en produit TR (volume)
CFTO (H) Consommation totale des ménages H en produit TR (valeur)
INVFO (I) Investissement des firmes en produit I (volume)
ITFO Investissement total des firmes (en volume)
IVTFO Investissement total des firmes en produit FO (valeur)
INVGO(I) Investissement public en bien I
ITGO Investissement public total (volume)
IVTGO Investissement public total (valeur)
INVHO (I, H) Investissement des ménages en bien I
ITHO (H) Investissement total des ménages (volume)
IVTHO (H) Investissement total des ménages (valeur)
FHO (H) Part de la demande de crédit par les ménages H
ITO Investissement total
DITO (TR) Demande intermédiaire pour le produit TR (volume)
DO (I) Demande pour le produit domestique I (volume)
DFO (FO) Demande pour le produit domestique FO (volume)
DINFO (NF) Demande pour le produit domestique NF (volume)
QO (I) Demande pour le produit composite I (volume)
QFO (FO) Demande pour le produit composite FO (volume)
QINFO (NF) Demande pour le produit composite NF (volume)
CFGO (I) Consommation finale de l'État (valeur)
TCFGO Consommation totale de l'État (valeur)

*Commerce extérieur
MO (I) Importations de produit I (valeur)
MFO (FO) Importations de produit FO (valeur)
MINFO (NF) Importations de produit NF (valeur)

EXO (I) Exportations de produit I (valeur)
EXFO (FO) Exportations de produit FO (valeur)
EXINFO (NF) Exportations de produit NF (valeur)
BOCO Balance des opérations courantes avec le reste du monde
BKO Solde de la balance des capitaux

*Revenus et épargnes

YHKO (H) Revenu du capital des ménages H
YHLO (H) Revenu du travail (y compris le revenu issu du facteur composite) des ménages H
YHLTO Revenu total du travail (y compris le revenu issu du facteur composite) des ménages H
YHLFO (H) Revenu du travail formel des ménages H
YHLFTO Revenu total du travail formel des ménages H
YHLINFO (H) Revenu issu du facteur composite des ménages H
YHLINFTO Revenu total issu du facteur composite des ménages H
YHO (H) Revenu des ménages H
YHTO Revenu total des ménages (en agrégé)
TRANSFGO (H) Transferts en volume versés par l'État aux ménages H
TRANSFROWO (H) Transferts du reste du monde vers les ménages H
YDHO(H) Revenu disponible des ménages H
SHO(H) Épargne des ménages H
TDHO(H) Recettes provenant des taxes directes sur les revenus des ménages H
YFO Revenu total des firmes
YFKO Revenu du capital des firmes
TRANSFGFO Transferts en volume versés par l'État aux firmes
SFO Épargne des entreprises
TDFO Taxe prélevée sur le revenu des firmes
TRANSFROWFO Transferts du reste du monde versés aux firmes (IDE)
YGO Revenu total du gouvernement
TICO(TR) Recettes de l'État provenant de la taxation indirecte sur le produit TR
TRANSFROWGO Transferts en volume versés par le reste du monde à l'État
SGO Épargne des administrations publiques
SDO Épargne domestique

*Variables monétaires

SBQO Épargne des Banques
YBQO Revenu des Banques
TDEPPRECO (H) Total des dépôts des ménages à la période précédente
TCDPRECO (H) Encours des emprunts domestiques détenus par les ménages à la période précédente
INTDCBQO(H) Intérêts créditeurs versés aux ménages par les Banques commerciales

INTDDBQO(H)	Intérêts débiteurs versés par les ménages aux banques commerciales
rrdtprecO	Taux d'intérêt étranger débiteur à la période précédente
rdctprecO	Taux d'intérêt domestique créditeur à la période précédente
rddtprecO	Taux d'intérêt domestique débiteur à la période précédente
TCDFPRECO	Encours des emprunts domestiques détenus par les firmes à la période précédente
TCRFPRECO	Encours des crédits étrangers détenus par les firmes à la période précédente
INTRDFRO	Intérêts sur les crédits étrangers des firmes versés au RdM
INTDDFBQO	Intérêts débiteurs sur emprunts domestiques des firmes versés aux anques
TCDGPRECO	Encours des emprunts domestiques détenus par l'État à la période précédente
INTDDGBQO	Intérêts sur les emprunts domestiques des APU versés aux banques
INTRDGRO	Intérêts sur les crédits étrangers de l'État versés au RdM
TCRGPRECO	Encours des crédits étrangers détenus par l'État à la période précédente
MONO(H)	Demande de monnaie de la part des ménages H
DEPO(H)	Dépôts des ménages H
DEMCDFO	Demande de crédits domestiques des firmes
DEMCDHO(H)	Demande de crédits domestiques des ménages H
DEMCDGO	Demande de crédits domestiques du gouvernement
DEMCRGO	Demande de crédits étrangers des administrations publiques
DEMCDO	Demande de crédits domestiques
BESFFO	Besoin de financement des firmes
BESFGO	Besoin de financement de l'État
OFFCEO	Offre de crédits étrangers
OFFCDO	Offre de crédits domestiques
FCBO	Réserves de change officielles
FBO	Actif en devises des banques commerciales
BMO	Base monétaire
RESO	Réserves des banques commerciales à la Banque centrale

-------La matrice de comptabilité sociale------------------

TABLE DIO (TR, J) Tableau d'input-output

	NTMF	NTMNF	TMF	TMNF	TNM
NTMF	10341	0.0	10691	0.0	9035
NTMNF	0.0	4668	0.0	12400	0.0
TMF	4718	0.0	8713	0.0	4518
TMNF	0.0	27546	0.0	10105	0.0

TABLE DP (*, I) Données par secteur

	NTMF	NTMNF	TMF	TMNF	TNM
XSO	28661	50950	83391	59587	44365
XSFO	28661	0.0	83391	0.0	0.0
XSINFO	0.0	50950	0.0	59587	0.0
VAO	13602	18736	63987	37082	30812
VAFO	13602	0.0	63987	0.0	0.0
VAINFO	0.0	18736	0.0	37082	0.0
LDO	8271	18736	33939	37082	30812
LDFO	8271	0.0	33939	0.0	0.0
LDINFO	0.0	18736	0.0	37082	0.0
KDO	5331	0.0	30048	0.0	0.0
KDFO	5331	0.0	30048	0.0	0.0
INVFO	31344	0.0	18095	0.0	0.0
INVGO	20102	0.0	18556	0.0	0.0
CFGO	0.0	0.0	0.0	0.0	44365
EXO	2750	0.0	25225	0.0	0.0
EXFO	2750	0.0	25225	0.0	0.0
EXINFO	0.0	0.0	0.0	0.0	0.0
DO	25911	50950	58166	59587	0.0
DFO	25911	0.0	58166	0.0	0.0
DINFO	0.0	50950	0.0	59587	0.0
MO	81538	0.0	21957	0.0	0.0
MFO	81538	0.0	21957	0.0	0.0
MINFO	0.0	0.0	0.0	0.0	0.0
QO	107449	50950	80123	59587	44365
QFO	107449	0.0	80123	0.0	0.0
QINFO	0.0	50950	0.0	59587	0.0
ro	1.0	0.0	1.0	0.0	0.0
PO	1.0	1.0	1.0	1.0	1.0
PFO	1.0	0.0	1.0	0.0	0.0
PINFO	0.0	1.0	0.0	1.0	0.0
PLO	1.0	1.0	1.0	1.0	1.0
PLFO	1.0	0.0	1.0	0.0	0.0
PLINFO	0.0	1.0	0.0	1.0	0.0
PWMO	1.0	0.0	1.0	0.0	0.0
PWMFO	1.0	0.0	1.0	0.0	0.0

PWMINFO	0.0	1.0	0.0	1.0	0.0
PEO	1.0	0.0	1.0	0.0	0.0
PEFO	1.0	0.0	1.0	0.0	0.0
PEINFO	0.0	1.0	0.0	1.0	0.0
TICO	4437	0.0	12886	0.0	0.0
sigma_m	0.8	0.0	0.8	0.0	0.0
tau_e	0.8	0.0	0.8	0.0	0.0

TABLE INVHO (I, H) Investissement en bien I par les ménages H

	HS	HNS	HINF
NTMF	1725	140	1084
TMF	888	73	559

TABLE CO (TR, H) Consommation en bien I par les ménages H

	HS	HNS	HINF
NTMF	19999	3314	4111
NTMNF	13715	59	20108
TMF	18840	1519	16530
TMNF	10763	2657	8516

TABLE HOUSEHOLDS (*, H) Autres données des ménages H

	HS	HNS	HINF
SHO	1298	163	16064
TDHO	7586	836	2304
TDEPPRECO	0.0	188	753
INTDCBQO	0.0	188	753
TRANSFROWO	0.0	0.0	11062
DEPO	0.0	5770	12264
YHLO	66030	6992	55818
YHLFO	66030	6992	0.0
YHLINFO	0.0	0.0	55818
YHKO	0.0	2342	0.0
DEMCDHO	1315	5820	0.0
TCDPRECO	1542	974	0.0
INTDDBQO	1542	974	0.0
TRANSFGO	7713	0.0	0.0
YHO	73743	9522	67633
lambda_RK	0.0	2342	0.0
MONO	0.0	0.0	2157

SCALAR

wfo / 1.0 /
winfo / 1.0 /
wtro / 1.0 /
wntro / 1.0 /
YFO /32475.0/
YFKO /31875.0/
SFO / 23002.0 /

```
YGO          /77531.0/
SGO          /28760.0/
IVTFO          /49439.0/
IVTGO          /38658.0/
TDFO         / 4538.0 /
TCRFPRECO       /1033/
INTRDFRO       /1033/
TRANSFROWFO    /17706/
lambda_row    /1162.0 /
TCDFPRECO       /3902/
INTDDFBQO      /3902/
TRANSFGFO      /600/
TRANSFROWGO    /49654/
TCDGPRECO      /138/
INTDDGBQO    /138/
INTRDGRO    /665/
TCRGPRECO    /665/
SBQO         /5615/
YBQO         /6556/
rrdtprecO     /1.0/
rdctprecO    /1.0/
rddtprecO    /1.0/
DEMCDGO       /0/
DEMCDFO      /8731/
DEMCRGO      /9898/
OFFCDO      /15866/
FCBO        /2157/
FBO        /7783/
eo         /1 /
*-------------------Attribution des variables-------------------*
XSO (I)            = DP ("XSO", I);
XSFO (FO)          = DP ("XSFO", FO);
XSINFO (NF)        = DP ("XSINFO", NF);
VAO (I)            = DP ("VAO", I);
VAFO (FO)          = DP ("VAFO", FO);
VAINFO(NF)         = DP ("VAINFO", NF);
CFGO (I)           = DP ("CFGO", I);
LDO (I)            = DP ("LDO", I);
LDFO (FO)          = DP ("LDFO", FO);
LDINFO (NF)        = DP ("LDINFO", NF);
KDO (TR)           = DP ("KDO", TR);
INVFO (I)          = DP ("INVFO", I);
INVGO (I)          = DP ("INVGO", I);
EXO (I)            = DP ("EXO", I);
```

```
EXFO (FO)          = DP ("EXFO", FO);
EXINFO (NF)        = DP ("EXINFO", NF);
DO (I)             = DP ("DO", I);
DFO (FO)           = DP ("DFO", FO);
DINFO (NF)         = DP ("DINFO", NF);
MO (FO)            = DP ("MO", FO);
QO (I)             = DP ("QO", I);
QFO (FO)           = DP ("QFO", FO);
QINFO (NF)         = DP ("QINFO", NF);
ro (FO)            = DP("ro",FO);
PO (I)             = DP ("PO", I);
PFO (FO)           = DP ("PFO", FO);
PINFO (NF)         = DP ("PINFO", NF);
PLO (TR)           = DP ("PLO", TR);
PLFO (FO)          = DP ("PLFO", FO);
PLINFO(NF)         = DP ("PLINFO", NF);
PWMO (FO)          = DP ("PWMO", FO);
PWMINFO (NF)       = DP ("PWMINFO", NF);
PEO (TR)           = DP ("PEO", TR);
PEFO (FO)          = DP ("PEO", FO);
TICO (TR)          = DP ("TICO", TR);
sigma_m (TR)       = DP ("sigma_m", TR);
tau_e (TR)         = DP ("tau_e",TR);
YHLO (H)           = HOUSEHOLDS ("YHLO", H);
YHLFO (H)          = HOUSEHOLDS ("YHLFO", H);
YHLINFO (H)        = HOUSEHOLDS ("YHLINFO", H);
YHKO (H)           = HOUSEHOLDS ("YHKO", H);
SHO (H)            = HOUSEHOLDS ("SHO", H);
TDHO (H)           = HOUSEHOLDS ("TDHO", H);
lambda_RK (H)      = HOUSEHOLDS ("lambda_RK",H);
YHO (H)            = HOUSEHOLDS ("YHO", H);
TCDPRECO (H)       = HOUSEHOLDS ("TCDPRECO", H);
TRANSFROWO (H) = HOUSEHOLDS ("TRANSFROWO", H);
TRANSFGO (H)       = HOUSEHOLDS ("TRANSFGO", H);
INTDCBQO (H)       = HOUSEHOLDS ("INTDCBQO", H);
TCDPRECO (H)       = HOUSEHOLDS ("TCDPRECO", H);
INTDDBQO (H)       = HOUSEHOLDS ("INTDDBQO", H);
TDEPPRECO (H)      = HOUSEHOLDS ("TDEPPRECO", H);
MONO (H)           = HOUSEHOLDS ("MONO", H);
DEPO (H)           = HOUSEHOLDS ("DEPO", H);
DEMCDHO (H)        = HOUSEHOLDS ("DEMCDHO", H);
*--------------Calcul des autres variables----------------------*
*Calibrage des coefficients techniques
*Initialisation des quantités
```

```
DO (I)              = QO (I) – MO (I);
OFFDO (TR)    = DO (TR);
XSO (I)             = DO (I) +EXO (I);
YHLFTO           = SUM (FO, wfo*LDFO (FO));
YHLINFTO       = SUM (NF, winfo*LDINFO (NF));
*Initialisation des taux d'imposition et de de l'offre de travail
tx (TR)              = TICO(TR)/(DO(TR)+ MO(TR));
LSO                  = SUM (I, LDO (I));
*Initialisation des prix
PDO(FO)         = (1+tx(FO))*PLO(FO);
PDO(NF)         = PLO(NF);
PMO(TR)         = eo*PWMO(TR)*(1+tx(TR));
PWEO (TR)      = PEO (TR)/eo;
PCO (I)            = (PDO (I)*DO (I) + PMO (I)*MO (I))/QO (I);
wo (I)              = (wtro*LDO(I)+ wntro*LDO(I))/LDO(I);
wo (TR) = (wfo*LDFO(TR)+ winfo*LDINFO(TR))/LDO(TR);
*Calibrage des paramètres
LDO (TR)           = LDO (TR)/wtro;
LDO (NTR)        = LDO (NTR)/wntro;
LDFO (FO)        = LDFO (FO)/wfo;
LDINFO (NF)     = LDINFO (NF)/winfo;
KDO (FO)          = KDO (FO)/ro (FO);
XSO (I)             = XSO (I)/PO (I);
DIO (TR, J)        = DIO (TR, J)/PCO (TR);
CO (TR, H)        = CO (TR, H)/PCO (TR);
INVHO (FO, H)  = INVHO (FO, H)/PCO (FO);
INVFO (FO)      = INVFO (FO)/PCO (FO);
INVGO (FO)      = INVGO (FO)/PCO (FO);
DITO (TR)         = SUM (J, DIO (TR, J));
CIO (J)             = SUM (TR, DIO (TR,J));
YHLTO             = SUM (H, YHLO (H));
THETHA (H)      = YHLO (H)/YHLTO;
THETHAF (H)   = YHLFO (H)/YHLFTO;
THETHANF (H) = YHLINFO (H)/YHLINFTO;
EXO (FO)          = EXO (FO)/PEO (FO);
PO(FO)             = (PDO(FO)*DO(FO)/(1+tx(FO))
                         + PEO(FO)*EXO(FO) )/XSO(FO);
PO (NF)            = (PDO (NF)*DO (NF))/XSO (NF);
*Prix de la valeur ajoutée
 PVO(I)             = ( PO(I)*XSO(I)
                         - SUM(TRJ,PCO(TRJ)*DIO(TRJ,I)))/VAO(I) ;
*Autres prix
delta (I)           = PVO(I)*VAO(I)/SUM(J,PVO(J)*VAO(J));
PINDEXO        = SUM (I, PVO (I)*delta (I));
```

```
YHO (H)           = YHLO (H) + YHKO (H)
+ (PINDEXO*TRANSFGO (H)) +INTDCBQO (H) +
(PINDEXO*eo *TRANSFROWO (H));
YHTO              = SUM (H, YHO (H));
tyh (H)           = TDHO(H)/YHO(H);
YDHO (H)          = YHO (H)-TDHO (H)-INTDDBQO (H);
PIBO  = SUM (J, PVO (J)*VAO (J)) +SUM (TR, TICO (TR));
*--------------Calibrage des paramètres----------------------*
*Cobb-Douglas entre capital et travail dans les secteurs I
*Calibrage de fonction de production CES
alpha (I)         = wo(I)*LDO(I)/(PVO(I)*VAO(I));
A(TR)             = VAO(TR)/(LDO(TR)**alpha(TR)*KDO(TR)
                    **(1-alpha(TR)) );
A (NTR)           = VAO (NTR)/ (LDO (NTR) **alpha (NTR));
*Production (Cobb-Douglas et Leontief)
Io (I)            = CIO (I)/XSO (I);
v (I)             = VAO(I)/XSO(I);
*Paramètres d'échelle
gamma (TR,H)      = (PCO(TR)*CO(TR,H))/YDHO(H);
psi (H)           = SHO(H)/YDHO(H);
*mu (TR)          = (PCO (TR)*INVO (TR))/ITO;
mu_g (FO)         = INVGO (FO)*PCO (FO)/IVTGO;
mu_f (FO)         = INVFO (FO)*PCO (FO)/IVTFO;
aij(TR,J)         = DIO(TR,J)/CIO(J);
lambda_RK (H)     = lambda_RK(H)/SUM(FO,ro(FO)*KDO(FO));
lambda_row        = lambda_row/SUM (FO,ro(FO)*KDO(FO));
*Commerce extérieur
*Exportations (CET)
kappa_e(FO)       = (1+tau_e(FO))/tau_e(FO);
beta_e(FO)        = 1/(1+(PLO(FO))/PEO(FO)*(EXO(FO)/DO(FO))
                    **(kappa_e(FO)-1));
B_E(FO)           = XSO(FO)/(beta_e(FO)*EXO(FO)**kappa_e(FO)
+(1-beta_e(FO))*DO(FO)**kappa_e(FO))**(1/kappa_e(FO));
*Importations (CES Armington)
rho_m (FO)        = (1-sigma_m(FO))/sigma_m(FO);
alpha_m (FO)      = (PMO (FO)/PDO (FO))*(MO (FO)/DO (FO)) **
(1/sigma_m (FO));
alpha_m (FO)      = alpha_m (FO)/ (1+alpha_m (FO));
A_M(FO)           = QO(FO)/(alpha_m(FO)*MO(FO)**(-rho_m(FO))+(1-
alpha_m(FO))*DO(FO)**(-rho_m(FO)))**(-1/rho_m(FO));
*Autres paramètres
****Calibrage des paramètres des APU
```

```
YGO =
SUM(H,TDHO(H))+TDFO+SUM(FO,TICO(FO))+(eo*PINDEXO*TRANS
FROWGO);
TCFGO     = SUM (J, CFGO (J));
OMEGAG (I) = CFGO (I)/SUM (J, CFGO (J));
SGO         = YGO - TCFGO - PINDEXO*sum (H, TRANSFGO (H))-
(PINDEXO*TRANSFGFO)-INTRDGRO - INTDDGBQO;
ITGO       = SUM (FO, INVGO (FO));
IVTGO      = SUM (FO, PCO (FO)*INVGO (FO));
BESFGO    = IVTGO - SGO;
DEMCRGO = BESFGO;
OFFCEO    = DEMCRGO;
****Calibrage des paramètres des firmes
YFKO = (1-sum (H, lambda_RK(H))-
lambda_row)*SUM(FO,ro(FO)*KDO(FO));
YFO        = YFKO + (PINDEXO*TRANSFGFO);
tyf        = TDFO/YFO;
SFO        = YFO - TDFO -INTRDFRO - INTDDFBQO;
ITFO       = SUM (FO, INVFO (FO));
IVTFO      = SUM (FO, PCO (FO)*INVFO (FO));
BESFFO    = IVTFO-SFO;
eta        = (PINDEXO*eO*TRANSFROWFO)/BESFFO;
DEMCDFO  = (1-eta)*BESFFO;
****Calibrage de la fonction d'investissement des ménages H
ITHO (H)     = sum (FO, INVHO (FO, H));
IVTHO (H)   = SUM (FO, PCO (FO)*INVHO (FO, H));
mu_h (FO, H) = INVHO (FO, H)*PCO (FO)/ITHO (H);
xi (H)          = MONO(H)/SHO(H);
DEMCDHO (H) = DEMCDHO (H);
FHO (H)       = DEMCDHO (H)/IVTHO (H);
BMO           = sum (H, MONO (H));
CFTO (H)     = SUM (TR, PCO (TR)*CO (TR, H));
*Initialisation de certaines variables
SDO         = sum (H, SHO (H)) + SBQO + SGO + SFO;
ITO         = IVTFO + IVTGO + sum (H, IVTHO (H));
DEMCDO = SUM (H, DEMCDHO (H)) + DEMCDFO;
*Balance des opérations courantes
BKO         = OFFCEO + (PINDEXO*eO *TRANSFROWFO) - FBO;
BMO         = FCBO;
BOCO       = FCBO-BKO;
OFFCDO    = DEMCDFO+SUM (H, DEMCDHO (H));
eo           = 1   ;
*--------Paramètres à calculer dans le fichier de sortie-----*
DISPLAY
```

PDO, PO, PEO, PMO, PWEO, PLO, PVO, PO, PVO, PINDEXO, PCO, QO, QFO, DO, BKO, EXO, pindexo, eo, A, alpha, io, v, aij, gamma, psi, lambda_RK, lambda_row, LSO, LDO, LDFO, LDINFO, CFGO, CIO, SDO, EXFO, MO, EXO, TICO, tx, tyh, tyf, B_E, A_M, YHLTO, YHLO, YHKO, YHLFO, YHLINFO, YHTO, THETHAF, THETHANF, kappa_e, beta_e, tau_e, rho_m, alpha_m, sigma_m, delta, rrdtprecO, rdctprecO, rddtprecO, TCDGPRECO, TCRGPRECO, TCRFPRECO, TCDFPRECO, INTDDGBQO, INTRDGRO, INTRDFRO, INTDDFBQO, TCDPRECO, TCDPRECO, INTDDBQO, DEPO, INTDCBQO, TDEPPRECO, TRANSFROWGO, TRANSFGFO, TRANSFROWO, TRANSFROWFO, TRANSFROWFO, wo, wtro, wntro, Wfo, Winfo, DEPO, SGO, SFO, SHO, YGO, YHO, YFO, YFKO, TRANSFGO, BMO, DEPO, MONO, SBQO, YBQO, DEMCDHO, DEMCDFO, DEMCRGO, DEMCDO, BESFFO, BESFGO, OFFCEO, OFFCDO, FBO, FCBO, BMO, BOCO, ITHO, IVTHO, INVHO, ITFO, IVTFO, ITGO, IVTGO, INVFO, INVGO, CFGO, TCFGO, CO, CFTO, eta ;
=======FIN DU CALIBRAGE=================
*===================MODÈLE================
-----------------Définition des variables---------------------
VARIABLES
*Prix

w (I)	Taux de salaire
wtr	Taux de salaire dans le secteur échangeable
wntr	Taux de salaire dans le secteur non échangeable
wf	Taux de salaire du travail formel
winf	Taux de rendement du facteur composite informel
r (FO)	Taux de rendement du capital de la branche FO
P (I)	Prix à la production dans la branche I
PF (FO)	Prix à la production dans la branche FO
PINF (NF)	Prix à la production dans la branche NF
PV (I)	Prix à la valeur ajoutée dans la branche I
PVF (FO)	Prix à la valeur ajoutée dans la branche FO
PVINF (NF)	Prix à la valeur ajoutée dans la branche NF
PD (I)	Prix du bien domestique I vendu sur le marché intérieur (incluant la taxe)
PDF (FO)	Prix du bien domestique FO vendu sur le marché intérieur (incluant la taxe)
PDINF (NF)	Prix du bien domestique NF vendu sur le marché intérieur
PL (I)	Prix du bien domestique I vendu sur le marché intérieur (excluant la taxe)
PLF (FO)	Prix du bien domestique FO vendu sur le marché intérieur (excluant la taxe)
PLINF (NF)	Prix du bien domestique NF vendu sur le marché intérieur

PC (I) Prix du marché du produit composite I (taxes incluses)
PCF (FO) Prix du marché du produit composite FO (taxes incluses)
PCINF (NF) Prix du marché du produit composite NF
PM (I) Prix du bien I importé (en monnaie nationale)
PMF (FO) Prix du bien FO importé (en monnaie nationale)
PMINF (NF) Prix du bien NF importé (en monnaie nationale)
PE (TR) Prix du bien TR exporté (en monnaie nationale)
PEF (FO) Prix du bien FO exporté (en monnaie nationale)
PEINF (NF) Prix du bien NF exporté (en monnaie nationale)
PWM (I) Prix du bien I importé (en devises)
PWMF (FO) Prix du bien FO importé (en devises)
PWMINF (NF) Prix du bien NF importé (en devises)
PWE (TR) Prix du bien TR exporté (en devises)
PWEF (FO) Prix du bien FO exporté (en devises)
PWEINF (NF) Prix du bien NF exporté (en devises)
PINDEX Indice des prix
e Taux de change

*Production
XS (I) Production totale de la branche I (volume)
XSF (FO) Production totale de la branche FO
XSINF (NF) Production totale de la branche NF
VA (I) Valeur ajoutée de la branche I (volume)
VAF (FO) Valeur ajoutée de la branche FO (volume)
VAINF (NF) Valeur ajoutée de la branche NF (volume)
OFFD (TR) Offre intérieure pour le produit TR
DI (TR, J) Demande intermédiaire pour le produit tr par la branche j (volume)
CI (I) Consommation intermédiaire de la branche I (volume)
PIB Produit intérieur Brut

*Facteurs
KD (TR) Demande de capital du secteur TR (volume)
LS Offre totale de main d'œuvre
LSF Offre totale de main d'œuvre formelle
LSINF Offre totale de facteur composite
LD (I) Demande de travail de la branche I (volume)
LDF (TR) Demande de travail formel de la branche TR
LDINF (TR) Demande de facteur composite (travail informel - capital informel)

*Demande
C (TR, H) Consommation des ménages H en produit TR (volume)
CFT (H) Consommation totale des ménages H en produit TR (valeur)
INVF (I) Investissement firmes en produit I (volume)
ITF Investissement total des firmes (en volume)
IVTF Investissement total firmes en produit FO (valeur)

INVG(I) Investissement public en bien I
ITG Investissement public total (volume)
IVTG Investissement public total (valeur)
INVH (I, H) Investissement des ménages en bien I
ITH (H) Investissement total des ménages (volume)
IVTH (H) Investissement total des ménages (valeur)
FH (H) Part de la demande de crédit par les ménages H
IT Investissement total
DIT (TR) Demande intermédiaire pour le produit TR (volume)
D (I) Demande pour le produit domestique I (volume)
DF (FO) Demande pour le produit domestique FO (volume)
DINF (NF) Demande pour le produit domestique NF (volume)
Q (I) Demande pour le produit composite I (volume)
QF (FO) Demande pour le produit composite FO (volume)
QINF (NF) Demande pour le produit composite NF (volume)
CFG (I) Consommation finale de l'État (valeur)
TCFG Consommation totale de l'État (valeur)

*Commerce extérieur

M (I) Importations de produit I (valeur)
MF (FO) Importations de produit FO (valeur)
MINF (NF) Importations de produit NF (valeur)
EX (I) Exportations de produit I (valeur)
EXF (FO) Exportations de produit FO (valeur)
EXINF (NF) Exportations de produit NF (valeur)
BOC Balance des opérations courantes avec le reste du monde
BK Solde de la balance des capitaux

*Revenus et épargnes

YHK (H) Revenu du capital des ménages H
YHL (H) Revenu du travail (y compris le revenu issu du facteur composite) des ménages H
YHLT Revenu total du travail (y compris le revenu issu du facteur composite) des ménages H
YHLF (H) Revenu du travail formel des ménages H
YHLFT Revenu total du travail formel des ménages H
YHLINF (H) Revenu issu du facteur composite des ménages H
YHLINFT Revenu total issu du facteur composite des ménages H
YH (H) Revenu des ménages H
YHT Revenu total des ménages (en agrégé)
TRANSFG (H) Transferts en volume versés par l'État aux ménages H
TRANSFROW (H) Transferts du reste du monde vers les ménages H
YDH(H) Revenu disponible des ménages H
SH(H) Épargne des ménages H
TDH(H) Recettes provenant des taxes directes sur les revenus des ménages H

YF Revenu total des firmes
YFK Revenu du capital des firmes
TRANSFGF Transferts en volume versés par l'État aux firmes
SF Épargne des entreprises
TDF Taxe prélevée sur le revenu des firmes
TRANSFROWF Transferts du reste du monde versés aux firmes (IDE)
YG Revenu total du gouvernement
TIC(TR) Recettes de l'État provenant de la taxation indirecte sur le produit TR
TRANSFROWG Transferts en volume versés par le reste du monde à l'État
SG Épargne des administrations publiques
SD Épargne domestique
*Variables monétaires
SBQ Épargne des banques
YBQ Revenu des banques
TDEPPREC (H) Total des dépôts des ménages à la période précédente
TCDPREC (H) Encours des emprunts domestiques détenus par les ménages à la période précédente
INTDCBQ(H) Intérêts créditeurs versés aux ménages par les Banques commerciales
INTDDBQ(H) Intérêts débiteurs versés par les ménages aux banques commerciales
rrdtprec Taux d'intérêt étranger débiteur à la période précédente
rdctprec Taux d'intérêt domestique créditeur à la période précédente
rddtprec Taux d'intérêt domestique débiteur à la période précédente
TCDFPREC Encours des emprunts domestiques détenus par les firmes à la période précédente
TCRFPREC Encours des crédits étrangers détenus par les firmes à la période précédente
INTRDFR Intérêts sur les crédits étrangers des firmes versés au RdM
INTDDFBQ Intérêts débiteurs sur emprunts domestiques des firmes versés aux Banques
TCDGPREC Encours des emprunts domestiques détenus par l'État à la période précédente
INTDDGBQ Intérêts sur les emprunts domestiques des APU versés aux Banques
INTRDGR Intérêts sur les crédits étrangers de l'État versés au RdM
TCRGPREC Encours des crédits étrangers détenus par l'État à la période précédente
MON(H) . Demande de monnaie de la part des ménages H
DEP(H) Dépôts des ménages H
DEMCDF Demande de crédits domestiques des firmes
DEMCDH(H) Demande de crédits domestiques des ménages H
DEMCDG Demande de crédits domestiques du gouvernement

DEMCRG Demande de crédits étrangers des administrations publiques
DEMCD Demande de crédits domestiques
BESFF Besoin de financement des firmes
BESFG Besoin de financement de l'État
OFFCE Offre de crédits étrangers
OFFCD Offre de crédits domestiques
FCB Réserves de change officielles
FB Actif en devises des Banques commerciales
BM Base monétaire
RES Réserves des Banques commerciales à la Banque centrale
*Autres
CONTROL Variable de contrôle
OMEGA Variable objectif
------------------Définition des équations--------------------
ÉQUATIONS
*Production
SUPPLY(I) Production du secteur I
VAD1(TR) Valeur ajoutée des secteurs échangeables
VAD2 (NTR) Valeur ajoutée des secteurs non échangeables
CIEQ (I) Consommation intermédiaire totale du secteur I
DIEQ (TR, J) Consommation intermédiaire du bien TR par le secteur J
LDEM0 (FO) Demande de travail dans les secteurs formels
LDEM1(TR) Demande de travail dans les secteurs échangeables TR
LDEM2(NTR) Demande de travail dans les secteurs non échangeables
LDEM3(NF) Demande de facteur composite dans le secteur informel
*Revenus et épargnes
INCH (H) Revenu des ménages
INCHT Revenu total des ménages (en agrégé)
INCHTR (H) Revenu du travail (y compris le revenu issu du facteur composite) des ménages H
INCHC (H) Revenu du capital des ménages H
INCDH (H) Revenu disponible des ménages H
INCFK Revenu du capital des firmes
INCF Revenu total des firmes
INCG Revenu total du gouvernement
SAVH (H) Épargne des ménages H
SAVF Épargne des firmes
SAVG Épargne du gouvernement
SAVB Épargne des Banques commerciales
* Taxes
INDTAX (FO) Recettes des taxes indirectes sur les produits FO
DIRTAXH (H) Recettes des taxes directes sur le revenu des ménages H
DIRTAXF Recettes des taxes directes sur le revenu des firmes
*Demande

CONSH (TR, H) Consommation des ménages H en produit TR
CONSTH (H) Consommation totale des ménages H en produit TR
CONSG (I) Consommation publique en bien I
INVESTH (H) Demande d'investissement des ménages en bien FO
INVESTG Demande d'investissement public en bien FO
INVESTF Demande d'investissement des firmes en bien FO
INTDEM(TR) Demande de consommation intermédiaire en produit TR
*Prix
PRVA(I) Prix de la valeur ajoutée du secteur I
RETK(FO) Taux de rendement du capital dans le secteur FO
PRDL(FO) Prix domestique du marché du produit FO
PRDLINF(NF) Prix domestique informel
PRM(FO) Prix à l'importation du produit FO
PRE(FO) Prix à l'exportation du produit FO
PRC(TR) Prix du marché du produit composite TR
* PRCINF(NF) Prix du marché du produit composite NF
PRP(FO) Prix au producteur du produit FO
PRPINF(NF) Prix au producteur du produit NF
PPIB Prix du PIB au coût des facteurs
ProIntB PIB aux prix du marché
*Commerce extérieur
CET (FO) Relation entre les ventes domestiques et les exportations de produits FO
Product (NF) Production et vente locale pour les produits NF
EXPORTS (FO) Exportations du produit FO
ARMING(FO) CES entre les importations et les biens domestiques pour les biens FO
IMPORT(FO) Importations du produit FO
*Financières
INTMEN(H) Intérêts créditeurs versés par les banques aux ménages
INTDMEN(H) Intérêts débiteurs versés par les ménages aux banques
INTDEB Intérêts débiteurs versés aux banques domestiques par les firmes
INTENT Intérêts débiteurs versés au reste du monde par les firmes
INTDAPU Intérêts débiteurs versés aux banques domestiques par l'État
INTRAPU Intérêts débiteurs versés au reste du monde par l'État
REVBQ Revenu des Banques commerciales
DMON(H) Variation de la demande de monnaie de la part des ménages
SAVD
DEPOT(H) Dépôts des ménages
CREDDMEN(H) Variation de la demande de crédit domestique des ménages
BFENT Besoin financier des firmes
IDE Investissement direct étranger reçu par les firmes
CREDITDENT Variation de la demande de crédit domestique des firmes

```
 CREDITRAPU     Variation de la demande de crédit étranger de l'État
 CREDITDOM      Variation de la demande de crédit domestique
 BASE           Variation de la base monétaire
 EQUIBC         Équation d'équilibre de la Banque centrale
 EquiRC         Équilibre entre BOP et BK
 EquiCD         Équation de la demande de crédit domestique
 Equicred       Équation de l'offre de crédit étranger
 TAUCHGEUS      Taux de change entre dollar et franc Djibouti
*Équilibre
 EQUILB (TR)    Équilibre sur les marches des biens et services marchands
 LEQUI1         Équilibre sur le marché du travail
 ISEQUI         Équilibre entre épargne et investissement
 CURACC         Balance extérieure
 BALCA          Balance des capitaux
 DOMABS(FO)     Absorption domestique des biens (FO)
*Variable objectif et de contrôle
 WALRAS         Vérification de la loi de Walras
 OBJ
*------------------------Equations-------------------------------*
*Production
SUPPLY (I)..     XS (I)  =E= VA (I)/v (I);
VAD1 (TR)..      VA(TR) =E= A(TR)*LD(TR) **alpha(TR)*KD(TR) **
(1-alpha(TR));
VAD2 (NTR)..     VA (NTR) =E= LD (NTR);
CIEQ (I)..       CI (I) =E= io (I)*XS (I);
DIEQ (TR, J)..   DI (TR, J) =E= aij (TR, J)*CI(J);
LDEM0 (FO)..     LD (FO) =E= PV (FO)*alpha (FO)*VA (FO)/wf;
LDEM1 (TR)..     LD (TR) =E= PV (TR)*alpha (TR)*VA (TR)/wtr;
LDEM2 (NTR)..    LD (NTR) =E= (P (NTR)*XS (NTR)-SUM (TR, DI (TR,
NTR)*PC (TR)))/wntr;
LDEM3 (NF)..     LD (NF) =E= PV (NF)*alpha (NF)*VA (NF)/winf;
*Revenus et épargnes
INTMEN(H)..      INTDCBQ(H)=E= rdctprec*TDEPPREC(H);
INTDMEN(H)..     INTDDBQ(H)=E= rddtprec*TCDPREC(H);
INCH (H)..       YH (H)  =E= YHL (H) + YHK (H) + (PINDEX*TRANSFG
(H)) +INTDCBQ (H) + (PINDEX*e*TRANSFROW (H));
INCHTR (H)..     YHL (H) =E= THETHA (H)*YHLT  ;
INCHC (H)..      YHK (H) =E= lambda_RK (H)*SUM (FO, r(FO)*KD(FO));
INCDH (H)..      YDH (H)  =E= YH (H) - TDH (H) - INTDDBQ (H);
INCHT..          YHT  =E= SUM (H, YH (H));
INCFK..          YFK      =E= (1-sum (H, lambda_RK(H))-
lambda_row)*SUM(FO, r(FO)*KD(FO));
INCF..           YF    =E= YFK + (PINDEX*TRANSFGF);
```

```
INCG..      YG   =E= SUM (H,  TDH (H)) +TDF+SUM (FO,  TIC (FO)) +
(e*PINDEX*TRANSFROWG);
SAVH (H)..         SH (H)    =E= psi (H)*YDH (H);
SAVF..             SF      =E= YF - TDF -INTRDFR - INTDDFBQ;
INTENT..          INTRDFR =E= TCRFPREC*rrdtprec;
INTDEB..          INTDDFBQ =E= TCDFPREC*rddtprec;
SAVG..       SG      =E= YG - TCFG - PINDEX*sum (H,  TRANSFG (H))-
(PINDEX*TRANSFGF)-
INTRDGR - INTDDGBQ;
INTRAPU..     INTRDGR =E= TCRGPREC*rrdtprec;
INTDAPU..     INTDDGBQ =E= TCDGPREC*rddtprec;
*Taxes
INDTAX  (FO)..               TIC   (FO)        =E=   tx(FO)*(P(FO)*XS(FO)-
PE(FO)*EX(FO))+                          tx(FO)/(1+tx(FO))*PM(FO)*M(FO);
DIRTAXH (H)..     TDH (H)   =E= tyh (H)*YH (H);
DIRTAXF..           TDF      =E= tyf*YF;
*Banques commerciales
REVBQ..            YBQ        =E=   INTDDFBQ + INTDDGBQ + SUM (H,
INTDDBQ(H));
SAVB..          SBQ      =E=  YBQ - SUM (H,  INTDCBQ(H));
SAVD..          SD      =E= sum (H,  SH (H)) + SBQ + SG + SF;
*Demande
CONSH (TR,  H)..     C (TR,  H) =E= gamma (TR,  H)*YDH (H)/PC (TR);
CONSTH (H)..       CFT (H) =E= SUM (TR,  PC (TR)*C (TR,  H));
INVESTH (H)..    IVTH (H) =E= SUM (FO,  PCO (FO)*INVH (FO,  H));
*INVESTH (FO,  H)..   INVHO (FO,  H) =E= mu_h (FO,  H)*ITHO (H)/PCO
(FO);
*INVESTH (FO,  H)..   INVHO (FO,  H) =E= mu_h (FO,  H)*ITH (H)/PCO
(FO);
CONSG (I)..        CFG (I) =E= OMEGAG (I)*TCFG;
INVESTG..          IVTG =E= SUM (FO,  PC (FO)*INVG (FO));
INVESTF..          IVTF =E= SUM (FO,  PC (FO)*INVF (FO));
*INVEST (TR)..     INV (TR) =E= mu (TR)*IT/PC (TR);
*INVESTG (FO)..   INVG (FO) =E= mu_g (FO)*IVTG/PC (FO);
*INVESTF (FO)..   INVF (FO) =E= mu_f (FO)*IVTF/PC (FO);
INTDEM(TR)..      DIT(TR)  =E=  SUM (J,  DI (TR,  J)) ;
*Prix
PRVA  (I)..         PV  (I)     =E=  (P  (I)*XS  (I)-SUM  (TR,   DI  (TR,   I)*PC
(TR)))/VA (I);
RETK (FO)..      R (FO)    =E= (PV (FO)*VA (FO) - wf*LD (FO))/KD (FO);
PRDL (FO)..       PD (FO)   =E= PL (FO)*(1+tx (FO));
PRDLINF (NF)..    PD (NF) =E= PL (NF);
PRM (FO)..        PM (FO)   =E= (1+tx (FO))*e*PWM (FO);
PRE (FO)..        PE (FO)   =E= PWE (FO)*e;
```

PRC (TR).. PC (TR) =E= (PD (TR)*D (TR) +PM (TR)*M (TR))/Q (TR);
PRP (FO).. P (FO) =E= (PL (FO)*D (FO) + PE (FO)* EX (FO))/XS (FO);
PRPINF (NF).. P (NF) =E= (PD (NF)*D (NF))/XS (NF);
PPIB.. PINDEX =E= SUM (I, PV (I)*delta (I));
ProIntB.. PIB =E= SUM (J, PVO (J)*VA (J)) +SUM (TR, TIC (TR));
*Commerce extérieur
CET (FO).. XS (FO) =E= B_E (FO)*(beta_e (FO)*EX (FO) **kappa_e (FO) + (1-beta_e (FO))*D(FO) **kappa_e(FO)) ** (1/kappa_e(FO));
EXPORTS (FO).. EX (FO) =E= ((PE (FO)/PL (FO)) **tau_e(FO)*((1-beta_e(FO))/beta_e(FO)) **tau_e(FO))*D(FO);
ARMING (FO).. Q (FO) =E= A_M(FO)*(alpha_m(FO)*M(FO)**(-rho_m(FO))+(1-alpha_m(FO))*D(FO)**(-rho_m(FO)))**(-1/rho_m(FO));
Product (NF).. Q (NF) =E= D (NF)*PD (NF);
IMPORT (FO).. M (FO) =E= ((alpha_m (FO)/ (1-alpha_m (FO))) ** (sigma_m (FO))*(PD (FO)/PM (FO)) **sigma_m (FO))*D (FO);
*Variables financières
*Compte de capital des ménages
DMON(H).. MON (H) =E= xi (H)* SH (H);
DEPOT (H).. DEP (H) =E= SH (H) +DEMCDH (H) - MON (H)-IVTH (H);
CREDDMEN (H).. DEMCDH (H) =E= FH (H)*IVTH (H);
*Compte de capital des firmes
BFENT.. BESFF =E= IVTF -SF;
IDE.. PINDEX*e*TRANSFROWF =E= eta*BESFF;
CREDITDENT.. DEMCDF =E= (1-eta)*BESFF ;
*Compte de capital des APU
CREDITRAPU.. DEMCRG =E= (IVTG - SG) ;
CREDITDOM.. DEMCD=E= SUM (H, DEMCDH (H)) + DEMCDF;
*Compte de capital de la Banque Centrale
BASE.. BM =E= SUM (H, MON (H));
EQUIBC.. BM =E= FCB;
*Compte de capital du reste du monde
CURACC.. BOC =E= e*SUM (FO, PWE(FO)*EX(FO)) + PINDEX*e*SUM (H, TRANSFROW(H)) +PINDEX*e*TRANSFROWG - (e*SUM (FO, PWM(FO)*M(FO))) - lambda_row*SUM (FO, r(FO)*KD(FO))- INTRDFR - INTRDGR ;
BALCA.. BK =E= e*OFFCE + (PINDEX*e*TRANSFROWF)-FB;
* Équilibre
*Conditions d'équilibre sur les marchés des biens et services marchands
LEQUI1.. LS =E= SUM (I, LD (I));
EQUILB (TR).. OFFD (TR) =E= DO (TR);

```
DOMABS (I)..   Q(I)   =E=  SUM(H, C(I, H))+ DIT(I)+ INVF(I)+ INVG(I)+
SUM (H,  INVH (I,  H));
ISEQUI..            IT      =E=   SUM (H,  SH (H)) + SF + SG + SBQ - BOC;
*Équilibre des flux financiers
EquiRC..        BOC =E= FCB-BK;
EquiCD..        OFFCD    =E= DEMCD;
Equicred..      OFFCE    =E= DEMCRG   ;
TAUCHGEUS..       e        =E= 1 ;
*Autres
**Vérification de la loi de Walras
WALRAS..    CONTROL   =E= SUM (H,  DEMCDH (H)) +DEMCDF + FB
-SUM (H,  DEP (H))-SBQ;
**Fonction objectif
OBJ..          OMEGA      =E= 1000;
*-----------------Initialisation des variables------------------*
XS.L (I)       = XSO (I);
VA.L (I)       = VAO (I);
PIB.L          = PIBO;
DI.L (TR,  J)  = DIO (TR,  J);
CI.L (I)        = CIO (I);
CFG.L (I)       = CFGO (I);
LD.L (I)         = LDO (I);
LDF.L (FO)     = LDFO (FO);
LDINF.L (NF) = LDINFO (NF);
w.L(I)      =  wo(I);
wtr.L       = wtro;
wntr.L     = wntro;
wf.L        = wfo;
winf.L      = winfo;
PV.L (I)     = PVO (I);
P.L (I)       = PO (I);
PD.L (TR) = PDO (TR);
PL.L (TR) = PLO (TR);
PC.L (I)      = PCO (I);
PM.L (FO) = PMO (FO);
PE.L (FO)  = PEO (FO);
r.L (FO)      = ro (FO);
INVF.L (FO) = INVFO (FO);
ITH.L (H)    = ITHO (H);
IT.L            = ITO;
YHK.L (H)   = YHKO (H);
YHL.L (H)   = YHLO (H);
YHLT.L      = YHLTO;
YH.L (H)    = YHO (H);
```

```
YHT.L        = YHTO;
YDH.L (H) = YDHO (H);
YF.L        = YFO;
YFK.L     = YFKO;
YG.L        = YGO;
SH.L (H)   = SHO (H);
SF.L          = SFO;
SG.L          = SGO;
YBQ.L        = YBQO;
C.L (TR,  H) = CO (TR,  H);
DIT.L (TR) = DITO (TR);
D.L (TR)     = DO (TR);
OFFD.L (TR) = OFFDO (TR);
Q.L (TR)     = QO (TR);
M.L (I)        = MO (I);
M.L (FO)     = MO (FO);
EX.L (FO)   = EXO (FO);
PINDEX.L = PINDEXO;
MON.L (H) = MONO (H);
DEP.L (H) = DEPO (H);
YBQ.L        = YBQO;
DEMCDH.L (H) = DEMCDHO (H);
DEMCDF.L = DEMCDFO;
DEMCD.L    = DEMCDO;
DEMCRG.L = DEMCRGO;
OFFCE.L     = OFFCEO;
FB.FX          = FBO;
FCB.L          = FCBO;
BK.L            = BKO;
BM.L             = BMO;
OFFCD.L     = OFFCDO;
INTDCBQ.L (H) = INTDCBQO (H);
INTDDBQ.L (H) = INTDDBQO (H);
INTDDFBQ.L = INTDDFBQO;
INTRDFR.L     = INTRDFRO;
INTDDGBQ.L = INTDDGBQO;
INTRDGR.L     = INTRDGRO;
TIC.L (FO)         = TICO (FO);
BOC.L    = BOCO;
SBQ.L     = SBQO;
SH.L (H) = SHO (H);
SF.L        = SFO;
SG.L        = SGO;
SD.L        = SDO;
```

```
INVG.L (FO) = INVGO (FO);
ITH.L (H)      = ITHO (H);
IVTH.L (H)   = IVTHO (H);
BESFF.L      = BESFFO;
BESFG.L      = BESFGO;
OMEGA.L    = 1000;
CONTROL.L  = 0;
*-----------------------Fermeture du modèle-------------------*
*e (taux de change) est le numéraire,  le capital est spécifique à chaque secteur.
LS.FX            = LSO;
KD.FX(FO)    = KDO(FO);
PWM.FX(FO) = PWMO(FO);
PWE.FX(FO)  = PWEO(FO);
ITG.FX          = ITGO;
IVTG.FX         = IVTGO;
ITF.FX           = ITFO;
IVTF.FX     = IVTFO;
FH.FX(H)   = FHO(H);
e.FX            = eo;
CFT.L (H)    = CFTO (H);
TDH.L (H)   = TDHO (H);
TDF.L          = TDFO;
TCFG.FX    = TCFGO;
TRANSFG.FX (H) = TRANSFGO (H);
TRANSFROW.FX (H) = TRANSFROWO (H);
TRANSFGF.FX = TRANSFGFO;
TRANSFROWG.FX = TRANSFROWGO;
TRANSFROWF.FX = TRANSFROWFO;
TDEPPREC.FX (H) = TDEPPRECO (H);
TCDPREC.FX (H) = TCDPRECO (H);
TCDFPREC.FX = TCDFPRECO;
TCRFPREC.FX = TCRFPRECO;
TCRGPREC.FX = TCRGPRECO;
TCDGPREC.FX = TCDGPRECO;
rrdtprec.FX = rrdtprecO;
rdctprec.FX = rdctprecO;
rddtprec.FX = rddtprecO;
INVH.FX (FO,  H) = INVHO (FO,  H);
*--------------------Simulations---------------------------------*
*-------------------------Exécution du modèle-----------------*
MODÈLE DJIBOUTI PETITE ÉCONOMIE OUVERTE AVEC GOUVERNEMENT/ALL/;
DJIBOUTI.HOLDFIXED=1;
SOLVE DJIBOUTI MAXIMIZING OMEGA USING NLP;
```

Liste des tableaux

Liste des graphes

Liste des figures

Listes des annexes

Table des matières

Revue « Marché et Organisations »
L'Harmattan

Cahiers d'économie et de gestion thématiques dont le but est de promouvoir la recherche originale sur les relations de plus en plus étroites qui se tissent entre le marché et les organisations. Les acteurs économiques de taille, de puissance et de pouvoir différents dont les intérêts peuvent être convergents, complémentaires ou, le plus souvent, antagoniques, ont tendance à organiser les marchés. La raison du marché, pourtant, est la référence stratégique pour l'entreprise ainsi que pour les institutions publiques de décision économique.

Numéros parus :

N°1 : Artisanat. La modernité réinventée, 2006
N°2 : La petite entreprise, elle a tout d'une grande. De l'accompagnement aux choix stratégiques, 2006
N°3 : Tourisme et Innovation. La force créative des loisirs, 2007
N°4 : Le travail. Formes récentes et nouvelles questions, 2007
N°5 : Les universités et l'innovation. L'enseignement et la recherche dans l'économie des connaissances, 2007
N°6 : Entrepreneuriat et accompagnement. Outils, actions et paradigmes nouveaux, 2008
N°7 : Développement durable des territoires. Economie sociale, environnement et innovations, 2008
N°8 : Développement durable et responsabilité sociale des acteurs, 2009
N°9 : Gouvernance : exercices de pouvoir, 2009
N°10 : Le travail collaboratif. Une innovation générique, 2009
N°11 : Economie sociale et solidaire. Nouvelles trajectoires d'innovations, 2010
N°12 : Relations à la marque et marques de la relation. Regards croisés sur le management relationnel de la marque, 2010
N°13 : Les contrats au service de la recherche ?, 2011
N°14 : Le potentiel économique de l'Afrique subsaharienne, 2011
N°15 : Management de la distribution, 2012
N°16 : Territoire Vert. Entreprises, Institutions, Innovations, 2012
N°17 : Eco-conception, conception et innovation. Les nouveaux défis de l'entreprise, 2013
N°18 : Intelligence économique : entreprises et territoires, 2013
N°19 : La finance globale. Un monde fini, 2013
N°20 : La crise du « développement », 2014
N°21 : La Chine innove. Politiques publiques et stratégies d'entreprise, 2014
N°22 : Go East! Nouvelles Economies de Marché, 2015
N°23 : L'économie du changement, 2015
N°24 : Le temps des artisans. Permanences et mutations, 2015
N°25 : Innovations de proximité et esprit d'entreprise, 2016
N°26 : L'avenir des économies du Maghreb : entre inertie structurelle et envie de rupture, 2016/3 (n° 27)
N°27 : Le sport aux frontières du marché du travail, 2016
N°28 : Dynamiques internationales des entreprises, 2017
N°29 : L'univers du risque, 2017
N°30 : Les petites entreprises dans l'histoire industrielle, 2017
N°31 : Economie sociale et *social business* ? Au défi d'entreprendre et se financer, 2018
N°32 : Éducation et fertilisation des économies africaines, 2018
N°33 : L'entrepreneuriat innovant dans les pays du Maghreb, 2018

Collection « L'esprit économique »

fondée par Sophie Boutillier et Dimitri Uzunidis en 1996
dirigée par Sophie Boutillier, Blandine Laperche, Dimitri Uzunidis

Dernières parutions

► ***Série Economie et Innovation***
M.-J. POLLET-VILLARD, *L'innovation dans les services. Cadre d'une analyse dynamique fondée sur les réseaux*, 2017.
B. CHRISTOPHE, *La décroissance écologique transforme l'entreprise*, 2017.
G. ACHERMANN, *Territoires d'innovation en Russie, Ambitions et contraintes d'une politique de clusterisation*, 2018.
C. ABDOU LAHAD THIAW, *Innovation localisée pour le développement économique du Sénégal*, 2018.
N. ANIDO FREIRE, *Tradition et innovation : de l'opposition à la complémentarité*, 2018.
C. BERGHMANS (dir.), *Intelligence et compétences émotionnelles en entreprise : perspectives multiples*, 2018.
T. MICHAUD, *La réalité virtuelle : de la science-fiction à l'innovation*, 2018.
► ***Série Le Monde en Question***
W. AMEDZRO St-HILAIRE, *Le capital global et sa régulation*, 2014.
W. AMEDZRO St-HILAIRE, *Reconstruire l'Afrique. Nouvelle gouvernance et projet de développement*, 2014.
M. SANTI, *Misère et opulence. Chroniques d'austérité globalisée*, 2015
J.-M. BOUSSARD, *Les prix agricoles. Nouveau dialogue sur le commerce des bleds*, 2017
C. BASTIDON, O. GBAGUIDI A. GHOUFRANE, A. SILEM (dir.), *Commerce, investissement et développement durable en Afrique*, 2017.
L. BOURQUIN, *Europe 3.0 : le grand réveil*, 2017.
A. ROSOWSKY, *De l'économie de pillage a la société désagrégée, un essai sur la révolution thatchérienne*, tomes 1 & 2, 2017.
► ***Série Krisis***
A. MARQUEZ-VELASCO, *Politique et économie. 10 mesures phares pour un monde meilleur*, 2015.
R. GOODFELLOW, *Le cycle des crises aux États-Unis depuis 1929. essai de systématisation de la conjoncture*, 2016.
M. LAUDET, *Aux origines de l'économie politique : Antoine de Montchrestien et son « traicte de l'oeconomie politique »*, 2016.
J. HUERTA DE SOTO, *La théorie de l'efficience dynamique*, 2017.
Y. LEVANT, S. TREBUCQ, *Théorie comptable et sciences économiques du XVe au XXIe siècle, mélanges en l'honneur du professeur Jean-Guy Degos*, 2018.
M. WIELEZYNSKI, *Retour sur l'origine du profit : et si l'économie changeait de paradigme…*, 2018.
► ***Série Clichés***
S. BOUTILLIER, D. UZUNIDIS (dir.), *La Russie européenne. Du passé composé au futur antérieur*, 2008.
R. VOLPI, *La négociation. Pain, paix, liberté*, 2009.
► ***Série Cours Principaux***
J.-P. MOCKERS, *Court traite d'économie et de politique économique*, 2016.
P.-Y. CARASCO, Prix de transfert et stratégies d'optimisation fiscale de la firme multinationale, 2017.
O. ESNEU, *Fondements de droit. Manuel d'initiation*, 2018.
B. LANDAIS, *Les fluctuations économiques, une synthèse nouvelle*, 2017.
S. FREZAL, *Quand les statistiques minent la finance et la société. Risque, responsabilité et décision*, 2018.
O. ESNEU, *Le droit du transport routier de marchandises (TRM)*, 2018.
► ***Série L'économie formelle***
P.-A. LAMBERT, *Le temps de la rigueur. Fiscalité, protection sociale, mondialisation*, 2014.
F. BISMANS, *La grande récession : un autre regard sur des temps troubles (2007-2013)*, 2016.
B. SCHWENGLER, *De l'inflation à la dette publique : analyse des discours politiques*, 2016.
S. PARK, *Les abus de puissance économique dans les relations commerciales déséquilibrées*, 2018.

Structures éditoriales du groupe L'Harmattan

L'Harmattan Italie
Via degli Artisti, 15
10124 Torino
harmattan.italia@gmail.com

L'Harmattan Hongrie
Kossuth l. u. 14-16.
1053 Budapest
harmattan@harmattan.hu

L'Harmattan Sénégal
10 VDN en face Mermoz
BP 45034 Dakar-Fann
senharmattan@gmail.com

L'Harmattan Cameroun
TSINGA/FECAFOOT
BP 11486 Yaoundé
inkoukam@gmail.com

L'Harmattan Burkina Faso
Achille Somé – tengnule@hotmail.fr

L'Harmattan Guinée
Almamya, rue KA 028 OKB Agency
BP 3470 Conakry
harmattanguinee@yahoo.fr

L'Harmattan RDC
185, avenue Nyangwe
Commune de Lingwala – Kinshasa
matangilamusadila@yahoo.fr

L'Harmattan Congo
67, boulevard Denis-Sassou-N'Guesso
BP 2874 Brazzaville
harmattan.congo@yahoo.fr

L'Harmattan Mali
Sirakoro-Meguetana V31
Bamako
syllaka@yahoo.fr

L'Harmattan Togo
Djidjole – Lomé
Maison Amela
face EPP BATOME
ddamela@aol.com

L'Harmattan Côte d'Ivoire
Résidence Karl – Cité des Arts
Abidjan-Cocody
03 BP 1588 Abidjan
espace_harmattan.ci@hotmail.fr

L'Harmattan Algérie
22, rue Moulay-Mohamed
31000 Oran
info2@harmattan-algerie.com

L'Harmattan Maroc
5, rue Ferrane-Kouicha, Talaâ-Elkbira
Chrableyine, Fès-Médine
30000 Fès
harmattan.maroc@gmail.com

Nos librairies en France

Librairie internationale
16, rue des Écoles – 75005 Paris
librairie.internationale@harmattan.fr
01 40 46 79 11
www.librairieharmattan.com

Librairie l'Espace Harmattan
21 bis, rue des Écoles – 75005 Paris
librairie.espace@harmattan.fr
01 43 29 49 42

Lib. sciences humaines & histoire
21, rue des Écoles – 75005 Paris
librairie.sh@harmattan.fr
01 46 34 13 71
www.librairieharmattansh.com

Lib. Méditerranée & Moyen-Orient
7, rue des Carmes – 75005 Paris
librairie.mediterranee@harmattan.fr
01 43 29 71 15

Librairie Le Lucernaire
53, rue Notre-Dame-des-Champs – 75006 Paris
librairie@lucernaire.fr
01 42 22 67 13

www.ingramcontent.com/pod-product-compliance
Lightning Source LLC
LaVergne TN
LVHW010019081026
849535LV00016B/1651
* 9 7 8 2 3 4 3 1 4 8 7 9 3 *